全国“八五”普法教材 6
公民法治素养提升丛书

农民

NONGMIN

应知应会
法律知识学习手册

以案普法版

YINGZHI YINGHUI
FALü ZHISHI XUEXI SHOUCE

中国法制出版社
CHINA LEGAL PUBLISHING HOUSE

丛书总序

2021年是“十四五”开局之年，我们党将迎来建党100周年。今年也是“八五”普法启动实施的第一年。为了深入学习宣传贯彻习近平法治思想及中央全面依法治国工作会议精神，增强“四个意识”、坚定“四个自信”、做到“两个维护”，主动适应我国进入新发展阶段、贯彻新发展理念、构建新发展格局的需要，配合“八五”普法规划的启动实施，着力在提高普法的针对性、实效性上下功夫，推动普法工作高质量发展，切实以习近平法治思想武装头脑、指导实践，引领新发展阶段全民普法工作，把习近平法治思想落实到普法工作全过程、各环节，中国法制出版社组织法律领域的相关专家编写了本套“公民法治素养提升丛书”。

本套丛书根据《中央宣传部、司法部关于开展法治宣传教育的第八个五年规划（2021－2025年）》的部署和精神，把习近平法治思想宣传同普法宣传结合起来，旨在进一步提升公民法治素养，推动全社会尊法学法守法用法，引导全社会坚定不移走中国特色社会主义法治道路。丛书将读者群分为公民、领导干部、国家工作人员、企业职工、农民、青少年、老年人、企业经营管理人员、村（社区）“两委”干部等不同群体，根据不同读者群的不同法律需求精心选取各读者群体工作或生活中常见的案例，深入剖析案例背后所含的法律知识，以期培养各读者群体的法律意识，提升公民法治素养。书中内容按照案情介绍、法律解析、法条链接三个部分的体例展开，从专业法律分析的角度作出详细而全面的解答，并附录相关法律条文方便读者查找法律依据。希望本套丛书能够让人民群众读得懂、传得开、用得上，助力全国“八五”普法工作。

前　言

我国是人口众多的农业大国，农业、农村和农民问题始终是国家建设和社会发展的根本问题。农民长期从事农业生产，是推动农业和农村发展的主要力量，农民科学文化素质的提高，直接关系到社会稳定、国家富强。新时期，国家制定了一系列政策措施来保障农民的合法权益，包括子女教育、社会保险、医疗保障、劳动就业及享受基本公共服务等方面。此外，随着经济社会的发展，人与人之间的往来更加密切，再加上农民外出就业非常普遍，接触的人和事也越来越多，遇到的麻烦和问题自然也越来越多。而农民朋友们受各种条件制约，相对来说对法律知识了解较少，那么，如何维护自己的合法权益，妥善处理与他人发生的各种纠纷，成为农民朋友们亟待解决的重要问题。

在实际生活中，常见的与农民朋友们密切相关的法律问题有婚姻家庭方面的、土地承包和住宅建设方面的、民间借贷方面的、务工纠纷方面的等，农民朋友们学习和了解一些生活中的法律知识，不仅可以规范和指引自己的行为，避免触犯法律，也可以在遇到问题时，选择正确的方式维护自己的合法权益。在此，为了方便广大农民朋友学习和了解相关法律知识，我们特别编写了《农民应知应会法律知识学习手册》一书。

在内容上，本书主要包含以下三个方面：

第一，案情介绍。我们针对农民朋友选取了各种常见案例，用简练、通俗、生动的语言加以整理汇编，向读者展示了一个个似乎可以亲眼所见的故事，并引发读者思考，激发农民朋友们学习法律知识的兴趣。

第二，法律解析。针对案例中的案情介绍，我们从专业律师的角度和水准给读者作出了详细而全面的解答，为读者解惑，使其获得相关的法律知识。

第三，法条链接。在案例解析之后，我们又及时地列明了相关的法律条文，给读者一个宏观学习和了解法律专业知识的机会，从而更能加深对某一法律知识点的理解。

在特色上，本书主要有以下两点：

第一，全面实用。本书囊括了与农民朋友们有关的各种法律知识，相当全面，并且案例情景与法律知识点都是大家可能面临或遇到的，非常实用。

第二，通俗便捷。本书避开了“法言法语”，使用了通俗易懂的语言，力求把法律知识简易地传递给大家；在便捷性上，主要体现为让大家能通过对小目录的查找，轻松找到相关的法律知识点，可谓一查便知。

当然，由于时间和水平的限制，书中难免有不妥之处，敬请批评指正！

目　录

第一章　宪法与村民自治

1. 公民的合法私有财产可否被国家征收？ …………………………… 3
2. 城市中的外来打工人员是否有选举权？ …………………………… 4
3. 正在服刑的有期徒刑罪犯，可否行使选举权和被选举权？ …… 6
4. 父母不同意孩子的婚事，是否可以把孩子拘禁在家中？ ……… 8
5. 农村百岁老人还有土地承包经营权吗？ …………………………… 9
6. 过度捕捞的行为合法吗？ ………………………………………… 11
7. 爷爷奶奶重男轻女，不让适龄孙女上学的行为违法吗？ …… 13
8. 治理之后的池塘属于个人所有还是集体所有？ ……………… 15
9. “保护生态环境”也是宪法规定的吗？ ………………………… 16
10. 赡养父母是宪法规定的公民的义务吗？ ……………………… 18
11. 服兵役是宪法规定的义务吗？拒绝服兵役会有怎样的后果？ … 20
12. 文化低是服兵役的障碍吗？ …………………………………… 22
13. 对村委会选举名单有异议时，可以怎么做？ ………………… 23
14. 村民可以同时在两个村登记参加选举吗？ …………………… 25
15. 村民在村委会选举期间受到威胁，该怎么办？ ……………… 27

第二章　婚　　姻

1. 以夫妻名义同居但未登记的婚姻具有法律效力吗？………… 31
2. 仅仅举办了仪式但未登记的婚姻是否有效？…………………… 33
3. 对于包办婚姻，当事人可以要求离婚吗？…………………… 34
4. 已婚者又与他人登记结婚的，婚姻关系有效吗？………… 36
5. 因受胁迫结婚而向法院申请离婚的，法院会支持吗？……… 37
6. 配偶一方婚前隐瞒重大疾病的，对方是否能请求法院撤销婚姻？……………………………………………………… 39
7. 因受到人身伤害而得到的赔偿是否属于夫妻共同财产？……… 41
8. 一方在婚前买的住房，会因结婚而转化为夫妻共同财产吗？… 42
9. 夫妻双方离婚时，一方生活困难有权要求另一方给予适当帮助吗？…………………………………………………… 44
10. 夫妻一方能否在协议离婚后提出损害赔偿请求？………… 45
11. 一方如何应对另一方在离婚时转移财产的情况？………… 47
12. 当事人在法院判决不准离婚后又提出了损害赔偿的请求，法院会支持吗？………………………………………… 49
13. 法院不准离婚后，分居多久法院应当判离？……………… 51
14. 分手时，男方有权要求女方返还婚前送给女方的彩礼吗？…… 52
15. 妻子有义务在丈夫死亡后对共同债务承担偿还责任吗？…… 54
16. 夫妻一方有权擅自将大额财产赠与他人吗？……………… 56
17. 丈夫应当对失去劳动能力的妻子承担扶养义务吗？……… 58
18. 如何处理情节较轻的家庭暴力？…………………………… 59
19. 人身安全保护令是指什么？他人有权代为申请吗？……… 61
20. 人身安全保护令一直有效吗？……………………………… 62

第三章　抚养与赡养

1. 离婚时，女方能否以绝育为由而得到孩子的抚养权？ ……… 67
2. 离婚后，一方有权擅自更改孩子的姓名吗？ ……………… 69
3. 夫妻离婚后，和孩子共同生活的一方有权不让另一方见孩子吗？ ……………………………………………………… 71
4. 养子女被养父母虐待，难道就真的谁都管不着吗？ ……… 73
5. 父母离婚后，未和子女生活的一方与子女之间就没有关系了吗？ ……………………………………………………… 76
6. 孩子在学校将人打伤，责任该由谁承担？ ………………… 77
7. 两人离婚时在离婚协议中约定轮流抚养孩子的做法合法吗？ ……………………………………………………… 79
8. 父母双亡，爷爷奶奶有义务抚养孙子女吗？ ……………… 81
9. 当爷爷奶奶看到孙子女遭受家暴时，该怎么做？ ………… 82
10. 自己的孩子被别人收养后与自己就没有关系了吗？ ……… 83
11. 帮亲友抚养子女，算收养行为吗？ ……………………… 85
12. 子女有权干涉父母再婚吗？ ……………………………… 86
13. 父母与子女断绝关系后，子女还需要履行赡养义务吗？ …… 87
14. 成年子女对生病的父母不管不问，父母该怎么办？ ……… 89
15. 子女骗取父母钱财，需要承担法律责任吗？ ……………… 90
16. 父母的地由子女帮忙耕种，收成就应该归子女吗？ ……… 92
17. 为了结婚就可以让父母搬走吗？ ………………………… 93

第四章　继　承

1. 没有履行赡养义务的子女还享有继承权吗？…………………… 99
2. 在法定继承中，继承人顺序是如何规定的？ ……………… 101
3. 互有继承权的几个人同时死亡，应如何继承？ …………… 103
4. 外甥可以继承舅舅的遗产吗？…………………………………… 104
5. 继子女享有继承权吗？ ……………………………………… 106
6. 非法定继承人主动赡养孤寡老人的，可以适当分得遗产吗？ … 108
7. 遗嘱继承是否优于法定继承？………………………………… 110
8. 临终前的口头遗嘱是否具有法律效力？ ………………… 111
9. 订立录像遗嘱需要具备哪些条件？ ……………………… 113
10. 受欺骗而设立的遗嘱有效吗？ …………………………… 114
11. 篡改遗嘱内容的行为有效吗？ …………………………… 116
12. 私自销毁遗嘱，是否还能继承遗产？ ………………… 117
13. 继承人在继承遗产时，需要清偿被继承人依法应当缴纳的税款和债务吗？…………………………………………… 119
14. 分割遗产时，是否需要为年迈的父母保留必要份额？ …… 121
15. 已经出嫁的女儿，还享有继承权吗？ ………………… 122

第五章　农民工

1. 外出务工的农民还享有原来的土地承包经营权吗？ ……… 127
2. 商场用购物卡冲抵员工工资的行为是否合法？ ………… 128
3. 挂靠公司拖欠农民工工资的，被挂靠的公司是否需要承担责任？………………………………………………………… 130

4. 法律如何保障从事建筑行业的农民工的工资？ …………… 131
5. 建筑工程项目分包单位或转包单位拖欠农民工工资的，施工总单位是否需要承担清偿责任？ …………………… 134
6. 农民工能够以用人单位的工资欠条为证据直接向人民法院起诉吗？ ………………………………………………… 136
7. 经济困难的农民工在维护自己的劳动权益时能够申请法律援助吗？在哪些情形下可以申请？ ……………………… 137
8. 农民工从什么时候起与用人单位建立了劳动关系？ ……… 139
9. 用人单位可以擅自变更劳动合同的内容吗？ …………… 141
10. 劳务派遣单位有权向农民工收取服务费吗？ ………… 142
11. 用工单位对在岗被派遣劳动者有进行培训的义务吗？ …… 144
12. 劳务派遣人员是否有与用工单位的员工同工同酬的权利？ … 146
13. 用工单位可以将连续用工期限分割订立数个短期劳务派遣协议吗？ …………………………………………… 148
14. 劳动者能够要求违法解除劳动合同的用人单位同时支付经济补偿金与赔偿金吗？ ………………………………… 150
15. 因工负伤的农民工在没有与用人单位签订劳动合同的情况下还可以被认定为工伤吗？ ………………………… 151
16. 劳动者在用人单位违章指挥、强令冒险作业时可以不事先告知用人单位就解除劳动合同吗？ ……………… 153

第六章　农村借贷

1. 普通人之间借钱必须要有书面的合同吗？在写合同的时候，需要有哪些内容？ ……………………………………… 159
2. 对于借条的复印件，法院可以作为证据进行认定吗？……… 160

3. 双方签订了借款合同之后，合同从什么时候开始生效？…… 162
4. 自然人之间借钱，可以自己任意约定利率吗？…… 164
5. 在借款合同中没有约定还款日期，应该在什么时候还款呢？… 166
6. 村民之间借钱的时候没有约定利息，还钱的时候需要支付利息吗？…… 168
7. 借钱的时候没有约定利息的偿还时间，则利息应该什么时候偿还？…… 170
8. 借款人在约定的期限内没有还钱，超过还款日期的部分是否需要支付利息？…… 172
9. 借款人在约定的还款日期之前就偿还了借款，则借款的利息应该怎样计算？…… 174
10. 出借人能提前在本金之中扣除日后需要支付的利息吗？… 176
11. 贷款之后，将所贷的款项另作他用可以吗？…… 177
12. 借款人超过规定的日期去提取贷款的，超期部分需要支付利息吗？…… 179
13. 在向银行贷款时，能单独抵押乡镇企业的厂房吗？…… 181
14. 自然人为赌债作的担保是否有效？…… 182
15. 所借款项已经还清，但是债权人却不返还质押物的，当事人应该怎样救济自己的权利？…… 184
16. 以口头的方式进行保证，是否具有法律效力？…… 186
17. 债权人放弃了对债务人的债权，是否还能要求保证人承担保证责任？…… 188

第七章　农村宅基地与房屋

1. 能把自己的宅基地使用权划分指标转让给他人吗？…… 193

2. 城镇居民可以在农村购置宅基地吗？ …………………………… 194
3. 村委会可以收回已经进城落户的农民的宅基地吗？ ……… 195
4. 村民有权擅自在自家田地上建住宅吗？ ………………………… 197
5. 房子被洪水冲毁后，村民可以直接在原来的宅基地上重盖吗？ …………………………………………………………………… 198
6. 村民把自己的住房出租后，还可以再申请新的宅基地吗？ …… 199
7. 在宅基地上建造的房屋可以设立居住权吗？ ………………… 200
8. 邻居家施工导致自家宅基地的地基损坏，可以要求邻居赔偿吗？ ……………………………………………………………… 202
9. 因邻居家新建的楼房影响自家房屋通风、采光而起诉到法院要求消除影响的，法院会支持该诉求吗？ ……………… 204
10. 城市居民租用农房做民宿的，最长可以签订多久的房屋租赁合同？ ……………………………………………………… 205
11. 邻居因盖房子搬运建材需要从自家经过，可以禁止其通过吗？ ……………………………………………………………… 207

第八章 农村土地承包

1. 农村是以户为单位承包土地吗？ ………………………………… 211
2. 农村土地承包合同应当包含哪些内容？ ……………………… 212
3. 农村家庭承包经营中的承包人有哪些权利和义务？ ……… 214
4. 迁入城区并转为非农户口的，其承包的土地应如何处理？ …… 216
5. 如果集体经济组织合并，村委会有权因此解除承包合同吗？ … 217
6. 发包方在承包期内收回土地的，承包方可以索要补偿吗？ …… 219
7. 因自然灾害导致承包地严重受损，发包方可以因此而调整承包地吗？ …………………………………………………………… 220

8. 将土地承包经营权出租的，出租合同中应当包含哪些内容？…… 222
9. 将农村承包经营的土地出租时，应当遵守哪些原则？…… 224
10. 村委会可以对土地承包经营权出租的租金提出分成的要求吗？…… 225
11. 承包的土地被强制流转的，有效吗？…… 226
12. 土地经营权流转的期限有何规定？…… 228
13. 流转土地后，受让方可以再次将土地流转吗？…… 229
14. 土地经营权流转合同受让方可以用土地经营权向银行申请贷款吗？…… 230
15. 将土地承包经营权互换，可以不登记吗？…… 231
16. 土地经营权人弃耕土地的，应当如何处理？…… 233
17. 受让方严重损害土地的，承包方可以如何处理？…… 234
18. 妇女离婚后搬到别的村子居住，在未取得承包地前原所在地村委会可以收回其土地承包权吗？…… 235

第九章　土地管理

1. 哪些耕地可以被划入基本农田保护区？…… 239
2. 将耕地用于非农建设要坚持什么原则？…… 241
3. 被占用耕地上的土壤应该由占有人移走，还是由原所有人移走？…… 242
4. 占用耕地的单位可以拒绝配合土壤改良工作吗？…… 244
5. 农民有权从自家耕地里取土盖房吗？…… 245
6. 将基本农田用于果树种植合法吗？…… 246
7. 个人开发荒山需要办理哪些手续？…… 248
8. 既有荒地，也有耕地，只能在荒地上建厂吗？…… 249

9. 在建设施工的过程中无意对耕地造成了破坏应当怎么办？ …… 250
10. 农民可以将耕地闲置一年吗？ …… 251
11. 因开发度假村而征收农民集体所有的土地，属于“公共利益”范畴吗？ …… 253

第十章　农村教育、医疗、社保、优抚

1. 教育救助针对哪些人？ …… 259
2. 学生如何申请教育救助？ …… 260
3. 乡村医生未取得相关执业证书能否从事医疗活动？ …… 262
4. 哪些人群有权申请医疗救助？ …… 264
5. 农村五保供养的内容是什么？ …… 266
6. 享受农村五保待遇需要经过哪些程序？ …… 268
7. 我国对农村养老保险待遇是如何规定的？ …… 270
8. 现役军人乘车有哪些优待？ …… 272
9. 现役军人死亡的，具有哪些情形算因公牺牲？ …… 274
10. 退役军人报考公务员是否有优先政策？ …… 276
11. 灾害发生后居民如何向政府申请获得住房灾后重建支持？ …… 278
12. 自然灾害发生后，政府应如何向受灾人员提供基本生活救助？ …… 280

第十一章　道路交通与运输

1. 农用三轮车需要缴纳车辆购置税吗？ …… 285
2. 满足哪些条件可以从事客运经营？ …… 286
3. 具备哪些条件可以从事货运经营？ …… 288

4. 农用车可以从事道路旅客运输吗？ …………………………… 290
5. 按照规定，从事农村道路运输应当投保哪些类型的保险？ …… 292
6. 农用三轮机动车可以上高速吗？ ………………………………… 294

第十二章　农村经济建设与发展

1. 农民能否为了防虫在蔬菜上喷洒剧毒农药？ ………………… 299
2. 若想生产转基因农作物，应当满足哪些条件？ ……………… 301
3. 哪些属于国家明令禁止销售的农产品？ ……………………… 303
4. 法律对兴办动物养殖场有哪些防疫方面的要求？ …………… 306
5. 占用耕地需要进行审批吗？ …………………………………… 308
6. 养殖场能否不建立污染防治设施？ …………………………… 310
7. 农民能否将含有农药成分的牛肉销售到市场上？ …………… 312
8. 卖假种子违法吗？ ……………………………………………… 314
9. 农家乐可以经营野味吗？ ……………………………………… 316
10. 出售动物需要哪些手续？ ……………………………………… 318
11. 农民专业合作社可以开展业务的范围是什么？ ……………… 320
12. 对于农民专业合作社所欠的债务，合作社成员承担何种责任？ ……………………………………………………………… 322
13. 农民以对农民专业合作社的债权作为股份可以吗？ ………… 324

第十三章　信访与国家赔偿

1. 农民有权对村民委员会侵犯其合法权益的行为提出信访吗？ ……………………………………………………………… 329
2. 农民可以通过哪几种途径提出信访？ ………………………… 330

3. 村民在进行集体信访时应该遵守哪些规定？ ………………… 333
4. 违反规定进行信访的公民，要承担何种法律责任？………… 335
5. 信访机关应该在多长时间内将信访事项处理完毕？ ……… 337
6. 在信访机关受理信访事项之后，信访人还可以再向上级部门进行信访吗？ ……………………………………………… 338
7. 信访人对信访事项的处理意见不服，可以采取哪些救济方式？……………………………………………………………… 340
8. 信访人捏造歪曲事实、诬告陷害他人，应该承担什么样的法律责任？………………………………………………………… 342
9. 检察院对公民进行错误逮捕的，公民有权请求国家赔偿吗？ ……………………………………………………………… 343
10. 公民可以对因国家机关的违法行为造成的财产损失要求国家赔偿吗？ ……………………………………………… 345
11. 公民请求国家赔偿的时效是多长时间？ ……………………… 347
12. 国家不予赔偿的情形有哪些？ ………………………………… 349

第一章

宪法与村民自治

宪法是国家的根本大法，是其他法律的基础，任何法律、法规均不得与宪法相抵触。我国现行宪法主要分为四章：第一章是总纲，主要规定国家的根本政治制度和经济制度等。第二章是权利义务，规定公民的权利义务，宪法中规定的权利义务是公民最基本的权利义务，是公民的基本行为准则。第三章是国家机构，国家机构主要包括立法机关、司法机关、行政机关等，该章主要规定这些国家机构的产生方式和职责等。第四章是国旗、国歌、国徽、首都。宪法作为国家的根本大法，在国家发展和公民生活中发挥着重要的作用，它可以保障我国社会主义事业的发展，保障公民的各项权利。此外，随着近年来村民自治工作的不断开展，村民自治成果也在不断展现。

1. 公民的合法私有财产可否被国家征收?

案 情

王某承包了一片山地。他在山上种植了核桃树、枣树等作物。三年前，果树开始结果，王某逐渐回收投资成本。可惜好景不长，今年8月，村里的干部便告知王某，由于政府新建铁路，需要在他承包的山地处开通一条隧道，所以他的山地要被征收。王某很苦恼，自己五年来的心血眼看就要白费了，所以极力反对征收。他找到了一位法律工作者咨询政府是否有权征收自己的山地。该法律工作者告诉王某，国家有权征收公民的合法私有财产，但是让王某放心，政府会给予他合理的补偿。那么，我国法律关于这一问题到底是如何规定的呢?

解 析

征收是指征收主体即国家基于公共利益的需要，以行政权取得集体、个人财产所有权并给予适当补偿的行政行为。我国《宪法》第十三条规定，公民的合法的私有财产不受侵犯。国家依照法律规定保护公民的私有财产权和继承权。国家为了公共利益的需要，可以依照法律规定对公民的私有财产实行征收或者征用并给予补偿。可见，法律保护合法的私有财产，不合法的私有财产不受保护。同时，为了保护公民的合法财产权不受侵犯，《宪法》规定国家有义务保护公民的私有财产权和继承权。但是，当国家基于公共利益的需要时，可以对公民的私有财产实行征收或者征用，并要给予公民合理的补偿。本案中，山地的使用权是王某通过承包获得的，是王某的合法私有财产。政府修建铁路，是出于“公共利益的需要”，是为了发展交通、完善铁路网，也是为了给人民提供更加便捷的铁路运输服务。因此，当地政府有权依法对王某承包的山地进行征收，政府需要在进行征收工作时给予他合理的补偿，政府的征收行为符合法律法规规定，王某应该顾全大局，为政府的征地活动提供便利。

法 条

《中华人民共和国宪法》

第十三条 公民的合法的私有财产不受侵犯。

国家依照法律规定保护公民的私有财产权和继承权。

国家为了公共利益的需要，可以依照法律规定对公民的私有财产实行征收或者征用并给予补偿。

2. 城市中的外来打工人员是否有选举权?

案 情

单某是A市某村的村民，成年之后便到市里开始打工，过了几年就在A市B区的某小区结婚生子定居下来。在单某心里，他早已经把自己当作A市人。不久前，单某听说B区要重新选举人大代表，单某跃跃欲试，但是迟迟没有人通知单某去参加换届选举。于是单某便去政府找到相关负责人询问此事，收到的答复是单某并非城市人口不具有选举资格。单某心里很不平，这是他来到A市的第15个年头，自己已经在B区定居并且打算长久地居住下去，即使没有城市户籍，但是他相关的权利义务都会长久地受到B区的影响。如果自己不能行使选举权，表达自己的意见和建议，那么自己的权利很有可能得不到保障，这样很不公平。请问，城市中外来打工人员可否行使选举权?

解　析

城市中的外来打工人员可以行使选举权。根据《宪法》规定，选举权和被选举权是公民的基本政治权利之一。所谓选举权，是公民选举国家机关的代表与其他公职人员的权利。而被选举权是公民有被推选为国家机关代表与其他公职人员的权利，我国《宪法》第三十四条规定，中华人民共和国年满十八周岁的公民，不分民族、种族、性别、职业、家庭出身、宗教信仰、教育程度、财产状况、居住期限，都有选举权和被选举权；但是依照法律被剥夺政治权利的人除外。由此可见，凡是年满18周岁且未被剥夺政治权利的中国公民不分民族、种族、性别、职业、家庭出身、宗教信仰、教育程度、财产状况、居住期限，都享有选举权和被选举权，这体现了我国选举权和被选举权的普遍适用性，也表明了选举权和被选举权是公民的一项基本政治权利。本案中，单某在A市打工多年，并且已经结婚生子，其已经是成年人并且没有被剥夺政治权利，所以他应当享有选举权，不能以单某“并非城市人口”为由而拒绝其行使宪法所赋予的选举权利，这属于对城市外来打工人员的歧视。该区政府的做法不符合宪法规定，侵犯了公民的选举权，将导致城市中大批外来打工人员的权利得不到保障，所以，应当予以纠正。

法 条

《中华人民共和国宪法》

第三十四条 中华人民共和国年满十八周岁的公民，不分民族、种族、性别、职业、家庭出身、宗教信仰、教育程度、财产状况、居住期限，都有选举权和被选举权；但是依照法律被剥夺政治权利的人除外。

3. 正在服刑的有期徒刑罪犯，可否行使选举权和被选举权？

案 情

孙某从小就失去了父母，没有受到良好的家庭教育，对亲朋好友的管教也满不在乎，长大后的孙某更是变本加厉，平日里游手好闲、惹是生非。去年5月，孙某因没钱打游戏，竟然持刀抢劫，最终被抓获，判处有期徒刑3年、附加剥夺政治权利2年。孙某在服刑期间真心悔过、认真改造，学习了许多法律知识。服刑期间，孙某听说其所在的区人大重新选举，孙某联想到自己所学的选举权和被选举权的知识，便申请行使自己的选举权。但是，他却被告知自己不享有选举权和被选举权。孙某产生了疑问：被判处有期徒刑的犯罪分子，如果在服刑期间被剥夺政治权利，就不享有选举权和被选举权了吗？

解 析

正在服刑的罪犯如果政治权利被剥夺，则不享有选举权和被选举权。我国《宪法》第三十四条规定，中华人民共和国年满十八周岁的公民，不分民族、种族、性别、职业、家庭出身、宗教信仰、教育程度、财产状况、居住期限，都有选举权和被选举权；但是依照法律被剥夺政治权利的人除外。《选举法》第四条也作出了类似的规定。因此，依照法律规定，被剥夺政治权利的人不享有选举权和被选举权。问题的关键是：罪犯服刑期间是否享有政治权利？由于法律中规定的剥夺政治权利期间是自罪犯服刑完毕后起算，根据“举轻以明重”的解释规则，既然这段时间内是无法享有政治权利的，那么罪犯服刑期间当然也不应当享有政治权利。由此可知，被判处有期徒刑的犯罪分子丧失政治权利的期间为：服刑期间加上被判处剥夺政治权利的年限。在这段时间内，罪犯是不享有政治权利的，不得享有、行使选举权和被选举权。在本案中，人大代表进行换届选举时，孙某正处于服刑期内，其理应丧失了选举权和被选举权。

法　条

《中华人民共和国宪法》

第三十四条　中华人民共和国年满十八周岁的公民，不分民族、种族、性别、职业、家庭出身、宗教信仰、教育程度、财产状况、居住期限，都有选举权和被选举权；但是依照法律被剥夺政治权利的人除外。

《中华人民共和国全国人民代表大会和地方各级人民代表大会选举法》

第四条　中华人民共和国年满十八周岁的公民，不分民族、种族、性别、职业、家庭出身、宗教信仰、教育程度、财产状况和居住期限，都有选举权和被选举权。

依照法律被剥夺政治权利的人没有选举权和被选举权。

4. 父母不同意孩子的婚事，是否可以把孩子拘禁在家中？

案 情

赵某家在农村，大学毕业后便留在大城市闯荡。2018 年，赵某公司技术部的一名“IT 男”高某开始追求赵某，两年时间里，两人相处融洽便打算结婚。8 月，赵某将高某带回家见自己的父母。父母了解到高某也是农村人，因为经济条件受限，他在城里买房很困难。赵某父母想让自己的女儿嫁给有房有车的城里人，便赶走了高某，并将女儿赵某锁在家中，代替女儿去城里相亲。如今，赵某已经被父母指定要嫁给一个从未见过的陌生人，自己也被锁在家中失去了自由，苦不堪言。请问，父母不同意孩子的婚事，是否可以把孩子拘禁在家中？

解 析

任何公民都无权对他人实施拘禁行为，赵某父母侵犯了其女儿的人身自由权，同时也侵犯了女儿的婚姻自由权。我国《宪法》第三十七条规定，我国公民的人身自由不受侵犯。任何公民，非经人民检察院批准或者决定或者人民法院决定，并由公安机关执行，不受逮捕。禁止非法拘禁和以其他方法非法剥夺或者限制公民的人身自由，禁止非法搜查公民的身体。由此可见，国家保护公民的人身自由权，任何普通公民无论基于何种理由，都无权侵犯他人的人身自由权。同时，我国《民法典》第一千零四十二条第一款规定，禁止包办、买卖婚姻和其他干涉婚姻自由的行为。禁止借婚姻索取财物。可见，日常生活中出现的父母因子女婚姻问题拘禁自己子女的行为属于干涉子女婚姻自由，父母通过非法拘禁进而包办婚姻的行为违反了《民法典》的规定。本案中，赵某的父母将其锁在家中，侵犯了她的人身自由权；其父母代替赵某相亲并确定赵某结婚对象的做法侵犯了赵某的婚姻自由权。赵某父母的做法属于违法行为。

法　条

《中华人民共和国宪法》

第三十七条　中华人民共和国公民的人身自由不受侵犯。

任何公民，非经人民检察院批准或者决定或者人民法院决定，并由公安机关执行，不受逮捕。

禁止非法拘禁和以其他方法非法剥夺或者限制公民的人身自由，禁止非法搜查公民的身体。

《中华人民共和国民法典》

第一千零四十二条　禁止包办、买卖婚姻和其他干涉婚姻自由的行为。禁止借婚姻索取财物。

禁止重婚。禁止有配偶者与他人同居。

禁止家庭暴力。禁止家庭成员间的虐待和遗弃。

5. 农村百岁老人还有土地承包经营权吗?

案　情

老丁是村里的老党员，如今已年过百岁，身体还是很硬朗。由于膝下无子，老伴儿也在几年前去世，所以近年来都是由其侄子小丁照顾。老丁家里有五亩承包田，也由小丁负责帮忙耕种。党的十八大之后，国家大力推进农村城镇化建设，农村土地确权政策施行。上个月，村里在搞土地确权的时候，村书记就找到老丁，表示由于老丁已经年过百岁，基本丧失劳动能力，无力再对其名下的土地进行耕种，因此打算收回其承包的五亩土地。小丁这时候站出来说，只要是村集体组织的成员，都有土地承包经营权。伯伯老丁确实是年岁已高，但这并不妨碍其享有对土地的承包经营权，所以村里无权收回老丁的土地。那么，究竟是村书记说得对，还是小丁说得对？法律对土地承包经营权有怎样的规定？

解 析

小丁的说法是对的，村里无权剥夺老丁的土地承包经营权。我国《宪法》第八条第一款规定，农村集体经济组织实行家庭承包经营为基础、统分结合的双层经营体制。该体制是中国人民的伟大创造，是农村经济体制改革的产物，最大限度地保护了农民的利益，激发了农民的积极性，也有利于我国农业的发展。家庭承包经营的基本特点是在保留集体经济必要的统一经营的同时，集体将土地和其他生产资料承包给农户，承包户根据承包合同规定的权限，独立作出经营决策，独立进行耕种活动，并在完成国家和集体任务的前提下享受经营成果。一般做法是将土地等按该村的人口或劳动力比例，根据责、权、利相适应的原则分给农户经营。村集体将土地发包给农户时，按照每户所有成员的人数来确定承包土地的份额，即“按户承包，按人分地”，确保“人人有份”。由此可见，每个农村集体经济组织的成员，不论年长年幼、是男是女都享有土地承包权。本案中，老丁并不会因为年老而无法享有土地承包经营权，村委会的说法和做法都是错误的。当然，在老丁年老体弱无力经营自己的承包地的情况下，他可以委托自己的侄子替自己耕种土地，也可以转让手里的土地承包经营权。

法　条

《中华人民共和国宪法》

第八条第一款　农村集体经济组织实行家庭承包经营为基础、统分结合的双层经营体制。农村中的生产、供销、信用、消费等各种形式的合作经济，是社会主义劳动群众集体所有制经济。参加农村集体经济组织的劳动者，有权在法律规定的范围内经营自留地、自留山、家庭副业和饲养自留畜。

6. 过度捕捞的行为合法吗？

案　情

每年的五六月，松花江名鱼鳌花就到了最肥美的时候，吸引了不少游客和钓客。但是据相关人士透露，松花江流域近十年来已有青鱼、鳊花、大白鱼等十多种鱼濒临绝迹。究其原因，除了河水污染，最重要的一个原因就是过度捕捞。渔民们为了自己的利益，不分季节地大肆捕捞，有的渔民甚至连鱼苗也不放过。过度捕捞带来的绝不仅是捕鱼人眼前利益的受损，更多的是对河流生态多样性的破坏。然而，很多渔民并没有意识到自己的过度捕捞行为所带来的不利后果。自小就在江边渔村长大的渔民杨某说，不就是多捕了点儿鱼吗，又不是违法的事，能造成那么严重的后果吗？那么，过度捕捞的行为到底算不算违法行为？

解 析

过度捕捞的行为显然会破坏河流生态环境，是一种违法行为，违背了宪法精神。我国《宪法》第九条第二款明确规定，国家保障自然资源的合理利用，保护珍贵的动物和植物。禁止任何组织或者个人用任何手段侵占或者破坏自然资源。由此可见，保护生态环境已经写入《宪法》当中，每一位公民都应当履行保护生态环境的义务。近年来，破坏生态环境的现象越来越难以遏制，很多人为了一己私利，为了眼前小利，完全不顾生态环境的长远发展，大肆砍伐林木，过度捕捞鱼类。事实上，我们已经为此付出了极高的代价，土壤贫瘠、山体滑坡、水资源污染等，这不但会危及我们的生存，也会给人类后代的发展埋下祸端。因此，为了增强公民对生态环境保护的意识，加强生态环境保护，我国从立法方面作出了最严厉的规定，将保护生态环境写入我国的根本大法当中。同时，《民法典》《刑法》等法律也对此进行了具体的规定，破坏生态环境可能会导致严重后果，受到刑事制裁。

法 条

《中华人民共和国宪法》

第九条第二款 国家保障自然资源的合理利用，保护珍贵的动物和植物。禁止任何组织或者个人用任何手段侵占或者破坏自然资源。

7. 爷爷奶奶重男轻女，不让适龄孙女上学的行为违法吗？

案　情

小影家在农村，因父母常年在外打工，所以她从小就跟随爷爷奶奶生活。眼看小影已满 7 岁，到了上学的年纪。周围的小伙伴都去上学了，但小影的爷爷奶奶却坚决不送她去上学，理由竟然是女孩子以后早晚要嫁出去，上学没什么用，还不如在家帮着打理家务，学点儿糊口的手艺早点儿上班挣钱。小影看着小伙伴都去上学了，哭闹着也要上学。和爷爷奶奶商量无果后，小影就去找村委会的李大伯，想让他做做爷爷奶奶的思想工作。李大伯告诉小影的爷爷奶奶，义务教育是国家规定的，到了年纪的孩子不论男孩女孩都必须要去接受教育，不让孩子上学的行为是违反法律规定的。小影的爷爷奶奶顿时吓了一跳，没想到自己不让孙女上学的行为竟然是违法的。那么，李大伯的说法对吗？法律究竟有什么规定？小影的爷爷奶奶不让其上学的行为真的是违法的吗？

解　析

李大伯的说法是正确的，小影的爷爷奶奶不让小影上学的做法已经违反了我国法律的明确规定。我国《宪法》第四十六条第一款规定，中华人民共和国公民有受教育的权利和义务。所以，对公民来说，接受教育不仅是一项权利，更多的还是一种义务。每一个适龄儿童都有接受教育的权利，而他们的监护人则有义务确保他们接受教育。根据《宪法》规定，我国现阶段实行九年义务教育，所有的适龄儿童和青少年都必须接受义务教育，国家、社会、家庭必须予以保证。国家实行义务教育制度就是对适龄儿童和青少年实施的一定年限的强迫教育的制度。也就是说，国家、社会和家庭必须履行让他们进学校读书的义务，如果谁违反这个义务，谁就要受到法律的规制。同时，《义务教育法》第五十八条也规定，适龄儿童、少年的父母或者其他法定监护人无正当理由未依照本法规定送适龄儿童、少年入学接受义务教育的，由当地乡镇人民政府或者县级人民政府教育行政部门给予批评教育，责令限期改正。由此可见，让未成年人接受义务教育不仅是《宪法》规定的义务，还有更为具体的法律对拒不履行义务的人员进行规范和惩处。

本案中，小影属于适龄儿童，有权到学校接受义务教育，小影的父母和爷爷奶奶都应当保证小影可以完成九年义务教育。小影的爷爷奶奶受传统重男轻女思想的影响不让其上学接受教育的行为是违法的，小影可以找到村委会或者乡政府让他们帮忙劝说，以使自己早日到学校学习。

法　条

《中华人民共和国宪法》

第四十六条　中华人民共和国公民有受教育的权利和义务。

国家培养青年、少年、儿童在品德、智力、体质等方面全面发展。

《中华人民共和国义务教育法》

第五十八条　适龄儿童、少年的父母或者其他法定监护人无正当理由未依照本法规定送适龄儿童、少年入学接受义务教育的，由当地乡镇人民政府或者县级人民政府教育行政部门给予批评教育，责令限期改正。

8. 治理之后的池塘属于个人所有还是集体所有？

案　情

朱某家住村子的东头，紧邻其院子有一处废弃的池塘。说是池塘，其实就是村里的一个臭水沟，村民都习惯往里边倾倒垃圾和污水，因此池塘一直臭味熏天。退休在家的朱某闲来无事，就打算把这处池塘清理一下养点儿鱼，这样既可以给自己的晚年找点儿乐趣，又能改善房前的环境，说不定还能靠养鱼获得一定收入。第二天，朱某就买来各种捕捞工具清理了水里的垃圾，又抽水、注水，买鱼种，忙碌了好久，池塘才终于恢复了生机。一年后，在朱某的悉心养殖下，眼看池塘的鱼就要捕捞了，这时村主任找到朱某说池塘是村里的集体财产，现在村里要修路，需要把池塘收回填平。朱某很疑惑，他认为这个池塘这么多年来一直无人问津被当作垃圾池，在自己的治理下才有了价值，因此，这片池塘应属于自己个人所有。那么，村主任和朱某谁的说法对呢？按照我国法律规定，自己打理的荒地、滩涂就属于个人所有了吗？

解　析

村主任的说法是正确的，村里的这处池塘应当属于村集体所有。矿藏、水流、土地等，都属于自然资源，这是一个国家国民经济与社会发展的重要物质基础。明确这些自然资源的归属问题，可以更好地保障公民的财产所有权，也可以更好地促进对自然资源的开发和利用。按照我国《宪法》第九条第一款的规定，矿藏、水流、森林、山岭、草原、荒地、滩涂等自然资源，都属于国家所有，即全民所有；由法律规定属于集体所有的森林和山岭、草原、荒地、滩涂除外。我国实行的是具有中国特色的社会主义经济制度，以公有制为基础，绝大多数自然资源都属于国家所有，部分属于集体所有。这些自然资源不会因为公民个人的开发、利用行为就转变为公民私人所有。因此，本案中涉及的池塘应属于朱某所在村集体经济组织所有，村委会可对朱某治理开发池塘的行为给予一定的鼓励，但池塘的所有权并不会因为朱某的治理行为而发生变更。

法 条

《中华人民共和国宪法》

第九条第一款 矿藏、水流、森林、山岭、草原、荒地、滩涂等自然资源，都属于国家所有，即全民所有；由法律规定属于集体所有的森林和山岭、草原、荒地、滩涂除外。

9.“保护生态环境”也是宪法规定的吗?

案 情

刘某自小学毕业后，就再没有接受过任何教育，可以说是一个半文盲。吴某和刘某是同村的同龄人，他却是该村走出去的大学生，目前在省城里的一家公司上班。今年4月，吴某回到村庄为村里捐了20万元，希望村主任带领村民做一下村里的绿化工作。刘某很是不解，不知道吴某为什么要将20万元的钱捐给村里搞绿化工作。一次在吴某请刘某吃饭时，刘某问起了吴某这个问题。吴某告诉刘某，他这么做是为了保护村里的生态环境，是在为村里做贡献。除此之外，“保护生态环境”也是宪法规定的内容，国家和公民都应该尽自己的力量保护我们的生态环境。刘某很是不理解，他觉得宪法那么高高在上，怎么可能连保护生态环境这样的“小事”也管呢。那么请问，“保护生态环境”也是宪法规定的吗？

解　析

本案中涉及的问题是保护生态环境是否规定在宪法当中，答案当然是肯定的，我国《宪法》中明确地规定着“保护生态环境”。宪法是国家的根本大法，是其他法律的立法基础，具有最高的法律权威。宪法中规定着国家的基本经济制度和政治制度，规定着公民的基本权利义务，是每个公民必须遵守的最高行为准则。而生态环境对政治、经济的发展都有着不可忽视的作用，对公民的成长和发展也有着巨大的作用，无论是国家还是公民个人都应当保护我们的生态环境，因此，保护生态环境也必须作为国家的一项基本制度在宪法中进行规定。根据《宪法》第二十六条的规定，国家保护和改善生活环境和生态环境，防治污染和其他公害。国家组织和鼓励植树造林，保护林木。在《宪法》中对保护生态环境进行规定，体现了国家对保护生态环境的重视程度，有利于推动自然资源的合理利用，协调人类与环境的关系，保障经济、社会的持续发展，保护人类的生存和健康。同时，在《宪法》中对保护生态环境进行规定，也有助于提高公民保护生态环境的意识，促进公民将保护生态环境付诸实际行动。因此本案中，吴某投资 20 万元进行绿化，可以起到保护生态环境的作用，国家应当对他的行为进行鼓励和表扬。

法　条

《中华人民共和国宪法》

第二十六条　国家保护和改善生活环境和生态环境，防治污染和其他公害。

国家组织和鼓励植树造林，保护林木。

10. 赡养父母是宪法规定的公民的义务吗？

案　情

吴某夫妇有一个儿子，由于是老来得子，他们对儿子十分宠爱。在平时生活当中，不管儿子提出多么过分的要求，老两口都尽量满足，以致小吴从小就有些叛逆和不听话。儿子长大后，吴某夫妇托人给小吴找了一份不错的工作，还在县里给小吴买了房子。不久后，小吴又娶妻生子。吴某夫妇帮小吴买房子、筹备婚礼等，几乎花光了家里所有积蓄。本以为这样，小吴就可以孝顺夫妇二人，让他们安度晚年。可是小吴自从结婚之后，几乎没有回过老家，也没有看望过夫妇二人。就在几个月前，吴某在回家的路上不慎摔倒，目前在医院接受治疗。由于夫妇二人没有积蓄，所以无法支付高额的医疗费用。吴某夫妇将此事告诉小吴后，小吴竟然拒绝支付医疗费用。医生告诉夫妇二人，赡养父母是宪法规定的公民的义务，如果小吴不履行义务，他们可以起诉至法院，以维护自身权益。吴某夫妇感到疑惑，不知赡养父母是不是宪法规定的公民的义务？

解 析

在我国，道德层面和法律层面都明确规定了成年子女应当赡养老人。首先，从道德层面上来讲，赡养老人是中华民族的传统美德，是每个中华儿女都应遵守的道德准则，并应当深化为实际行动。当社会上出现不赡养、不孝顺老人的情况时，社会公众会在道德上对其进行谴责。其次，从法律层面上讲，我国宪法明确将成年子女有赡养扶助父母的义务写进宪法条文当中，而宪法作为国家的根本大法，具有最高的法律效力，人人都必须遵守该规定。当成年子女不赡养扶助父母时，父母可以通过法律途径维护自身的合法权益。最后，以法律的形式对赡养扶助父母的义务进行规定，有助于发扬我国的传统美德，营造良好的社会风气。因此在本案中，可以明确告诉吴某夫妇的是，在父母将子女抚养成人之后，成年子女应该赡养扶助父母，这是我国宪法明确规定的公民义务。当小吴不履行赡养扶助父母的义务时，吴某夫妇可以通过法律途径维护自身的合法权益。

法 条

《中华人民共和国宪法》

第四十九条第三款 父母有抚养教育未成年子女的义务，成年子女有赡养扶助父母的义务。

11. 服兵役是宪法规定的义务吗？拒绝服兵役会有怎样的后果？

案　情

郑某在读大学一年级的时候，其所在学校鼓励大学生服兵役。郑某认为大学生活枯燥无味，与自己当初想象的截然不同，对大学生活很是失望，心想正好趁此机会，可以去军营里体验另一种生活。于是郑某就报名服兵役。经过多轮体检和政审，郑某成功地入选。结果公布后，郑某感到很是意外，本是抱着试试的心态参加，结果却被意外地录取。郑某又开始犹豫了，不知道自己是否应该去服兵役。首先军营里的生活会很艰苦，其次自己的大学学业会被耽误，郑某开始摇摆不定。这个时候，郑某的朋友告诉郑某，服兵役是每个公民应尽的义务，如果不服兵役，会由县级政府责令服兵役的。郑某认为朋友的话有些夸大其词，觉得自己不服兵役不会有任何问题。那么，郑某的想法正确吗？

解　析

郑某的想法是错误的，其朋友的说法正确。服兵役是我国宪法规定的公民义务，公民在不履行服兵役义务的情况下，需要承担相应的法律后果。这主要体现在我国《宪法》和《兵役法》的条文中。首先，《宪法》的条文明确规定公民有服兵役的义务。其次，《兵役法》的条文明确规定当公民不履行服兵役的义务时，由县级人民政府责令限期改正，逾期不改的，由县级人民政府强制其履行兵役义务，并可处以罚款，这是法律上明文规定的对不履行服兵役义务行为的处罚后果。法律对此进行规定，主要是维护法律权威，鼓励公民履行服兵役的义务。因此在本案中，郑某的想法是错误的，其既然已经通过体检和政审等各方面的考核，就应该服兵役，而不是选择逃避。郑某选择逃避的行为既是对自己不负责任，也是对国家不负责任，一旦出现该种情况，县级人民政府会强制其履行服兵役的义务，并对郑某处以罚款。

法　条

《中华人民共和国宪法》

第五十五条　保卫祖国、抵抗侵略是中华人民共和国每一个公民的神圣职责。

依照法律服兵役和参加民兵组织是中华人民共和国公民的光荣义务。

《中华人民共和国兵役法》

第六十六条第一款、第二款　有服兵役义务的公民有下列行为之一的，由县级人民政府责令限期改正；逾期不改的，由县级人民政府强制其履行兵役义务，并可以处以罚款：

（一）拒绝、逃避兵役登记和体格检查的；

（二）应征公民拒绝、逃避征集的；

（三）预备役人员拒绝、逃避参加军事训练、执行军事勤务和征召的。

有前款第二项行为，拒不改正的，不得录用为公务员或者参照公务员法管理的工作人员，两年内不得出国（境）或者升学。

12. 文化低是服兵役的障碍吗？

案 情

司某初二那年辍学后，就一直在家，没有继续上学。司某本来打算辍学后外出打工，但司某的父母认为其年纪太小，不适合外出打工，于是让司某留在家里。司某整日无所事事，一直待在家里看电视。一天司某在电视上看见一则消息，其所在的县正在招收义务兵，鼓励年满 18 周岁的青年去当兵。司某看到该则消息后，很是激动，因为他很小就有当兵的梦想，很敬佩那些穿军装的人，也很想去体验军营里的生活，正好有这个机会，司某就很想去争取。司某将自己的想法告诉家人后，家人很是支持司某。后司某又将该想法告诉朋友吴某，吴某听后对司某冷嘲热讽，追问司某这么低的文化水平，能够被选上吗？可以去服兵役吗？司某听到朋友吴某的话，也开始犹豫了，他不知道，自己文化水平低，会不会成为服兵役的障碍？

解 析

服兵役是指公民在一定的时间内去参军。年满 18 周岁的公民履行服兵役的义务，是我国宪法规定的公民义务。公民履行服兵役的义务，是为保护人民，是为国家做贡献，以守护祖国和千千万万家庭的幸福，我国鼓励和提倡公民履行服兵役的义务。且我国《宪法》中明确规定，中华人民共和国的公民，不分民族、种族、职业、家庭出身、宗教信仰和教育程度，都有义务服兵役。因此只要参加服兵役，国家都会鼓励，不会因民族、种族、教育程度歧视任何人。从上述法律规定中可以看出，本案中吴某的想法是错误的，我国鼓励年满18周岁的人参加服兵役，文化水平低不会成为服兵役的障碍。因此，司某可以按照自己的意愿去报名应征入伍，只要其符合条件，就可以去履行服兵役义务。

法　条

《中华人民共和国宪法》

第五十五条　保卫祖国、抵抗侵略是中华人民共和国每一个公民的神圣职责。

依照法律服兵役和参加民兵组织是中华人民共和国公民的光荣义务。

《中华人民共和国兵役法》

第三条　中华人民共和国公民，不分民族、种族、职业、家庭出身、宗教信仰和教育程度，都有义务依照本法的规定服兵役。

有严重生理缺陷或者严重残疾不适合服兵役的人，免服兵役。

依照法律被剥夺政治权利的人，不得服兵役。

13. 对村委会选举名单有异议时，可以怎么做？

案　情

某村的李某是一位非常正直的人，如果村里发生什么不公平的事情，只要是他知道的，他都会出来仗义执言。该村正进

行村民委员会换届选举，李某得知参选村民的名单公布出来后，立即跑到村里的公布栏上查看，当他看到公布栏上有陈明的名字时，心里充满了疑惑。李某心想："这个陈明不是村东头老王家的亲戚吗？这人也不是我们村的人啊，他怎么会在选民名单上呢？我应该把这件事反映出来，但我该怎么做呢？"

解　析

我国《村民委员会组织法》第十三条对村民参加村民委员会选举的资格进行了规定，根据规定，陈明确实不具有选民资格。如果村民对参选的村民有异议，可以按照规定提出申诉，该法第十四条规定，登记参加选举的村民名单应当在选举日的二十日前由村民选举委员会公布。对登记参加选举的村民名单有异议的，应当自名单公布之日起五日内向村民选举委员会申诉，村民选举委员会应当自收到申诉之日起三日内作出处理决定，并公布处理结果。李某当日看到公布的村民名单后，可以自名单公布之日起5日内向村民选举委员会申诉，村民选举委员应当在3日内作出处理决定。

法　条

《中华人民共和国村民委员会组织法》

第十三条　年满十八周岁的村民，不分民族、种族、性别、职业、家庭出身、宗教信仰、教育程度、财产状况、居住期限，都有选举权和被选举权；但是，依照法律被剥夺政治权利的人除外。

村民委员会选举前，应当对下列人员进行登记，列入参加选举的村民名单：

（一）户籍在本村并且在本村居住的村民；

（二）户籍在本村，不在本村居住，本人表示参加选举的村民；

（三）户籍不在本村，在本村居住一年以上，本人申请参加选举，并且经村民会议或者村民代表会议同意参加选举的公民。

已在户籍所在村或者居住村登记参加选举的村民，不得再参加其他地方村民委员会的选举。

第十四条　登记参加选举的村民名单应当在选举日的二十日前由村民选举委员会公布。

对登记参加选举的村民名单有异议的，应当自名单公布之日起五日内向村民选举委员会申诉，村民选举委员会应当自收到申诉之日起三日内作出处理决定，并公布处理结果。

14. 村民可以同时在两个村登记参加选举吗?

案　情

赵某今年25岁，年轻有为，非常具有领导能力。赵某的老家是赵村，自18岁那年父母意外去世后，赵某便一直居住在刘村的姑姑家，但户口一直在赵村。前不久，赵某听说村里要进行选举，便也想要试试。于是，赵某向姑姑说了想要参加选举的想法，姑姑觉得赵某聪明能干，可以去试一下，而且还建议赵某在刘村和赵村都报上名，这样被选上的机会更大。请问，姑姑的建议正确吗？赵某可以同时在两个村子登记参加选举吗？

解　析

根据我国《村民委员会组织法》第十三条第三款的规定，已在户籍所在村或者居住村登记参加选举的村民，不得再参加其他地方村民委员会的选举。按照法律规定，赵某符合选举的其他条件，虽然户籍不在刘村，但在刘村居住一年以上，本人申请参加选举，只要经村民会议或者村民代表会议同意参加选举即可。但为保障选举的公平公正，赵某不能同时在两个村登记参加选举。尽管赵某在刘村、赵村均符合选举条件，但只能在两个村子中选择一个进行报名登记。因此，赵某姑姑的建议是不正确的。

法　条

《中华人民共和国村民委员会组织法》

第十三条　年满十八周岁的村民，不分民族、种族、性别、职业、家庭出身、宗教信仰、教育程度、财产状况、居住期限，都有选举权和被选举权；但是，依照法律被剥夺政治权利的人除外。

村民委员会选举前，应当对下列人员进行登记，列入参加选举的村民名单：

（一）户籍在本村并且在本村居住的村民；

（二）户籍在本村，不在本村居住，本人表示参加选举的村民；

（三）户籍不在本村，在本村居住一年以上，本人申请参加选举，并且经村民会议或者村民代表会议同意参加选举的公民。

已在户籍所在村或者居住村登记参加选举的村民，不得再参加其他地方村民委员会的选举。

15. 村民在村委会选举期间受到威胁，该怎么办？

案　情

某村进行换届选举，王某是候选人之一。王某虽然能力很强，但脾气非常暴躁，而且在村里横行霸道，村里人都怕他，当然不希望他被选上，王某对这一点也心知肚明。于是，王某为了自己当选，便挨家挨户去“拜访”，说是拜访，实际上是威胁。王某对村里人说，如果谁不选他，他就砸烂谁家的房子，村民们都很生气，但又不敢当面和王某对抗，不知如何是好。那么，村民面对王某的威胁，该怎么办呢？

解　析

我国《村民委员会组织法》第十七条第二款规定，对以暴力、威胁、欺骗、贿赂、伪造选票、虚报选举票数等不正当手段，妨害村民行使选举权、被选举权，破坏村民委员会选举的行为，村民有权向乡、民族乡、镇的人民代表大会和人民政府或者县级人民代表大会常务委员会和人民政府及其有关主管部门举报，由乡级或者县级人民政府负责调查并依法处理。本案中，王某以威胁的方式逼迫村民选自己，妨害了村民行使选举权，扰乱了正常的选举秩序，村民有权向乡级人大、政府或者县级人大常委和政府及其有关主管部门举报。

法 条

《中华人民共和国村民委员会组织法》

第十七条 以暴力、威胁、欺骗、贿赂、伪造选票、虚报选举票数等不正当手段当选村民委员会成员的，当选无效。

对以暴力、威胁、欺骗、贿赂、伪造选票、虚报选举票数等不正当手段，妨害村民行使选举权、被选举权，破坏村民委员会选举的行为，村民有权向乡、民族乡、镇的人民代表大会和人民政府或者县级人民代表大会常务委员会和人民政府及其有关主管部门举报，由乡级或者县级人民政府负责调查并依法处理。

第二章
婚　　姻

婚姻家庭法律法规是调整婚姻家庭关系的法律，是一定社会的婚姻制度在法律上的集中表现。《中华人民共和国婚姻法》是新中国颁布的第一部法律，其主要内容包括婚姻的成立和解除、婚姻的效力，特别是夫妻间的权利和义务等，它规范了人们在婚姻家庭领域中的权利和义务，是人们处理婚姻家庭关系必须遵守的行为准则。《民法典》在吸收《婚姻法》原有规定的基础上，也结合经济社会发展对相关制度进行了调整和更新。在现实生活中，《民法典》婚姻家庭编对于营造良好的社会风气，促进家庭的文明建设，保持社会的安定团结，都会起到积极作用。

1. 以夫妻名义同居但未登记的婚姻具有法律效力吗？

案　情

范某与张某住在同一个村子里，两个人年龄相仿，关系一直不错。张某的父母很早就去世了，一直以来，张某都和奶奶相依为命。范某向来很照顾张某，对张某来说除了奶奶以外范某是张某最亲的人了。后来两个人恋爱了，但却遭到了范某父母的反对，两人为了能够在一起，便一起到外地打工，并以夫妻的名义同居在一起，只是未办理结婚登记。两年后，范某与张某的感情破裂，张某认为无法再与范某生活下去，于是提出了离婚。范某不同意，无奈之下，张某只好向法院提起了离婚诉讼。那么，法院会受理吗？两人的婚姻具有法律效力吗？

解　析

本案中，范某与张某以夫妻名义同居但未办理结婚登记的这种关系在法律上被认定为事实婚姻。事实婚姻，通常定义为没有配偶的男女，未进行结婚登记，便以夫妻关系同居生活，群众也认为他们是夫妻关系的两性结合。在事实婚姻中，男女已经具备了婚姻关系存续的实质要件，但是缺少婚姻关系成立的形式要件。为了更好地保护男女双方的合法权益，规范实践中存在的“事实婚姻”现象，我国法律对事实婚姻的法律效力认定是有区别的。根据《最高人民法院关于适用〈中华人民共和国民法典〉婚姻家庭编的解释（一）》（以下简称《民法典婚姻家庭编解释（一）》）第七条的规定，1994 年 2 月 1 日以前，男女双方已经符合结婚实质要件的，按事实婚姻处理。从1994年2月1日起，男女双方符合结婚实质要件的，人民法院应当告知其补办结婚登记；未补办结婚登记的，按该司法解释第三条规定处理，即按解除同居关系处理。因此，在本案中，法院在受理时会查明范某与张某之间的事实婚姻存在的起始时间，如果双方依法补办了结婚登记，法院则可以按照离婚诉讼立案受理，如果双方没有补办结婚登记，那么法院将按解除同居关系处理。

法 条

《最高人民法院关于适用〈中华人民共和国民法典〉婚姻家庭编的解释（一）》

第三条 当事人提起诉讼仅请求解除同居关系的，人民法院不予受理；已经受理的，裁定驳回起诉。

当事人因同居期间财产分割或者子女抚养纠纷提起诉讼的，人民法院应当受理。

第七条 未依据民法典第一千零四十九条规定办理结婚登记而以夫妻名义共同生活的男女，提起诉讼要求离婚的，应当区别对待：

（一）1994年2月1日民政部《婚姻登记管理条例》公布实施以前，男女双方已经符合结婚实质要件的，按事实婚姻处理。

（二）1994年2月1日民政部《婚姻登记管理条例》公布实施以后，男女双方符合结婚实质要件的，人民法院应当告知其补办结婚登记。未补办结婚登记的，依据本解释第三条规定处理。

2. 仅仅举办了仪式但未登记的婚姻是否有效?

案 情

王某与罗某住在同一个村子里，两个人的家住得近，两个人也一直在同一所学校上学，因此，可以说两个人是青梅竹马。后来两个人高中毕业后就恋爱了，双方父母得知两人相爱后也都很高兴，并希望两人可以尽快结婚。5 月 3 日，王某与罗某在家人的操办下举行了婚礼，但未办理结婚登记。婚后没多久，罗某便怀孕了，一家人都为这个小生命的到来感到高兴，可当他们去办理计划生育证的时候却遭到了工作人员的拒绝，理由是两人没有办理结婚证。那么，工作人员的做法正确吗？仅仅举办了仪式但未登记的婚姻是否有效？

解 析

我国传统的结婚形式是举行婚礼仪式，很多人便认为只要男女双方举办了婚礼就是结婚，就存在婚姻关系了，但法律对结婚是否一定要举行婚礼未作规定。按照我国《民法典》第一千零四十九条的规定，婚姻实行登记制度，进行登记是使婚姻合法有效的必经程序，因此，结婚必须依法办理结婚登记，不能以是否举行仪式作为婚姻成立与否的标志，更不能以仪式代替登记。在此需要提醒广大民众的是，对于符合法定的结婚条件，举行结婚仪式而未办理结婚登记的，应当按照《民法典》的要求补办结婚登记，否则并不会得到法律上的承认和保护，在日常生活中也可能产生许多不必要的麻烦。本案中，工作人员拒绝给王某与罗某二人办理计划生育证就是非常明显的一个障碍，而工作人员的做法是正确的，是符合法律规定的。由于王某与罗某两人结婚时仅举办了结婚仪式，并未到婚姻登记部门进行结婚登记，并没有得到法律上的承认，当然也就不会受到法律的保护。因此，两人应当按照要求补办结婚登记，以得到法律上的承认和保护。

法 条

《中华人民共和国民法典》

第一千零四十九条 要求结婚的男女双方应当亲自到婚姻登记机关申请结婚登记。符合本法规定的，予以登记，发给结婚证。完成结婚登记，即确立婚姻关系。未办理结婚登记的，应当补办登记。

《婚姻登记条例》

第四条第一款 内地居民结婚，男女双方应当共同到一方当事人常住户口所在地的婚姻登记机关办理结婚登记。

3. 对于包办婚姻，当事人可以要求离婚吗？

案 情

李某今年28岁，家住在农村。李某从小就不学无术，初中时因为学习成绩不好而辍学，后来一直无所事事，至今也没有一份稳定的工作。两年前，李某看上了同村的小莲。小莲人长得漂亮又能干，村里大部分单身男青年都对小莲有爱慕之情，只是小莲心气高，一直没有看得上的对象。李某为了能和小莲在一起，便让父母准备了一份丰厚的彩礼到小莲家提亲，小莲父母为了能得到这笔彩礼，便逼迫着小莲嫁给李某。小莲坚持自己的婚姻要自己做主，可她的父母却认为婚姻大事必须由父母决定，后来小莲拗不过父母，只好答应嫁给李某。可结婚后，小莲并不幸福，而且时常遭到李某的打骂。小莲再也无法忍受这样的日子，她想要离婚，但不知道能不能。那么，小莲可以要求离婚吗？

解 析

我国法律坚持婚姻自主的基本原则，男女双方均有权决定自己的结婚自由和离婚自由，其他任何人都无权干涉。根据我国《民法典》第一千零四十二条的规定，包办、买卖婚姻和其他干涉婚姻自由的行为以及借婚姻索取财物都是被法律所禁止的行为。本案中，小莲的父母为得到彩礼而逼迫小莲嫁给李某，小莲无奈只好同意，很显然，小莲与李某之间的婚姻并非小莲的真实意愿，他们之间的婚姻是一种父母包办婚姻。小莲与李某婚前没有感情，婚后也没有建立起夫妻感情，因此，她可以和李某协议离婚，也可以向人民法院起诉离婚。

法 条

《中华人民共和国民法典》

第一千零四十二条 禁止包办、买卖婚姻和其他干涉婚姻自由的行为。禁止借婚姻索取财物。

禁止重婚。禁止有配偶者与他人同居。

禁止家庭暴力。禁止家庭成员间的虐待和遗弃。

4. 已婚者又与他人登记结婚的，婚姻关系有效吗?

案 情

张某家住在农村，24 岁那年，张某在他人介绍下认识了邻村的黄某，二人很快便登记结婚。婚后第二年，张某为了养家，便一个人到城里打工。在城里工作没多久，张某就认识了在餐馆打工的小红。小红很善良也很热心，经常在生活上帮助张某，也时常给张某做一些好吃的饭菜，让只身在外地的张某真正地感受到了家的温暖。很快，张某与小红之间便产生了爱慕之情，并在两人长期打工的城市登记结了婚。2021 年 3 月，黄某进城来找张某，发现了张某与小红结婚一事，非常生气，于是向法院申请宣告张某与小红的婚姻无效。请问，张某与小红的婚姻是否有效?

解 析

张某与小红之间的婚姻属于无效婚姻，自始不具备合法夫妻关系的法律效力。我国《民法典》第一千零五十一条对婚姻无效的情形作了列举性规定，其中第一项就是重婚。所谓重婚是指，有配偶而又与他人结婚或明知他人有配偶而与之结婚的行为。无论是通过登记而构成的法律上的重婚，还是通过与他人以夫妻名义并系同居生活而构成的事实婚姻，这种婚姻关系均属无效。本案中，张某已经和黄某登记结过婚，但之后又和小红登记结了婚。因此，张某的行为已经构成了重婚，按照我国《民法典》的规定，法律并不保护违法成立的重婚婚姻关系，也就是说张某与小红的婚姻不具有法律效力。此外，根据我国《刑法》的规定，张某的行为已经涉嫌重婚罪，还将受到刑事法律的制裁。

法　条

《中华人民共和国民法典》

第一千零五十一条　有下列情形之一的，婚姻无效：

（一）重婚；

（二）有禁止结婚的亲属关系；

（三）未到法定婚龄。

《中华人民共和国刑法》

第二百五十八条　有配偶而重婚的，或者明知他人有配偶而与之结婚的，处二年以下有期徒刑或者拘役。

5. 因受胁迫结婚而向法院申请离婚的，法院会支持吗？

案　情

陈某与男友方某是高中同学，又是同村人，后相恋。到今年为止两人已经交往五年了，并打算于今年6月结婚。但就在结婚的前两个月，陈某突然提出了分手，理由是两人在一起不合适，并发现自己只是把方某当作了亲人。方某听到“分手”两个字时，非常难过，想想这五年的感情说分就分了，自己实在接受不了。情急之下，便威胁陈某与其结婚，否则就杀了她。陈某迫于方某的威胁，不得不与方某登记结婚。但婚后，陈某和方某的生活并不幸福，两人经常吵架，最终，陈某无法忍受，只好向法院提起了离婚诉讼。那么，法院会支持吗？

解 析

我国《民法典》第一千零五十二条规定："因胁迫结婚的，受胁迫的一方可以向人民法院请求撤销婚姻。请求撤销婚姻的，应当自胁迫行为终止之日起一年内提出。被非法限制人身自由的当事人请求撤销婚姻的，应当自恢复人身自由之日起一年内提出。" 同时，《民法典婚姻家庭编解释（一）》第十八条还规定，《民法典》第一千零五十二条所称的"胁迫"，是指行为人以给另一方当事人或者其近亲属的生命、身体、健康、名誉、财产等方面造成损害为要挟，迫使另一方当事人违背真实意愿结婚的情况。由此可见，本案中的陈某是因为受到胁迫而与方某结婚的，符合我国法律规定的情节，法院会受理，并会支持陈某的请求，作出撤销婚姻判决，保护陈某的合法权益。但是，需要注意的是，可撤销婚姻申请的提出时间有一定的限制，受胁迫一方要求撤销婚姻的，应当自胁迫行为终止之日起一年内提出。被非法限制人身自由的当事人请求撤销婚姻的，应当自恢复人身自由之日起一年内提出。如果超出了上述期限，申请人可向人民法院起诉离婚。

法 条

《中华人民共和国民法典》

第一千零五十二条 因胁迫结婚的，受胁迫的一方可以向人民法院请求撤销婚姻。

请求撤销婚姻的，应当自胁迫行为终止之日起一年内提出。

被非法限制人身自由的当事人请求撤销婚姻的，应当自恢复人身自由之日起一年内提出。

《最高人民法院关于适用〈中华人民共和国民法典〉婚姻家庭编的解释（一）》

第十八条 行为人以给另一方当事人或者其近亲属的生命、身体、健康、名誉、财产等方面造成损害为要挟，迫使另一方当事人违背真实意愿结婚的，可以认定为民法典第一千零五十二条所称的“胁迫”。

因受胁迫而请求撤销婚姻的，只能是受胁迫一方的婚姻关系当事人本人。

6. 配偶一方婚前隐瞒重大疾病的，对方是否能请求法院撤销婚姻？

案 情

阿美患有间歇性精神分裂症，时而清醒，时而精神混乱。去年，阿美遇到了一个很好的男朋友阿强，他们已经走到了谈婚论嫁的地步。为了避免阿强拒绝与她结婚，阿美隐瞒了自己精神分裂症的情况，于是两人顺利结婚了。结婚之后的最开始一段时间，阿美一直表现得很正常，并没有显现出精神分裂的症状。但是当两人准备要个孩子的时候，阿强听了城里回来的朋友的建议，带阿美去医院进行了身体检查，没想到却发现阿美有精神分裂症这一很可能遗传的重大疾病。阿强感觉自己受到了欺骗，想要与阿美离婚。那么，配偶一方婚前隐瞒重大疾病的，对方是否能请求法院撤销婚姻呢？

解析

阿美在婚前故意隐瞒自己患有精神分裂症这一重大疾病，那么，阿强可以请求法院撤销该段婚姻。根据我国《民法典》第一千零五十三条的规定，在结婚前，双方应当如实告知对方自己所患有的重大疾病，否则另一方就可以在知情后一年内向法院请求撤销婚姻。因此，《民法典》该条规定保护了配偶的知情权，要求大家在婚姻关系中要做到最基本的坦诚。如果为了结婚而向对方隐瞒自己的身体状况，这样是不道德的也是违法的，也将为婚姻关系埋下很大的隐患。

在本案中，阿美所患有的精神分裂症，很有可能会遗传给下一代，这可能会对阿强是否决定迈入这段婚姻产生重大影响。因此，阿美隐瞒该状况，阿强可以在知情后一年内请求法院撤销该婚姻。

法条

《中华人民共和国民法典》

第一千零五十三条　一方患有重大疾病的，应当在结婚登记前如实告知另一方；不如实告知的，另一方可以向人民法院请求撤销婚姻。

请求撤销婚姻的，应当自知道或者应当知道撤销事由之日起一年内提出。

7. 因受到人身伤害而得到的赔偿是否属于夫妻共同财产？

案 情

阿刚今年28岁，平时就负责打理家里的瓜田，种植、买卖等各项流程基本都由阿刚一手承担。阿刚的性格一直都比较火暴，容易生事，前两年就和偷瓜贼打了不少架，幸好没出什么大事。但今年夏天，阿刚因为和搬运人员没有谈妥运输费发生口角，最后大打了一架，被打成重伤，并因此收到了对方10万元的赔偿。经此一事，阿刚的妻子阿琪心里长久以来的愤懑爆发，她认为阿刚不值得托付终身，要求和阿刚离婚，并要求将阿刚收到的赔偿费10万元作为夫妻共同财产进行分割。那么，因受到人身伤害而得到的赔偿是否属于夫妻共同财产呢？

解 析

阿刚因受到人身伤害而得到的赔偿属于个人财产，而非夫妻共同财产。根据我国《民法典》第一千零六十三条的规定，人身损害赔偿属于夫妻一方的个人财产。这是因为，该部分赔偿的关键目的是用于治疗受害人所受到的人身伤害，因此与受害人具有紧密的人身关系，将该部分财产作为个人财产更有益于保护受害人的人身健康。

在本案中，阿刚所收到的赔偿是阿刚的个人财产，阿琪无权要求将该部分财产作为夫妻共同财产进行分割。

法 条

《中华人民共和国民法典》

第一千零六十三条 下列财产为夫妻一方的个人财产：

……

（二）一方因受到人身损害获得的赔偿或者补偿；

……

8. 一方在婚前买的住房，会因结婚而转化为夫妻共同财产吗？

案 情

小梁和小赵是在一次聚会上认识的，二人可以说是一见钟情。相处半年后，双方经过了解觉得彼此都还不错，于是便结了婚。结婚时，二人没有准备新房，而是搬到了小梁结婚之前居住的房子，这一住就是十年之久。后来，双方因感情不和而离婚。离婚时，小赵提出要对二人居住的房子进行分割。小梁听后立即表示反对，并称："虽然婚后咱们一直在这房子里住着，但这房子是我在婚前买的，应当属于我的个人财产，而且我们也从未有过任何的约定。"那么，一方在婚前买的住房，会因结婚而转化为夫妻共同财产吗？

解 析

我国《民法典》及相关司法解释明确规定，如无特别约定，一方的婚前财产属于夫妻个人所有的财产。属于夫妻一方所有的财产，不因婚姻关系的延续而转化为夫妻共同财产。据此，夫妻一方在婚前购买住房并且取得了所有权，如果当事人间没有关于该财产为双方共同所有的特殊约定，则该财产并不会因结婚而转化为夫妻共同财产，仍是属于一方的财产，离婚时不能作为共同财产进行分割。本案中，小梁与小赵所居住的房子是小梁在婚前购买的，虽说两人居住长达十年之久，但两人并没有对该房产进行过特殊的约定，因此，该房子并不会因两人结婚就转化为共同财产，依然是小梁一个人的财产，小赵无权分割。

法　条

《中华人民共和国民法典》

第一千零六十三条　下列财产为夫妻一方的个人财产：

（一）一方的婚前财产；

（二）一方因受到人身损害获得的赔偿或者补偿；

（三）遗嘱或者赠与合同中确定只归一方的财产；

（四）一方专用的生活用品；

（五）其他应当归一方的财产。

《最高人民法院关于适用〈中华人民共和国民法典〉婚姻家庭编的解释（一）》

第三十一条　民法典第一千零六十三条规定为夫妻一方的个人财产，不因婚姻关系的延续而转化为夫妻共同财产。但当事人另有约定的除外。

9. 夫妻双方离婚时，一方生活困难有权要求另一方给予适当帮助吗？

案 情

程某（男）与杨某（女）是邻居，两人从小一起长大，后来又一起考入了同一所大学。大三那年，两人从好朋友变为恋人。毕业后，两人在双方家人的催促下结了婚，婚后生有一子。为了能有稳定的生活，两人经过商量之后决定由程某负责在外工作赚钱，杨某负责在家照顾孩子与老人，并打理家务。由于婚后程某一心扑在了工作上，忽略了杨某和家庭，两人的交流越来越少，最终程某与杨某因感情破裂而离婚。由于杨某因婚后忙着照顾家庭一直没有工作，更没有收入来源，致使离婚后的杨某生活困难，在这种情况下，她有权要求程某给予自己一定的经济补偿吗？

解 析

我国《民法典》规定，离婚时，如一方生活困难，有负担能力的另一方应给予适当帮助。该规定是夫妻之间互相扶养的法律义务在离婚时的一种延伸和表现，也是扶弱济贫的社会主义道德的要求。《民法典》同时规定，夫妻一方因抚育子女、照料老人、协助另一方工作等付出较多义务的，离婚时有权要求另一方给予补偿。综上所述，本案中的杨某在离婚时有权要求程某给予经济补偿，同时可以要求程某用其个人财产给予自己适当帮助。

法 条

《中华人民共和国民法典》

第一千零八十八条 夫妻一方因抚育子女、照料老年人、协助另一方工作等负担较多义务的，离婚时有权向另一方请求补偿，另一方应当给予补偿。具体办法由双方协议；协议不成的，由人民法院判决。

第一千零九十条 离婚时，如果一方生活困难，有负担能力的另一方应当给予适当帮助。具体办法由双方协议；协议不成的，由人民法院判决。

10. 夫妻一方能否在协议离婚后提出损害赔偿请求?

案 情

凌某与丈夫赵某是在一次酒会上认识的，当时两人都被对方所吸引，就互留了联系方式。酒会结束后没到一个星期两人就在一起了，仅仅交往了两个月就登记结婚了。刚开始凌某还觉得自己挺幸福的，夫妻俩每天正常上下班，和普通小夫妻一样过着平淡的生活。一年后，凌某意外得知赵某有婚外情，一直以来都和他的秘书保持着不正当的男女关系。凌某接受不了丈夫背叛自己的事实，最终选择了离婚。两人在商议之下，签署了离婚协议。协议生效后，凌某又向法院提起诉讼，要求赵某承担损害赔偿责任。那么，法院会受理凌某的诉讼吗？

解析

法院会受理凌某的诉讼。尽管凌某与赵某协议离婚，但是，这并不能成为凌某维护自己合法权益的障碍。为了保护婚姻生活中的弱势群体，我国相关法律特别作出了规定，即使采用协议离婚的方式结束婚姻关系的，无过错的一方仍然有权要求损害赔偿。《民法典婚姻家庭编解释（一）》第八十九条规定：“当事人在婚姻登记机关办理离婚登记手续后，以民法典第一千零九十一条规定为由向人民法院提出损害赔偿请求的，人民法院应当受理。但当事人在协议离婚时已经明确表示放弃该项请求的，人民法院不予支持。”由此可知，凌某在协议离婚后，可以向人民法院提起离婚损害赔偿诉讼，但应当在她与丈夫赵某办理离婚登记手续后一年内提出，否则将得不到人民法院的支持。需要注意的是，如果当事人在协议离婚时已经明确表示放弃损害赔偿的，即使提起了诉讼，也得不到法院的支持。

法条

《中华人民共和国民法典》

第一千零九十一条 有下列情形之一，导致离婚的，无过错方有权请求损害赔偿：

（一）重婚；

（二）与他人同居；

（三）实施家庭暴力；

（四）虐待、遗弃家庭成员；

（五）有其他重大过错。

《最高人民法院关于适用〈中华人民共和国民法典〉婚姻家庭编的解释（一）》

第八十九条 当事人在婚姻登记机关办理离婚登记手续后，以民法典第一千零九十一条规定为由向人民法院提出损害赔偿请求的，人民法院应当受理。但当事人在协议离婚时已经明确表示放弃该项请求的，人民法院不予支持。

11. 一方如何应对另一方在离婚时转移财产的情况？

案 情

林某是某网络公司的董事长，拥有上千万的身家。林某与妻子白某是在大学期间认识的，当时的林某还是个毛头小子，家境也不是很好，但家境优裕的白某却没有嫌弃他，而是选择和他裸婚。当时的林某觉得白某是这个世界上最好的女人，并发誓一定会给她最好的生活。婚后，林某就专心忙自己的事业，整日操劳奔波。功夫不负有心人，经过几年的奋斗，林某就创办了自己的网络公司，事业蒸蒸日上。但是，自从林某有钱后便经常夜不归宿，每当白某问起时，林某都会以谈工作为借口。后来，白某再也受不了这样的生活，决定和林某离婚。两人在解决离婚纠纷时，白某发现林某将属于夫妻共有财产的一处房产转移到了一个叫夏某的女人名下。后经查实，这个夏某就是林某的地下情人。那么，面对这种情况，白某应该如何维权？

解 析

白某可以向法院申请财产保全。为了保护婚姻生活中弱势群体的利益，法律规定了一些在紧急情况下适用的保护条款。根据《民法典婚姻家庭编解释（一）》的规定，夫妻一方申请对配偶的个人财产或者夫妻共同财产采取保全措施的，人民法院可以在采取保全措施可能造成损失的范围内，根据实际情况，确定合理的财产担保数额。所谓财产保全，是指人民法院在利害关系人起诉前或者当事人起诉后，为保障将来的生效判决能够得到执行或者避免财产遭受损失，对当事人的财产或者争议的标的物，采取限制当事人处分的强制措施。

本案中，林某在分割财产之前，企图将属于夫妻共有财产的房产转移，该行为造成了夫妻共同财产的部分灭失，对白某是不利的。对此，白某可以向法院申请财产保全，法院会依法采取强制措施，查封待分配的财产，以保护白某的合法权益。

法 条

《中华人民共和国民法典》

第一千零九十二条 夫妻一方隐藏、转移、变卖、毁损、挥霍夫妻共同财产，或者伪造夫妻共同债务企图侵占另一方财产的，在离婚分割夫妻共同财产时，对该方可以少分或者不分。离婚后，另一方发现有上述行为的，可以向人民法院提起诉讼，请求再次分割夫妻共同财产。

《最高人民法院关于适用〈中华人民共和国民法典〉婚姻家庭编的解释（一）》

第八十五条 夫妻一方申请对配偶的个人财产或者夫妻共同财产采取保全措施的，人民法院可以在采取保全措施可能造成损失的范围内，根据实际情况，确定合理的财产担保数额。

12. 当事人在法院判决不准离婚后又提出了损害赔偿的请求，法院会支持吗？

案 情

阿伟和小丽是老乡，两人在同一地方打工，一来二去就开始恋爱了。恋爱半年后，二人便登记结婚了。某日，阿伟带小丽回老家探亲。途中，阿伟偶然遇到了自己的发小红梅，由于两人多年没见就多聊了几句。回到家后，小丽就要求阿伟以后不准再和其他女人说话，阿伟觉得小丽是在无理取闹，于是两人因此争吵起来，阿伟一气之下便动手打了小丽，致使小丽多处受伤。后来，小丽向法院提起了离婚诉讼，但经法院审理后最终判决不准离婚，并对阿伟进行了说服教育。可是小丽还是觉得自己吃了大亏，因此之后又向法院提出了损害赔偿的请求。请问，小丽的诉讼请求能得到法院的支持吗？

解 析

根据我国《民法典》第一千零九十一条的规定，婚姻双方当事人其中一方具有重婚，与他人同居，实施家庭暴力，虐待、遗弃家庭成员等情形的，则应认定为该当事人一方存在过错，在离婚时，无过错的另一方可以请求过错方支付离婚损害赔偿金。如果婚姻当事人中一方存在《民法典》第一千零九十一条规定的情形的，而双方当事人并不想离婚或者经法院判决不准离婚的，无过错的一方当事人无权请求离婚损害赔偿。对此，《民法典婚姻家庭编解释（一）》第八十七条第二款、第三款作出了明确规定："人民法院判决不准离婚的案件，对于当事人基于民法典第一千零九十一条提出的损害赔偿请求，不予支持。在婚姻关系存续期间，当事人不起诉离婚而单独依据民法典第一千零九十一条提起损害赔偿请求的，人民法院不予受理。"可见，婚姻关系存续期间及经人民法院判决不准离婚的案件，当事人基于《民法典》第一千零九十一条提出损害赔偿请求，人民法院是不予受理和不予支持的。本案中，经人民法院判决不准阿伟和小丽离婚，所以，对于在此期间小丽又提出的损害赔偿请求，人民法院是不予支持的。

法 条

《中华人民共和国民法典》

第一千零九十一条 有下列情形之一，导致离婚的，无过错方有权请求损害赔偿：

（一）重婚；

（二）与他人同居；

（三）实施家庭暴力；

（四）虐待、遗弃家庭成员；

（五）有其他重大过错。

《最高人民法院关于适用〈中华人民共和国民法典〉婚姻家庭编的解释（一）》

第八十七条 承担民法典第一千零九十一条规定的损害赔偿责任的主体，为离婚诉讼当事人中无过错方的配偶。

人民法院判决不准离婚的案件，对于当事人基于民法典第一千零九十一条提出的损害赔偿请求，不予支持。

在婚姻关系存续期间，当事人不起诉离婚而单独依据民法典第一千零九十一条提起损害赔偿请求的，人民法院不予受理。

13. 法院不准离婚后，分居多久法院应当判离？

案　情

阿城25岁时发现在城里打工根本就没有前途，遂决定回到家乡做养殖鱼生意。虽然当时生意并不景气，但秉持着先成家后立业的想法，阿城还是在家人的介绍下，与同村的姑娘阿英结了婚。两人同甘共苦熬了七年，阿城的养殖鱼生意终于做大，成了大老板。与日渐壮大的生意相反，阿城对阿英日渐冷淡。渐渐地，阿英虽然没有证据，但却隐约能感觉到阿城在外面已经有了情人。阿英认为阿城已经不再爱自己，便决定与阿城离婚，但法院并未准许。经此一事，阿城更加肆无忌惮，居然将情人带到了阿英面前，两人公然在阿英面前卿卿我我。阿英忍无可忍，便搬出了家，与阿城分居两年后，阿英再次向法院提起离婚。那么，法院不准离婚后，分居多久法院应当判离呢？

解　析

在法院不准离婚后，分居又满一年的，法律应当判离。由于中国一直以来有着“宁拆十座庙，不拆一门亲”的传统观念，因此在司法实践中，法院也会十分注重调解夫妻之间的矛盾。《民法典》第一千零七十九条第三款已经规定了四种具体的感情破裂情形和一个兜底情形，如果在感情未破裂的情况下，法院会更加倾向于判决不准离婚。在这种情况下，根据《民法典》第一千零七十九条第五款的规定，如果双方在此之后分居又满一年，再次诉讼离婚则法院应当判离。因此，在本案中，**阿英又与阿城分居了两年再起诉离婚，此次法院应当判离。**

法 条

《中华人民共和国民法典》

第一千零七十九条 夫妻一方要求离婚的，可以由有关组织进行调解或者直接向人民法院提起离婚诉讼。

人民法院审理离婚案件，应当进行调解；如果感情确已破裂，调解无效的，应当准予离婚。

有下列情形之一，调解无效的，应当准予离婚：

（一）重婚或者与他人同居；

（二）实施家庭暴力或者虐待、遗弃家庭成员；

（三）有赌博、吸毒等恶习屡教不改；

（四）因感情不和分居满二年；

（五）其他导致夫妻感情破裂的情形。

一方被宣告失踪，另一方提起离婚诉讼的，应当准予离婚。

经人民法院判决不准离婚后，双方又分居满一年，一方再次提起离婚诉讼的，应当准予离婚。

14. 分手时，男方有权要求女方返还婚前送给女方的彩礼吗？

案 情

徐某和杨某是同村人，两人自由恋爱。杨某不仅人长得漂亮，而且非常善良能干，村里人没有一个不夸赞她的，徐某的父母对这个未来的儿媳妇也是非常满意，一直希望两人尽快结婚。年初，两人确定了结婚的时间，两家的父母也开始为二人的婚礼忙碌起来。婚前，徐某的父母为了让儿子风风光光地娶媳妇，便为杨某家准备了一份丰厚的彩礼。可没想到就在结婚的前一周，两人因为琐事发生争吵，后又升级为双方家庭的打斗，最终二人决定分手。那么，分手时，徐某还可以要回送给杨某家的彩礼吗？

解 析

在我国广大农村地区，男女双方婚嫁时，男方通常会给付女方一定数额的彩礼。双方登记结婚后，自然不存在彩礼返还的问题，但是，当双方因为某种原因未能登记结婚时，女方是否应当返还已经收受的彩礼呢？对此，我国《民法典婚姻家庭编解释（一）》明确规定，如果婚姻当事人一方给付了另一方彩礼，在以下情况下当事人要求返还的，人民法院应予支持：（一）双方没有办理结婚登记手续的；（二）虽然办理了结婚登记手续但确实没在一起生活的；（三）婚前给付彩礼导致给付人生活困难的。适用前款第二项、第三项的规定，应当以双方离婚为条件。本案中，虽然徐某给了杨某一份彩礼，但只是确立了恋爱关系，并没有办理结婚登记手续。按照该司法解释的规定，杨某家应该是要返还彩礼的，徐某可以向杨某家索要。

法 条

《最高人民法院关于适用〈中华人民共和国民法典〉婚姻家庭编的解释（一）》

第五条 当事人请求返还按照习俗给付的彩礼的，如果查明属于以下情形，人民法院应当予以支持：

（一）双方未办理结婚登记手续；

（二）双方办理结婚登记手续但确未共同生活；

（三）婚前给付并导致给付人生活困难。

适用前款第二项、第三项的规定，应当以双方离婚为条件。

15. 妻子有义务在丈夫死亡后对共同债务承担偿还责任吗？

案 情

田某今年45岁，是一位地地道道的农村妇女，没有文化，为人心地善良。但就是这样一位普通的农村妇女却在几个月前遇上了被债主讨债、辱骂的事情，事情还得从田某的丈夫王某在外打工说起。2019年，王某独自一人去城里打工。打工期间，由于自身需要便向工友李某借了5000元钱，并当场写下了欠条，在场的张某作为双方借款的证明人也在该欠条上签了字。2021年3月，王某在工地干活时发生意外当场死亡。田某得知丈夫去世的消息后悲痛不已，可就在田某还沉浸在丈夫去世的痛苦中时，李某找上门来，并拿着当时王某签下的借条要求田某偿还这笔钱。田某面对此事不知如何是好，她不知道自己是否该偿还这笔钱？

解 析

本案中，王某与李某之间的借贷关系发生在王某与田某的婚姻关系存续期间，借贷关系明确，《民法典》第一千零六十四条规定："夫妻双方共同签名或者夫妻一方事后追认等共同意思表示所负的债务，以及夫妻一方在婚姻关系存续期间以个人名义为家庭日常生活需要所负的债务，属于夫妻共同债务。夫妻一方在婚姻关系存续期间以个人名义超出家庭日常生活需要所负的债务，不属于夫妻共同债务；但是，债权人能够证明该债务用于夫妻共同生活、共同生产经营或者基于夫妻双方共同意思表示的除外。"第一千零六十五条第三款规定："夫妻对婚姻关系存续期间所得的财产约定归各自所有，夫或者妻一方对外所负的债务，相对人知道该约定的，以夫或者妻一方的个人财产清偿。"本案的借款关系是在夫妻关系存续期间形成的，虽然借据是以夫妻一方王某的名义出具，但田某并无证据证实此借款未用于夫妻共同生活；同时，田某也无证据证实本案借款关系发生时或发生后，夫妻双方、该笔借款的债权债务人曾有约定该借款属于夫妻某一方的个人债务。而按照《民法典婚姻家庭编解释（一）》第三十六条的规定，夫或者妻一方死亡的，生存一方应当对婚姻关系存续期间的夫妻共同债务承担清偿责任。按照上述规定，该案中的债务应当被认定为夫妻共同债务。也就是说，田某应当偿还李某的5000元借款。

法　条

《中华人民共和国民法典》

第一千零六十四条　夫妻双方共同签名或者夫妻一方事后追认等共同意思表示所负的债务，以及夫妻一方在婚姻关系存续期间以个人名义为家庭日常生活需要所负的债务，属于夫妻共同债务。

夫妻一方在婚姻关系存续期间以个人名义超出家庭日常生

活需要所负的债务，不属于夫妻共同债务；但是，债权人能够证明该债务用于夫妻共同生活、共同生产经营或者基于夫妻双方共同意思表示的除外。

第一千零六十五条第三款 夫妻对婚姻关系存续期间所得的财产约定归各自所有，夫或者妻一方对外所负的债务，相对人知道该约定的，以夫或者妻一方的个人财产清偿。

《最高人民法院关于适用〈中华人民共和国民法典〉婚姻家庭编的解释（一）》

第三十六条 夫或者妻一方死亡的，生存一方应当对婚姻关系存续期间的夫妻共同债务承担清偿责任。

16. 夫妻一方有权擅自将大额财产赠与他人吗？

案 情

2016 年 3 月，宋某与李某从朋友发展为恋人，经过一段时间的相处后，两人于 2019 年 5 月登记结婚。婚后，宋某为了养家糊口，便独自进城打工，李某则在家务农。2021 年 2 月，宋某接到了亲妹妹打来的电话。妹妹在电话里称自己想要开一家小超市，但现在还差 2 万元钱，打算从宋某那里借 2 万元，等挣钱了就还他。宋某一听妹妹需要用钱，二话没说便给其打了 2 万元钱，并对妹妹说："这钱是送给你的，不要让你嫂子知道就行了。"俗话说，世上没有不透风的墙，李某最终还是得知了此事，决定把这笔钱要回来。请问，李某还能要回这笔钱吗？

解 析

我国《民法典》规定，夫妻对共同所有的财产有平等的处理权。换言之，夫或妻非因日常生活需要对夫妻共同财产做重要处理决定，夫妻双方应当平等协商，取得一致意见。他人有理由相信其为夫妻双方共同意思表示的，另一方不得以不同意或不知道为由对抗善意第三人。本案中，宋某瞒着妻子李某把2万元钱送给了自己的妹妹，且宋某的妹妹明知哥哥送自己这笔钱没有与嫂子李某商量，因此赠与行为无效，李某可以向宋某的妹妹要回这笔钱。

法 条

《中华人民共和国民法典》

第一千零六十二条 夫妻在婚姻关系存续期间所得的下列财产，为夫妻的共同财产，归夫妻共同所有：

（一）工资、奖金、劳务报酬；

（二）生产、经营、投资的收益；

（三）知识产权的收益；

（四）继承或者受赠的财产，但是本法第一千零六十三条第三项规定的除外；

（五）其他应当归共同所有的财产。

夫妻对共同财产，有平等的处理权。

17. 丈夫应当对失去劳动能力的妻子承担扶养义务吗？

案 情

冯某与丈夫王某经他人介绍认识，两人相处一段时间后登记结婚，婚后生有一子。半年前，冯某骑电动车带孩子回父母家探亲，途中却不幸遭遇了车祸，冯某为了保护孩子，自己被汽车撞成重伤。经过住院治疗，冯某的性命虽然保住了，但已经失去了劳动能力，而且康复的可能性几乎为零。王某在得知这一消息后便把冯某送到了娘家，既不照顾冯某也不给钱，而且准备和冯某离婚。那么，王某这么做对吗？他应当承担对冯某的扶养义务吗？

解 析

王某的做法是错误的，并且已经违反了我国法律的规定，是不可取的。如果王某坚持离婚并对冯某拒绝履行扶养义务，那么，王某不但会面临社会道德的谴责，还将面临法律的惩罚。我国《民法典》规定，夫妻双方有相互扶养的义务。所谓夫妻之间的扶养义务，主要是夫妻之间相互为对方提供经济上的供养和生活上的扶助，以此来维持日常的生活。一方不履行扶养义务时，需要扶养的一方，有要求对方付给扶养费的权利。本案中，冯某丧失了劳动能力，没有了生活来源，有权要求丈夫王某履行扶养义务。如果王某有能力而坚持不履行对冯某的扶养义务，则有可能构成遗弃罪并被追究刑事责任。

法　条

《中华人民共和国民法典》

第一千零五十九条　夫妻有相互扶养的义务。

需要扶养的一方，在另一方不履行扶养义务时，有要求其给付扶养费的权利。

《中华人民共和国刑法》

第二百六十一条　对于年老、年幼、患病或者其他没有独立生活能力的人，负有扶养义务而拒绝扶养，情节恶劣的，处五年以下有期徒刑、拘役或者管制。

18. 如何处理情节较轻的家庭暴力？

案　情

2020 年 5 月，佟某与张某正式结为夫妻。婚后，小两口并没有在外面单独居住，而是选择和佟某的父母生活在一起。一开始，一家人相处得挺和睦，可没过多久，张某便受不了公婆的生活习惯，经常向佟某抱怨，佟某觉得张某是在无理取闹。小两口经常为此争吵不休，有时佟某在非常愤怒的情况下也会打张某两下，但从没有对张某造成过任何人身伤害。张某对于佟某的这种行为非常不满，想要报警。可后来张某从朋友那里得知，佟某的这种行为属于情节较轻的家庭暴力，甚至都不会受到治安管理处罚。那么，佟某真的不会受到处罚吗？情节较轻的家庭暴力又当如何处理？

解 析

佟某的确不会受到治安管理处罚。根据我国《反家庭暴力法》第十六条第一款的规定可知，家庭暴力情节较轻，依法不给予治安管理处罚的，由公安机关对加害人给予批评教育或者出具告诫书。本案中，佟某虽然对张某实施了家庭暴力，但是并未给张某造成身体上的伤害，所以可以不给予佟某治安管理处罚，但是公安机关应该对佟某进行批评教育或者出具告诫书。同时，根据《反家庭暴力法》第十七条的规定，公安机关出具告诫书的，应当将告诫书送交加害人、受害人，并通知居民委员会、村民委员会，以便居民委员会、村民委员会能实时监督加害人不再实施家庭暴力。

法 条

《中华人民共和国反家庭暴力法》

第十六条 家庭暴力情节较轻，依法不给予治安管理处罚的，由公安机关对加害人给予批评教育或者出具告诫书。

告诫书应当包括加害人的身份信息、家庭暴力的事实陈述、禁止加害人实施家庭暴力等内容。

第十七条 公安机关应当将告诫书送交加害人、受害人，并通知居民委员会、村民委员会。

居民委员会、村民委员会、公安派出所应当对收到告诫书的加害人、受害人进行查访，监督加害人不再实施家庭暴力。

19. 人身安全保护令是指什么？他人有权代为申请吗？

案　情

华某和林某经他人介绍认识，相恋一年后便登记结婚了。婚后相继生育了一儿一女。本该幸福美满的家庭如今却已经变得伤痕累累。事情的缘由还得从华某创办公司说起。婚后第二年，华某和朋友合伙创办了一家公司，开始一两年公司效益还算不错，但最近半年以来，公司状况越来越差，无法再继续经营下去，最终公司宣告破产。自从公司破产后，华某便一蹶不振，整日混在灯红酒绿的场所里，脾气也变得非常暴躁，经常对林某进行打骂和威胁。林某的父母为了不让女儿再受伤害，决定代替女儿向法院申请人身安全保护令。请问，人身安全保护令是指什么？他人有权代为申请吗？

解　析

人身安全保护令是人民法院为了保护家庭暴力中的受害人及其子女和特定亲属的人身安全、确保婚姻案件诉讼程序的正常进行而作出的民事裁定，是一种民事强制措施。根据我国《反家庭暴力法》第二十三条第一款的规定，当事人因遭受家庭暴力或者面临家庭暴力的现实危险，向人民法院申请人身安全保护令的，人民法院应当受理。本案中，林某遭受了来自丈夫的家庭暴力，其本人有权向人民法院申请人身保护令，保护自己的人身安全。按照该法条第二款的规定，当事人是无民事行为能力人、限制民事行为能力人，或者因受到强制、威吓等原因无法申请人身安全保护令的，其近亲属、公安机关、妇女联合会、居民委员会、村民委员会、救助管理机构可以代为申请。因此，林某的父母作为其近亲属，可以根据我国《反家庭暴力法》第二十三条的规定，代替林某向法院申请人身安全保护令。

法条

《中华人民共和国反家庭暴力法》

第二十三条 当事人因遭受家庭暴力或者面临家庭暴力的现实危险，向人民法院申请人身安全保护令的，人民法院应当受理。

当事人是无民事行为能力人、限制民事行为能力人，或者因受到强制、威吓等原因无法申请人身安全保护令的，其近亲属、公安机关、妇女联合会、居民委员会、村民委员会、救助管理机构可以代为申请。

20. 人身安全保护令一直有效吗？

案情

高某与王某是大学同学，两人毕业后就登记结婚了，婚后生有一子。高某在某集团担任部门经理一职，薪资待遇很高，完全能够养活一家三口，王某婚后就一直在家照顾家庭和孩子。后来，高某在一次业务上出了很大的差错，给集团造成了巨大的损失，集团经过开会讨论决定辞退高某。失业给高某带来了沉重的打击，使得高某对生活也失去了信心，性情变得暴躁，整日闷在家里喝酒，一醉酒便对王某实施家庭暴力。王某想过离婚，但一想到孩子还小，不愿给孩子幼小的心灵造成创伤，无奈之下，王某只好忍了下来。后来，朋友告诉王某如果不想离婚，也可以向人民法院申请人身安全保护令来保护自己。于是，王某向法院申请了人身安全保护令。但此时的王某心中有个疑问，这个保护令是一直有效的吗？如果不是，有效期又是多久呢？

解 析

人身安全保护令并非一直都是有效的，而是有明确的有效期的。我国《反家庭暴力法》第三十条规定，人身安全保护令的有效期不超过六个月，自作出之日起生效。人身安全保护令失效前，人民法院可以根据申请人的申请撤销、变更或者延长。所以在本案中，王某向法院申请人身安全保护令以后，该保护令自法院作出时生效，六个月以后失效。如果王某想继续利用人身安全保护令保护自己，可以向法院申请延长有效期。

法 条

《中华人民共和国反家庭暴力法》

第三十条 人身安全保护令的有效期不超过六个月，自作出之日起生效。人身安全保护令失效前，人民法院可以根据申请人的申请撤销、变更或者延长。

第三章

抚养与赡养

尊老爱幼，自古以来就是中华民族的优秀传统美德，其反映在亲属法律关系中就是，父母对子女的抚养责任和子女对父母的赡养义务。然而，非常不幸的是，在日常家庭生活中，难免会出现一些父母遗弃自己的孩子，或者是成年子女拒绝履行赡养老人义务的现象。面对这样令人心寒的事情，作为弱势一方究竟应该如何维护自己的权益呢？法律又究竟是如何保障弱势群体的权益的呢？掌握这些法律常识，将会使我们受益良多。

1. 离婚时，女方能否以绝育为由而得到孩子的抚养权？

案 情

赵小霞与张涛两人都居住在农村，后因在一起打工而相识。2018 年 3 月，两人回到张涛的老家登记结了婚，婚后没多久赵小霞就怀孕了。但在生产的时候，经医院检查发现赵小霞是 Rh 阴性血，也就是我们俗称的“熊猫血”。医生告诉张氏夫妇这种稀有血型的人生产的时候危险性可能会大一些，希望他们做好准备。话虽这么说，但最终赵小霞还是成功产子。生了第一个孩子之后，赵小霞考虑到自己的身体情况与家庭经济情况，不想再生孩子了，打算做绝育手术，丈夫张涛同意后，赵小霞就去医院做了手术。上个月，孩子刚满两周岁，两人的感情却出现了矛盾，甚至到了离婚的地步。张涛虽然同意离婚，但认为孩子是张家的骨肉，必须留在张家。而赵小霞认为自己已经做了绝育手术，以后无法再生育了，应当得到孩子的抚养权。那么，赵小霞是否会因此得到孩子的抚养权呢？

解 析

离婚时，子女抚养权问题往往非常难以决断，无论是跟随父亲一方还是跟随母亲一方，对子女的成长都是既有利又有弊的，父母双方和法院都应该慎重考虑。我国《民法典》第一千零八十四条明确规定，离婚时关于子女抚养权问题，男女双方可以协议确定，对于两周岁以上的子女，如双方因抚养问题发生争执不能达成协议时，由人民法院根据子女的权益和双方的具体情况判决。因此，离婚后，子女抚养权的问题取决于双方的协商，协商不成时由法院自由裁量。

但是，实践中也存在一些特殊的情况，如女方在生育后做了绝育手术，此时，我国法律基于对女性权益的保护，对子女抚养权的确定作出了特别规定。《妇女权益保障法》明确规定，离婚时，女方因实施绝育手术或者其他原因丧失生育能力的，处理子女抚养问题，应在有利于子女权益的条件下，照顾女方的合理要求。当然，也存在一些男方做绝育手术的情况，因此，《民法典婚姻家庭编解释（一）》明确指出，双方对抚养子女发生争议的，可以优先考虑已做绝育手术或因其他原因丧失生育能力一方的合理要求。也就是说，如果夫妻双方都想让孩子跟随自己生活，法院可以本着照顾不能生育一方的原则，在不影响孩子身心健康的前提下，将孩子的抚养权交给不能生育的一方。本案中的赵小霞在生育第一个孩子后，就做了绝育手术，以后不会再生育子女。面对这种情况，法院会基于法律的有关规定，根据赵小霞的要求，酌情照顾。

法　条

《中华人民共和国民法典》

第一千零八十四条　父母与子女间的关系，不因父母离婚而消除。离婚后，子女无论由父或者母直接抚养，仍是父母双方的子女。

离婚后，父母对于子女仍有抚养、教育、保护的权利和义务。

离婚后，不满两周岁的子女，以由母亲直接抚养为原则。

已满两周岁的子女，父母双方对抚养问题协议不成的，由人民法院根据双方的具体情况，按照最有利于未成年子女的原则判决。子女已满八周岁的，应当尊重其真实意愿。

《中华人民共和国妇女权益保障法》

第五十条　离婚时，女方因实施绝育手术或者其他原因丧失生育能力的，处理子女抚养问题，应在有利子女权益的条件下，照顾女方的合理要求。

《最高人民法院关于适用〈中华人民共和国民法典〉婚姻家庭编的解释（一）》

第四十六条　对已满两周岁的未成年子女，父母均要求直接抚养，一方有下列情形之一的，可予优先考虑：

（一）已做绝育手术或者因其他原因丧失生育能力；

（二）子女随其生活时间较长，改变生活环境对子女健康成长明显不利；

（三）无其他子女，而另一方有其他子女；

（四）子女随其生活，对子女成长有利，而另一方患有久治不愈的传染性疾病或者其他严重疾病，或者有其他不利于子女身心健康的情形，不宜与子女共同生活。

2. 离婚后，一方有权擅自更改孩子的姓名吗？

案　情

李某与丈夫杨某婚后生有一子，取名杨康。在杨康两岁时，杨某在外又认识了一个女人，而且与这个女人保持着不正当的男女关系。李某得知丈夫出轨的消息后非常生气，她不能接受丈夫对自己的背叛，于是提出了离婚。离婚后，杨康由妈妈抚养。**而这时李某认为既然孩子跟随自己生活，就应该随自己的姓氏，于是在没有和前夫杨某商量的情况下擅自将孩子的名字改成了李姓。后来，杨某得知李某为孩子改名一事后，非常生气，便要求李某改回孩子的姓名。那么，李某的做法正确吗？杨某又是否有权要求改回孩子姓名呢？**

解 析

我国《民法典》明确规定，若无特殊情形，自然人应当随父姓或者母姓。由此可见，父母有决定子女姓名的权利，子女既可以跟随父亲姓氏，也可以跟随母亲。但是，当父母双方离婚时，子女的姓名问题也就成了双方争议的一个焦点，很难再达成一致。为了避免实践中存在的男女双方离婚后，一方擅自更改子女姓名而引发的争议，《公安部关于父母离婚后子女姓名变更有关问题的批复》明确指出：“对于离婚双方未经协商或协商未达成一致意见而其中一方要求变更子女姓名的，公安机关可以拒绝受理；对一方因向公安机关隐瞒离婚事实，而取得子女姓名变更的，若另一方要求恢复子女原姓名且离婚双方协商不成，公安机关应予以恢复。”由此可见，父母虽然可以对孩子的姓名进行更改，但是任何更改姓名的行为均不得违反法律的相关规定，父母双方必须达成一致意见。如果一方擅自变更子女姓名的，另一方有权要求恢复子女的原姓名。本案中，李某在未经过孩子亲生父亲杨某的同意下，擅自更改孩子姓名的做法是错误的，杨某有权要求李某改回孩子姓名。

法　条

《中华人民共和国民法典》

第一千零一十五条　自然人应当随父姓或者母姓，但是有下列情形之一的，可以在父姓和母姓之外选取姓氏：

（一）选取其他直系长辈血亲的姓氏；

（二）因由法定扶养人以外的人扶养而选取扶养人姓氏；

（三）有不违背公序良俗的其他正当理由。

少数民族自然人的姓氏可以遵从本民族的文化传统和风俗习惯。

《公安部关于父母离婚后子女姓名变更有关问题的批复》

根据最高人民法院《关于变更子女姓氏问题的复函》（［81］法民字第11号）的有关精神，对于离婚双方未经协商或协商未达成一致意见而其中一方要求变更子女姓名的，公安机关可以拒绝受理；对一方因向公安机关隐瞒离婚事实，而取得子女姓名变更的，若另一方要求恢复子女原姓名且离婚双方协商不成，公安机关应予恢复。

3. 夫妻离婚后，和孩子共同生活的一方有权不让另一方见孩子吗？

案　情

王某与华某是一个村子的，二人从小就认识，长大后又因为各种机缘巧合相恋。2019 年 8 月 5 日，二人正式登记结婚，婚后生有一女名叫小涵。但就在半年前，王某与华某二人却选择了离婚，原因是王某有了外遇。二人离婚后，孩子跟随华某生活，王某则定期给孩子抚养费。可自从王某和女儿分开生活后就再也没有见过孩子，不是他不想见，而是华某不让他见。华某认为王某的出轨行为会给女儿带来不好的影响，所以不准王某见孩子。与女儿分开后，王某非常想念自己的女儿，却也不知道该怎么劝说华某，让华某同意。那么，华某有权不让王某见孩子吗？

解 析

我国《民法典》第一千零八十六条规定："离婚后，不直接抚养子女的父或者母，有探望子女的权利，另一方有协助的义务。行使探望权利的方式、时间由当事人协议；协议不成的，由人民法院判决。父或者母探望子女，不利于子女身心健康的，由人民法院依法中止探望；中止的事由消失后，应当恢复探望。"由此可见，父母离婚后，不直接抚养子女的一方享有探望权，任何人不得剥夺其探望权。享有探望权一方的行为有损子女的权利和成长时，直接抚养子女的一方可以申请人民法院中止探望权，但该事由消除后，即应当恢复其探望权。

父母婚姻关系的终结并不改变父母与子女的血缘身份关系，子女仍是父母双方的子女，双方都有抚养的权利和义务。而在发生探望权纠纷时，首要的救济方式是双方当事人协商。当双方无法就诸上事宜达成一致时，可以请求人民法院作出判决。如果享有探望权的一方探望子女并不利于子女健康成长的，直接抚养子女的一方可以请求人民法院中止对方的探望权。如果直接抚养子女的一方不配合对方行使探望权的，享有探望权的一方可以就子女的探望权提起诉讼，请求人民法院的保护与协助。本案中，虽然王某与华某离婚了，但是，王某依然是孩子的父亲，这是谁也改变不了的事实。因此，王某当然有权探望孩子，这是法律赋予王某的权利，任何人都不能剥夺这个权利，包括华某。除非王某的探望给孩子的身心健康带来不利的影响，才能中止王某的探望权。而华某想中止王某的探望权也只能向法院提出中止王某探望的申请，不能私自阻挠王某与孩子会面。

法　条

《中华人民共和国民法典》

第一千零八十六条　离婚后，不直接抚养子女的父或者母，有探望子女的权利，另一方有协助的义务。

行使探望权利的方式、时间由当事人协议；协议不成的，由人民法院判决。

父或者母探望子女，不利于子女身心健康的，由人民法院依法中止探望；中止的事由消失后，应当恢复探望。

4. 养子女被养父母虐待，难道就真的谁都管不着吗？

案　情

丫丫是一名孤儿。在其两岁多时，父母因遭遇意外而死亡，后丫丫一直生活在孤儿院。2019 年 3 月，丫丫被李氏夫妇领养。原来李氏夫妇结婚五年来一直都没有孩子，后到医院检查才知道李某的妻子怀孕的成功率几乎为零，夫妻俩放弃了生孩子的想法，决定领养一个孩子，于是丫丫便成了被领养的对象。办理完领养手续后，丫丫就从孤儿院来到了李氏夫妇家中生活。

刚开始李氏夫妇对丫丫非常疼爱，但就在2021年5月，李某的妻子突然怀孕，之后夫妻二人对丫丫的态度发生了巨大的转变，他们经常对丫丫进行殴打、虐待，导致丫丫浑身都是伤。一日，邻居张阿姨意外发现丫丫被虐待一事后非常生气，便把此事告知了居委会。居委会工作人员找到李氏夫妇进行理论，但李氏夫妇却以一句“她本来就是个没人要的孩子，是我们收养了她，这就是我们的家事了，谁也管不着”而回绝。那么，养子女被养父母虐待，难道就真的谁都管不着吗？

解析

收养是一方当事人领养他人子女作为自己子女的行为。通过收养，收养人和被收养人之间形成了一种拟制的血亲关系，我国法律是保护这种合法的收养关系的。根据我国《民法典》第一千一百一十一条第一款的规定，养父母收养子女以后，收养人与被收养人之间形成了法律拟制的父母子女关系，适用法律关于父母子女关系的规定。也就是说，养父母与养子女之间建立收养关系后，就等同于亲生父母子女之间的关系，养父母就应该按照法律规定尽到监护和教育的义务，不能对养子女实施家庭暴力等行为。

我国《反家庭暴力法》第十四条规定，学校、幼儿园、医疗机构、居民委员会、村民委员会、社会工作服务机构、救助管理机构、福利机构及其工作人员在工作中发现无民事行为能力人、限制民事行为能力人遭受或者疑似遭受家庭暴力的，应当及时向公安机关报案。本案中，邻居张阿姨或者居委会工作人员就丫丫被家暴一事，应该向公安机关报案，公安机关在接到报案以后应根据《反家庭暴力法》第十五条第一款的规定及时出警，制止家庭暴力，按照有关规定调查取证，协助受害人就医、鉴定伤情。

法　条

《中华人民共和国民法典》

第一千一百一十一条　自收养关系成立之日起，养父母与养子女间的权利义务关系，适用本法关于父母子女关系的规定；养子女与养父母的近亲属间的权利义务关系，适用本法关于子女与父母的近亲属关系的规定。

养子女与生父母以及其他近亲属间的权利义务关系，因收养关系的成立而消除。

《中华人民共和国反家庭暴力法》

第十四条　学校、幼儿园、医疗机构、居民委员会、村民委员会、社会工作服务机构、救助管理机构、福利机构及其工作人员在工作中发现无民事行为能力人、限制民事行为能力人遭受或者疑似遭受家庭暴力的，应当及时向公安机关报案。公安机关应当对报案人的信息予以保密。

第十五条　公安机关接到家庭暴力报案后应当及时出警，制止家庭暴力，按照有关规定调查取证，协助受害人就医、鉴定伤情。

无民事行为能力人、限制民事行为能力人因家庭暴力身体受到严重伤害、面临人身安全威胁或者处于无人照料等危险状态的，公安机关应当通知并协助民政部门将其安置到临时庇护场所、救助管理机构或者福利机构。

5. 父母离婚后，未和子女生活的一方与子女之间就没有关系了吗？

案 情

小伟的父母因感情破裂而离婚。离婚后，小伟一直跟着妈妈生活。后来，小伟的妈妈在亲戚的介绍下认识了邻村的付某。付某为人善良、真诚，待小伟母子非常好。没过多久，小伟的妈妈便和付某在亲朋好友的祝福下举行了婚礼。小伟的妈妈再婚后，为了让儿子小伟和继父付某的关系更近些，便把小伟的一切事务都交给付某来处理，并不再让小伟的亲生父亲插手小伟的任何事情，理由是小伟在两人离婚后就和自己生活在一起，小伟与亲生父亲之间已经没有关系了。请问，小伟妈妈的说法正确吗？

解 析

小伟妈妈的说法和做法都是错误的。我国《民法典》第一千零八十四条第一款和第二款规定："父母与子女间的关系，不因父母离婚而消除。离婚后，子女无论由父或者母直接抚养，仍是父母双方的子女。离婚后，父母对于子女仍有抚养、教育、保护的权利和义务。"由此，我们可以得知，父母子女关系是基于出生事实而形成的自然血亲关系，父母离婚后婚姻关系的解除，并不影响父母与子女之间存有的血亲关系。离婚后，子女无论随父母哪一方生活，仍是父母双方的子女。没有直接抚养子女的一方，仍有抚养和教育、保护子女的权利和义务。本案中的小伟虽然在其父母离婚后和母亲生活，但这并不代表他与亲生父亲之间的亲子关系就会解除，他的亲生父亲对其仍有抚养、保护和教育的权利与义务。

法　条

《中华人民共和国民法典》

第一千零八十四条　父母与子女间的关系，不因父母离婚而消除。离婚后，子女无论由父或者母直接抚养，仍是父母双方的子女。

离婚后，父母对于子女仍有抚养、教育、保护的权利和义务。

离婚后，不满两周岁的子女，以由母亲直接抚养为原则。已满两周岁的子女，父母双方对抚养问题协议不成的，由人民法院根据双方的具体情况，按照最有利于未成年子女的原则判决。子女已满八周岁的，应当尊重其真实意愿。

6. 孩子在学校将人打伤，责任该由谁承担？

案　情

小希今年8周岁了，正在读小学三年级。他不仅学习成绩不好，而且经常在学校与同学打闹。一天上午，正在给学生上课的英语老师因临时有事外出，小希趁老师不在竟然与同桌小亮打闹起来，两人纠缠在一起，结果小希一不小心弄伤了小亮的胳膊。小亮被送到医院治疗，花去医疗费将近1万元。事后，小亮的家长找到小希的父母，要求其承担全部医药费。小希的父母认为小希虽然有错，但不应该承担全部责任，事情是在学校发生的，所以老师也有错。那么，这笔医药费究竟该由谁承担呢？

解　析

考虑到未成年人天性好动、喜欢冒险，但同时身心方面的发展远未成熟，缺少自我保护的知识和能力，在日常学习和生活中极有可能造成自身或者他人的损害。尤其是在学校期间，未成年人远离父母的视线，老师就成了他们的临时监护人，代为教育、管理，负有保护未成年人安全的义务。按照我国法律规定，父母是未成年人的法定监护人，在未成年人侵权造成他人损害时，理应承担相应的赔偿责任，但是，当未成年人进入学校等教育机构后，父母的监护权就无法实行，而教育机构的人员便承担起了监护的责任。在此期间，未成年人受到伤害的，教育机构应当承担赔偿责任。对此，我国《民法典》明确规定，对于无民事行为能力人在学校期间受到人身损害的，学校除能证明自身尽到教育、管理职责外，均应承担责任；而对于限制民事行为能力人在学校期间受到人身损害的，只要学校未尽到教育、管理职责，就应当承担责任。

本案中，小希已经年满 8 周岁，属于限制民事行为能力人，其对小亮造成的损害应当由其父母承担赔偿责任。但是，由于损害发生地点是在学校，且因老师突然外出没有尽到监护责任才发生了小亮受到伤害的后果，因此，应当由学校承担赔偿责任。

法　条

《中华人民共和国民法典》

第十九条　八周岁以上的未成年人为限制民事行为能力人，

实施民事法律行为由其法定代理人代理或者经其法定代理人同意、追认；但是，可以独立实施纯获利益的民事法律行为或者与其年龄、智力相适应的民事法律行为。

第一千一百八十八条第一款 无民事行为能力人、限制民事行为能力人造成他人损害的，由监护人承担侵权责任。监护人尽到监护职责的，可以减轻其侵权责任。

第一千一百九十九条 无民事行为能力人在幼儿园、学校或者其他教育机构学习、生活期间受到人身损害的，幼儿园、学校或者其他教育机构应当承担侵权责任；但是，能够证明尽到教育、管理职责的，不承担侵权责任。

第一千二百条 限制民事行为能力人在学校或者其他教育机构学习、生活期间受到人身损害，学校或者其他教育机构未尽到教育、管理职责的，应当承担侵权责任。

7. 两人离婚时在离婚协议中约定轮流抚养孩子的做法合法吗？

案 情

涛涛今年6岁了，非常可爱、聪明，街坊邻居都很喜欢他，唯一美中不足的就是在今年5月，涛涛父母因感情破裂而协议离婚，涛涛成了离异家庭的孩子。离婚时，涛涛父母两人在孩子的抚养权上产生了分歧。两人都非常爱涛涛，谁也不愿意放弃对涛涛的抚养权。最终，两人经过协商之后决定轮流抚养孩子。请问，涛涛父母的这种做法合法吗？

解 析

根据我国《民法典》第一千零七十六条规定："夫妻双方自愿离婚的，应当签订书面离婚协议，并亲自到婚姻登记机关申请离婚登记。离婚协议应当载明双方自愿离婚的意思表示和对子女抚养、财产以及债务处理等事项协商一致的意见。"根据该规定可知，夫妻可以协议离婚，但要对子女抚养、财产以及债务处理等事项达成一致意见。在处理孩子的抚养问题上，只要有利于保护子女利益，能使子女的身心健康成长，法律并不禁止离婚父母协商轮流抚养子女。诉讼离婚时，父母双方轮流抚养子女的，一般需要由双方当事人达成协议，由人民法院认可。采用这种抚养方式，需要一定的客观条件，要有利于子女的健康成长和保护其合法权益。本案中，涛涛的父母是协议离婚，而且在离婚时双方就已经达成协议轮流抚养涛涛，并没有违反法律的禁止性规定，是合法的。

法 条

《中华人民共和国民法典》

第一千零七十六条 夫妻双方自愿离婚的，应当签订书面离婚协议，并亲自到婚姻登记机关申请离婚登记。

离婚协议应当载明双方自愿离婚的意思表示和对子女抚养、财产以及债务处理等事项协商一致的意见。

8. 父母双亡，爷爷奶奶有义务抚养孙子女吗？

案 情

小华是个苦命的孩子，他刚一出生母亲就因为难产去世了，之后小华便一直和父亲相依为命。今年4月，小华再次遭遇了失去亲人的痛苦。那天，小华的父亲去县城买东西，却在回村的途中遭遇了车祸，当场身亡。父亲去世后，小华便跟随爷爷奶奶生活，爷爷奶奶对小华十分疼爱，并且也愿意承担起对小华的抚养义务。可就在这时，小华的姑姑提出了反对意见，她认为父母年纪大了，而小华只是他们的孙子，因此没有抚养的义务。那么，爷爷奶奶对小华真的没有抚养义务吗？

解 析

我国《民法典》第一千零七十四条规定："有负担能力的祖父母、外祖父母，对于父母已经死亡或者父母无力抚养的未成年孙子女、外孙子女，有抚养的义务。有负担能力的孙子女、外孙子女，对于子女已经死亡或者子女无力赡养的祖父母、外祖父母，有赡养的义务。"由此可见，父母已经死亡或父母无力抚养子女时，祖父母和外祖父母如有负担能力，应履行抚养的义务。本案中，小华的父母都已经去世，而小华的爷爷奶奶有抚养能力，并愿意承担起对小华的抚养义务，因此，爷爷奶奶应当履行抚养小华的义务，小华的姑姑无权干涉。

法条

《中华人民共和国民法典》

第一千零七十四条 有负担能力的祖父母、外祖父母，对于父母已经死亡或者父母无力抚养的未成年孙子女、外孙子女，有抚养的义务。

有负担能力的孙子女、外孙子女，对于子女已经死亡或者子女无力赡养的祖父母、外祖父母，有赡养的义务。

9. 当爷爷奶奶看到孙子女遭受家暴时，该怎么做？

案情

小辉今年10岁了，正在读小学三年级，不仅性格开朗，而且学习成绩非常好，老师和同学都很喜欢他。可这样优秀的小辉每到放学时却总是不愿回家，原因是他一回家就会遭到爸爸妈妈的打骂。小辉的爸爸妈妈几乎每天都吵架，一吵架他们就会拿小辉撒气。一天，小辉的爷爷偶然看到了小辉身上的伤痕，便询问孙子是怎么回事。小辉支支吾吾地说是被爸爸妈妈打的，爷爷得知后，非常生气，便立即把小辉接到了自己家里，同时向法院提起了诉讼，请求法院撤销孩子父母的监护人资格。请问，小辉的爷爷有权这么做吗？

解析

本案中，小辉的父母把感情问题归责到孩子身上，并对孩子进行打骂，导致小辉身上出现多处伤痕，其行为已经违反了我国《反家庭暴力法》第十二条的规定，即未成年人的监护人应当以文明的方式进行家庭教育，依法履行监护和教育职责，不得实施家庭暴力。而小辉的父母对小辉的打骂行为已经构成了家庭暴力。此时，小辉的爷爷在发现这一情况以后，应该及时制止暴力行为，并且爷爷作为小辉的近亲属，有权根据该法第二十一条的规定，向法院申请依法撤销小辉父母的监护人资格，由法院另行指定监护人。如果法院另行指定了其他的监护人，小辉的父母应该继续负担相应的抚养费用。

法 条

《中华人民共和国反家庭暴力法》

第十二条 未成年人的监护人应当以文明的方式进行家庭教育，依法履行监护和教育职责，不得实施家庭暴力。

第二十一条 监护人实施家庭暴力严重侵害被监护人合法权益的，人民法院可以根据被监护人的近亲属、居民委员会、村民委员会、县级人民政府民政部门等有关人员或者单位的申请，依法撤销其监护人资格，另行指定监护人。

被撤销监护人资格的加害人，应当继续负担相应的赡养、扶养、抚养费用。

10. 自己的孩子被别人收养后与自己就没有关系了吗？

案 情

田某家住农村。田某在他人的介绍下认识了外村的杨某，并与之结婚。婚后第二年，杨某产下一对龙凤胎。夫妇二人看着这对可爱的孩子虽然高兴，但还是因为经济问题犯了难，以他们现在的家境很难养活两个孩子。后来，夫妻俩经过商量之后，将女儿送给别人收养。田某有了孩子后，感觉身上的担子更重了，每天都夜以继日地辛苦工作。现在，田某一家的生活条件逐渐好转。而妻子杨某经常因为半夜里想念女儿而偷偷落泪，田某看在眼里疼在心里。因此，田某经过考虑之后打算把女儿认领回来。请问，在这种情况下，田某还能认领回女儿吗？

解　析

子女与生父母之间的权利和义务关系随着收养关系的建立而消失，生父母单方面认领孩子的行为不能够得到法律的支持。对此，我国《民法典》第一千一百一十一条作出了明确的规定，即自收养关系成立之日起，养子女与生父母及其他近亲属间的权利义务关系，因收养关系的成立而消除。《民法典》第一千一百一十四条第一款规定，收养人在被收养人成年以前，不得解除收养关系，但收养人、送养人双方协议解除的除外，养子女年满八周岁以上的，应当征得本人同意。也就是说，收养关系成立后，子女与生父母之间就不存在亲子关系了，而要想恢复这种亲子关系，必须经收养人的同意，解除收养关系。本案中，田某夫妇将孩子送给他人收养后，孩子与田某夫妇之间就不再有权利义务关系了，田某想单方面认领回孩子是不可能的，除非经收养人同意，否则，收养协议不会因田某单方面想认领孩子就解除。当然，如果被收养的子女成年后自愿承担对生父母的赡养义务的，法律也不会加以制止。

法　条

《中华人民共和国民法典》

第一千一百一十一条　自收养关系成立之日起，养父母与养子女间的权利义务关系，适用本法关于父母子女关系的规定；养子女与养父母的近亲属间的权利义务关系，适用本法关于子女与父母的近亲属关系的规定。

养子女与生父母以及其他近亲属间的权利义务关系，因收养关系的成立而消除。

第一千一百一十四条第一款　收养人在被收养人成年以前，不得解除收养关系，但是收养人、送养人双方协议解除的除外。养子女八周岁以上的，应当征得本人同意。

11. 帮亲友抚养子女，算收养行为吗？

案　情

某日，小雅跟随父母到县城里赶集，结果却在回来的途中遭遇车祸，只有小雅一人活了下来。当小雅父母的朋友王某看到这个年仅7岁的孩子就要承受失去双亲的痛苦时，心里十分难过。王某心想：孩子还这么小，父母又都去世了，没人照顾可怎么办？经过考虑之后，王某决定将小雅接到自己家里抚养，直到成年。那么请问，王某的这种行为算收养吗？

解　析

收养和抚养是不同的法律行为，收养关系反映的是收养人与被收养人之间的父母子女关系，而抚养关系基于的是抚养人与被抚养人父母之间的亲属、朋友关系。并非任何帮他人照顾孩子的行为都能构成收养行为，收养关系的成立必须符合法律规定的条件，并依法办理收养登记。对此，我国《民法典》第一千一百零七条作出了明确规定，即抚养亲属、朋友的孩子不属于收养行为，他们之间不适用收养关系。因此，本案中的王某与小雅之间没有形成收养关系。

法 条

《中华人民共和国民法典》

第一千一百零七条 孤儿或者生父母无力抚养的子女，可以由生父母的亲属、朋友抚养；抚养人与被抚养人的关系不适用本章规定。

12. 子女有权干涉父母再婚吗?

案 情

刘大爷今年65岁了，老伴儿很早之前就去世了，留下一双儿女，刘大爷一人把两个孩子带大。如今，儿女们都有了自己的家庭和事业，不需要刘大爷再为其操心。于是，刘大爷决定再找个老伴儿和自己共度余生。可是当刘大爷和儿女们说了这个想法后，遭到了儿女们的反对。儿女们还说，如果刘大爷再婚，他们以后便不会再给刘大爷养老。那么，刘大爷的子女这样做对吗？子女有权干涉父母再婚吗？

解　析

刘大爷子女的做法是错误的，子女无权干涉父母再婚。根据《民法典》第一千零六十九条规定：“子女应当尊重父母的婚姻权利，不得干涉父母离婚、再婚以及婚后的生活。子女对父母的赡养义务，不因父母的婚姻关系变化而终止。”婚姻自由是每个公民都应该享有的权利，只要是达到法定年龄的完全民事行为能力人都有选择自己结婚与否以及结婚对象的权利，不受任何人的干涉。受我国传统思想的影响，很多子女都反对自己父母年老时再婚，更有甚者以不尽赡养义务相威胁。因此，我国法律明确规定，子女不得干涉父母再婚及婚后的生活，更不得因此拒绝赡养父母。本案中的刘大爷再婚是由其自己决定的，完全是自愿的，子女不得干涉，也不得因为刘大爷再婚就不对其尽赡养义务。

法　条

《中华人民共和国民法典》

第一千零六十九条　子女应当尊重父母的婚姻权利，不得干涉父母离婚、再婚以及婚后的生活。子女对父母的赡养义务，不因父母的婚姻关系变化而终止。

13. 父母与子女断绝关系后，子女还需要履行赡养义务吗?

案　情

芳芳今年刚好 20 岁，正处于花季年龄的她深受村里单身男青年们的喜欢，但芳芳唯独对一个人情有独钟，那就是和她从小青梅竹马的王刚。王刚比芳芳大一岁，对芳芳非常体贴，两人很早就私订终身。可当芳芳的父母得知两人的恋情后，立马表示反对，理由是王刚家里太穷，担心芳芳嫁过去会吃苦。芳芳不同意父母的看法，并坚持要嫁给王刚，还说自己怀上了王刚的孩子，已经来不及了。芳芳父母一听大怒，一气之下将芳芳赶出家门，并说要和芳芳断绝关系。那么请问，如果父母和芳芳断绝了关系，芳芳还有义务赡养父母吗？

解　析

父母子女关系是一种自然的血缘关系，它只能因死亡或子女被他人依法收养而终止，除此之外并不能人为地消除或改变。本案中，芳芳的父母声明断绝关系不过是因为一时气愤、失望所作的冲动决定，并不影响他们与芳芳的血缘关系，他们之间的亲情关系仍然存在。由于芳芳已经成年，不再需要父母抚养；但芳芳父母年老后，芳芳仍应履行赡养父母的义务。也就是说，虽然芳芳的父母声称要与芳芳断绝关系，但是这在法律上并没有任何效力，如果将来芳芳父母年老后，芳芳具有赡养扶助的能力，仍然应该履行对其父母的赡养扶助义务。芳芳父母有权利要求芳芳赡养他们或给付赡养费，芳芳拒绝履行赡养义务时，芳芳父母可以请村民委员会调解，或者直接向人民法院起诉。

法　条

《中华人民共和国民法典》

第一千零六十七条　父母不履行抚养义务的，未成年子女或者不能独立生活的成年子女，有要求父母给付抚养费的权利。

成年子女不履行赡养义务的，缺乏劳动能力或者生活困难的父母，有要求成年子女给付赡养费的权利。

14. 成年子女对生病的父母不管不问，父母该怎么办？

案 情

肖大爷今年76岁了，有两个儿子、一个女儿，现都已经成家。肖大爷身体一直很好，老伴儿去世之后，肖大爷便一个人生活，从来没有麻烦过儿女们。前不久，肖大爷外出时不小心摔了一跤，经过治疗虽然没什么大碍，但毕竟上了年纪，行动不太方便，身边需要人照顾。于是，肖大爷便给儿女们打电话，要求儿女们轮流照顾自己，虽然儿女们在电话里都答应了，可事后谁也没来照顾过肖大爷，依旧对肖大爷不管不问。那么，面对这种情况，肖大爷该怎么办呢？

解 析

“老有所养，老有所依”不仅是我国社会倡导的美德，也是成年子女对父母应尽的赡养义务。为了保护老年人的权益，国家专门出台了法律，至此，子女不尽赡养义务违反的不仅仅是道德层面的义务，更是上升到了法律层面。我国《老年人权益保障法》规定，赡养人履行赡养义务时，不但需要对老年人尽到物质方面的照顾，也应当关注其精神生活。老年人患病时，赡养人应当使患病的老年人及时得到治疗和护理；对经济困难的老年人，应当提供医疗费用。对生活不能自理的老年人，赡养人应当承担照料责任；不能亲自照料的，可以按照老年人的意愿委托他人或者养老机构等照料。因此，本案中，肖大爷的子女们有义务支付老人的医疗费用，并对其生活起居进行照顾。如果其子女们加以拒绝，不仅违反了道德，也违反了我国的法律规定，情节严重的，可能还会受到刑事法律的制裁。

法 条

《中华人民共和国老年人权益保障法》

第十四条 赡养人应当履行对老年人经济上供养、生活上照料和精神上慰藉的义务，照顾老年人的特殊需要。

赡养人是指老年人的子女以及其他依法负有赡养义务的人。

赡养人的配偶应当协助赡养人履行赡养义务。

第十五条 赡养人应当使患病的老年人及时得到治疗和护理；对经济困难的老年人，应当提供医疗费用。

对生活不能自理的老年人，赡养人应当承担照料责任；不能亲自照料的，可以按照老年人的意愿委托他人或者养老机构等照料。

第七十六条 干涉老年人婚姻自由，对老年人负有赡养义务、扶养义务而拒绝赡养、扶养，虐待老年人或者对老年人实施家庭暴力的，由有关单位给予批评教育；构成违反治安管理行为的，依法给予治安管理处罚；构成犯罪的，依法追究刑事责任。

15. 子女骗取父母钱财，需要承担法律责任吗？

案 情

于某今年 35 岁，家住在农村。他不仅没什么本事，还整天跟着一些人混吃混喝，无所事事，导致一直都没娶上媳妇。今年年初，于某在一帮人的带领下染上了赌博的恶习，刚开始只是小赌，慢慢地越赌越大，欠的赌债越来越多。于某无力偿还，每天只能四处躲债。最终，于某实在躲不下去了，只好和父母谎称要做生意，向父母借了一笔钱。于某的父母得知事情的真相后十分生气，并要求于某还其钱。但于某却对父母称钱已经还债了，拿不回来了。无奈之下，于某的父母只好将于某告上了法庭。那么，于某会承担法律责任吗？

解 析

欺骗行为是为法律和道德所禁止的，无论这种欺骗行为发生在何种关系之中，当事人都应当承担相应的法律责任。针对子女骗取父母钱财的情况，《老年人权益保障法》第二十二条作出了具体规定：老年人对属于自己的私人财产，依法享有占有、使用、收益和处分的权利，子女或者其他亲属不得干涉，不得以窃取、骗取、强行索取等方式侵犯老年人的财产权益。同时该法第七十六条规定，家庭成员盗窃、诈骗、抢夺、侵占、勒索、故意损毁老年人财物，构成违反治安管理行为的，依法给予治安管理处罚；构成犯罪的，依法追究刑事责任。

其实，家庭成员之间互相帮助是理所当然的，一个家庭的和睦必须建立在互相帮助、互相信任、互相包容的基础之上。子女遇到困难父母会尽其所能地帮助解决，但如果像本案中的于某一样向父母骗钱，这种行为是非常恶劣的，不但背离了家庭成员之间互帮互助的基本道德，也违反了我国法律的禁止性规定，将会受到法律的制裁。

法条

《中华人民共和国老年人权益保障法》

第二十二条第一款 老年人对个人的财产，依法享有占有、使用、收益和处分的权利，子女或者其他亲属不得干涉，不得以窃取、骗取、强行索取等方式侵犯老年人的财产权益。

第七十七条 家庭成员盗窃、诈骗、抢夺、侵占、勒索、故意损毁老年人财物，构成违反治安管理行为的，依法给予治安管理处罚；构成犯罪的，依法追究刑事责任。

16. 父母的地由子女帮忙耕种，收成就应该归子女吗？

案情

陈某家世代务农，到了陈某这代也是如此。如今，陈某老两口已经70多岁了，身体大不如从前，但又不舍得承包地荒废。于是，老两口经过商量之后，决定将自己种的几亩地交给儿子帮忙耕种。儿子、儿媳知道后，倒也没有说什么，耕种自己农田的时候就把陈某老两口的地也耕种了，陈某老两口很是高兴。可是等到秋收的时候，老两口却一点儿地里的收成都没看到。陈某向儿子询问收成的情况，但儿子、儿媳却说该地现在由他们种着，所以地里的收成就应该归他们，甚至还对陈某说想要收成就自己种地。那么，陈某的儿子、儿媳说得对吗？老两口能要回收成吗？

解 析

每个公民对自己合法的财产均享有独立的所有权，任何人都不得干涉，老年人对自己的财产当然也享有该权利。子女虽然应当履行赡养义务，但是，子女在对老人尽赡养义务时也应该明白，赡养义务和老人的财产权利是两个不同的法律关系，并非子女履行赡养义务就可以取得老人的不动产及其收益。

对于老人的土地管理和收益的归属问题，我国《老年人权益保障法》规定，赡养人有义务耕种或者委托他人耕种老年人承包的田地，照管或者委托他人照管老年人的林木和牲畜等，收益归老年人所有。也就是说，代替老人管理土地是成年子女的义务，但是，该土地上的收益仍归老人享有。本案中，陈某的儿子作为陈某夫妇的赡养人，有义务耕种老人的田地，但是耕地上的收成仍归两位老人所有，其不能据为己有，其拒绝给予老人收益的行为已经违反了我国法律规定。

法 条

《中华人民共和国老年人权益保障法》

第十七条 赡养人有义务耕种或者委托他人耕种老年人承包的田地，照管或者委托他人照管老年人的林木和牲畜等，收益归老年人所有。

17. 为了结婚就可以让父母搬走吗？

案 情

严某今年 25 岁，由于家里条件困难，一直都没有找到对象。去年，严某经他人介绍好不容易找到了对象，一家人都非常高兴，尤其是严某的父母，每天都笑得合不拢嘴。为了能让严某顺利结婚，严某的父母便四处凑钱，把自己住的房子翻盖成了新房。可就在结婚的前一天，严某却向父母提出自己结婚后，父母不能跟自己住到一起，还说这是女方家的要求。严某父母无奈，只好同意了严某的要求。请问，严某可以让父母搬走吗？他这么做是否违法？

解析

按照我国传统观念，父母养育儿女是希望自己年老体衰后能有一个依靠。而子女赡养父母，最起码也应该为其提供基本的生活条件，也就是要保障其基本的衣食住行。这是赡养义务的体现，也是法律层面的要求。

有关老人住房方面，我国《老年人权益保障法》明确规定，赡养人应当妥善安排老年人的住房，不得强迫老年人居住或者迁居条件低劣的房屋。本案中，严某的父母倾尽自己的所有给严某盖房子娶媳妇，可儿子却为了结婚逼迫无依无靠的父母搬出家门，这不仅违反了道德，更是触犯了我国法律，其恶劣的行为会受到法律的制裁。

法条

《中华人民共和国老年人权益保障法》

第十六条 赡养人应当妥善安排老年人的住房，不得强迫老年人居住或者迁居条件低劣的房屋。

老年人自有的或者承租的住房，子女或者其他亲属不得侵占，不得擅自改变产权关系或者租赁关系。

老年人自有的住房，赡养人有维修的义务。

第七十七条　家庭成员盗窃、诈骗、抢夺、侵占、勒索、故意损毁老年人财物，构成违反治安管理行为的，依法给予治安管理处罚；构成犯罪的，依法追究刑事责任。

第四章

继　　承

继承是指按照被继承人立有的遗嘱或者法律规定继承死者的合法财产的行为。从定义中可知，继承主要有两种方式：一种是遗嘱继承，另一种是法定继承。遗嘱继承是指按照立遗嘱人生前所立下的符合法律规定的遗嘱的内容要求，将遗产的全部或部分指定由特定继承人继承。而法定继承是指在被继承人没有遗嘱的情况下，由法律直接规定继承人的范围、继承顺序、遗产分配的原则，并按照法律规定继承遗产的一种继承形式。在我国，遗嘱继承优于法定继承，只有在没有遗嘱继承的情况下，才采用法定继承。法定继承涉及内容众多，但都必须依照法律的规定执行。比如，法定继承人的范围只能包括子女、父母、配偶、兄弟姐妹、祖父母、外祖父母。其中配偶、子女、父母为第一顺序继承人；兄弟姐妹、祖父母、外祖父母为第二顺序继承人。而遗嘱继承就相对比较简单，遗嘱继承尊重立遗嘱人的真实意思表示，按照立遗嘱人的意愿处分其财产即可。

1. 没有履行赡养义务的子女还享有继承权吗?

案 情

郑某生活在农村，妻子去世得早，他膝下只有一个儿子，儿子结婚后，郑某便一直与儿子、儿媳生活在一起。几年前，郑某还能帮助儿子家干点儿农活。可是随着年纪的增大，郑某身体大不如从前，无法帮助儿子家干活了。儿媳便看郑某越来越不顺眼，每天只让郑某吃一顿饭，郑某生病了也不给买药、看病。而郑某的儿子又是“妻管严”，不敢帮父亲说话。郑某由于长期营养不良，身体日渐消瘦。郑某的妹妹看不过去了，将郑某接到自己家。郑某在妹妹家生活了五年。在这五年时间里，郑某的儿子和儿媳从未去看过郑某，也没有给过郑某一分钱。郑某临终前决定，将自己的一处老房子留给自己的妹妹，还自书了一份遗嘱。郑某去世后，郑某的儿子和儿媳与郑某的妹妹争夺房产继承权，依照我国相关法律规定，郑某的儿子没有履行赡养义务，那么他还享有继承权吗?

解 析

本案中，涉及的是没有履行赡养义务的子女，还能否享有继承权的问题。答案是否定的。首先从道德上讲，百善孝为先，作为子女赡养自己的父母是天经地义的事情，是我国千百年来的一项传统，如果这点都做不到，就会受到道德的谴责，更何谈作为子女所享有的继承权问题。其次从法律上讲，在我国，权利与义务是相对的，作为子女要想享有自己作为子女的继承权，就要履行自己作为子女所应该履行的赡养父母的义务。当没有履行赡养义务时，法律就会相应地剥夺限制作为子女所享有的继承权利。我国《民法典》第一千一百二十五条规定，遗弃被继承人，或者虐待被继承人情节严重的继承人丧失继承权。如果情节极为恶劣的，还可以根据《刑法》的规定追究其刑事责任。在本案中，郑某的儿子没有尽到自己的赡养义务，先是虐待自己的父亲，而自己的姑姑扶养了自己的父亲后，他五年内从未探望过自己的父亲，因此该种行为必将受到道德上的谴责，当然也会受到法律上的惩罚，郑某的儿子也因此不再享有郑某房产的继承权。更何况郑某生前已经立下遗嘱将自己的房产留给自己的妹妹，即使郑某的儿子没有丧失继承权，其也无权继承该处房产。

法条

《中华人民共和国民法典》

第一千一百二十五条 继承人有下列行为之一的，丧失继承权：

……

（三）遗弃被继承人，或者虐待被继承人情节严重；

……

继承人有前款第三项至第五项行为，确有悔改表现，被继承人表示宽恕或者事后在遗嘱中将其列为继承人的，该继承人不丧失继承权。

……

《最高人民法院关于适用〈中华人民共和国民法典〉继承编的解释（一）》

第六条 继承人是否符合民法典第一千一百二十五条第一

款第三项规定的“虐待被继承人情节严重”，可以从实施虐待行为的时间、手段、后果和社会影响等方面认定。

虐待被继承人情节严重的，不论是否追究刑事责任，均可确认其丧失继承权。

2. 在法定继承中，继承人顺序是如何规定的？

案 情

宋某是一个个体工商户，平日里靠做点儿小买卖挣钱养家，生活过得还算富裕，家里一儿一女，都在某县城的高中就读。一次宋某外出送货途中，看见路边有一个小女孩，刚一岁多点儿，被遗弃在路边。宋某看见小女孩可怜，便将其带回家，办理了收养手续，收养了这个小女孩。转眼间，十多年过去了，宋某的儿子和女儿都已大学毕业，参加工作。宋某收养的小女儿也开始上大学。随着年纪的增大，宋某夫妇二人的身体越来越不好，后来二人相继离世。留下了家里的一套房产和一家小型超市。宋某的儿子便与姐姐商量，自己要超市，姐姐要房产，他们两人才是父母的第一顺序继承人，而养女是第二顺序继承人，不能先于他们享有继承权。因此，在他们要求继承遗产的情况下，宋某的养女没有继承权。那么，宋某儿子的说法正确吗？宋某的养女能否享有继承权？在法定继承中，继承人顺序是如何规定的？

解 析

我国《民法典》第一千一百二十七条对法定继承的继承人

范围和继承顺序有明确的规定：第一顺序继承人为配偶、子女、父母，第二顺序继承人为兄弟姐妹、祖父母、外祖父母。继承开始后，由第一顺序继承人继承，没有第一顺序继承人的，由第二顺序继承人继承。这一规定基本上是按照家庭生活中，家庭成员之间的关系确定的，反映了家庭成员间亲疏远近的程度，按照亲密至疏远的顺序排列。为了进一步明确各顺序继承人的具体范围，该法条第三款至第五款对子女、父母、兄弟姐妹的范围作出了更清晰的界定。其中，我国《民法典》继承编上规定的子女，包括婚生子女、非婚生子女、养子女和有扶养关系的继子女。他们均享有平等的继承权，都是我国法律规定的第一顺序继承人。除此之外，依照法律规定，同一顺序法定继承人继承遗产的份额，一般应当均等，法律另有规定的除外。因此在本案中，宋某儿子的说法是错误的，该养女和宋某的亲生儿子、亲生女儿一样，享有平等的继承权，且都是第一顺序继承人，不能因为是养女，而被认为是第二顺序继承人。

法条

《中华人民共和国民法典》

第一千一百二十七条 遗产按照下列顺序继承：

（一）第一顺序：配偶、子女、父母；

（二）第二顺序：兄弟姐妹、祖父母、外祖父母。

继承开始后，由第一顺序继承人继承，第二顺序继承人不继承；没有第一顺序继承人继承的，由第二顺序继承人继承。

本编所称子女，包括婚生子女、非婚生子女、养子女和有扶养关系的继子女。

本编所称父母，包括生父母、养父母和有扶养关系的继父母。

本编所称兄弟姐妹，包括同父母的兄弟姐妹、同父异母或者同母异父的兄弟姐妹、养兄弟姐妹、有扶养关系的继兄弟姐妹。

《最高人民法院关于适用〈中华人民共和国民法典〉继承编的解释（一）》

第十二条第一款 养子女与生子女之间、养子女与养子女之间，系养兄弟姐妹，可以互为第二顺序继承人。

3. 互有继承权的几个人同时死亡，应如何继承？

案 情

胡某某一家常年在外打工挣钱。胡某某的父亲去世较早，因此其母亲与胡某某一家生活在一起。胡某某有一儿两女。中秋节，胡某某带着自己的妻子、三个孩子和母亲，准备回家过节。由于路上下大雨，看不见行人。胡某某回家心切，开车速度较快，没有看见前方正要转弯行驶的大货车，结果两车相撞，胡某某家的车被撞到护栏上。路过的行人看到此种情况，立马拨打了救援电话。急救人员赶到现场后，将胡某某一家从车上解救出来，结果发现，除了胡某某的小女儿受了点儿皮外伤以外，其余人无一幸免，全部遇难。胡某某的亲属知道该消息后，都十分悲痛。事后，他们开始考虑如何分割胡某某的财产。在该事件中，互有继承权的几个人同时死亡，应如何继承？

解 析

当互有继承权的几个人同时死亡时，如何确定死亡的先后顺序，如何进行继承，这是一个比较复杂并且关系到继承人切身利益的重要问题。我国法律根据保护继承人利益原则和自然法则确定该类事件的继承顺序，《民法典》第一千一百二十一条明确规定，相互有继承关系的几个人在同一事件中死亡，如不能确定死亡先后时间的，推定没有继承人的人先死亡。死亡人各自都有继承人的，如几个死亡人辈份不同，推定长辈先死亡；几个死亡人辈份相同，推定同时死亡，彼此不发生继承，由他们各自的继承人分别继承。因此在本案中，首先胡某某的一儿一女没有其他继承人，推定他们先死亡。其次胡某某的母亲辈份较高，推定胡某某的母亲先于胡某某和其妻子死亡。最后胡某某和其妻子辈份相同，推定胡某某和其妻子同时死亡，彼此不发生继承关系，而是由他们各自的继承人分别继承遗产。

法 条

《中华人民共和国民法典》

第一千一百二十一条 继承从被继承人死亡时开始。

相互有继承关系的数人在同一事件中死亡，难以确定死亡时间的，推定没有其他继承人的人先死亡。都有其他继承人，辈份不同的，推定长辈先死亡；辈份相同的，推定同时死亡，相互不发生继承。

4. 外甥可以继承舅舅的遗产吗?

案 情

老宽今年 70 岁，其年少时就开始在外地打拼，如今已在外安家立业。原本，老宽在30多岁时曾结过婚、有过一个孩子，但在孩子两岁时，母子俩在一场交通事故中丧生。从此，老宽就孤身一人在外闯荡，没再结婚。前两年，老宽的身体渐弱，正好已过世妹妹的儿子阿齐也在北京工作，阿齐便和老宽住到了一起，在生活中照应老宽。今年年末，老宽突发脑溢血被送往医院急救，但抢救无效死亡。老宽死后留下了一笔不小的财产，也再无其他亲人。阿齐的朋友听说此事后告诉阿齐，这种情况下，阿齐可以继承老宽的遗产。那么，外甥可以继承舅舅的遗产吗?

解 析

我国法律规定了严格的遗产继承顺序，在没有订立遗嘱的情况下，应当按照法定的顺位继承遗产。一般来说，在法定继承下，外甥只有可能通过代位继承自己母亲或者父亲的遗产来继承舅舅的遗产。根据我国《民法典》第一千一百二十七条的规定，在没有配偶、子女和父母的情况下，由兄弟姐妹来继承自己的遗产。另外，根据《民法典》第一千一百二十八条第二款的规定，被继承人的兄弟姐妹先死亡的情况下，其兄弟姐妹的子女可以代位继承遗产。因此，本案中，阿齐可以代位继承老宽的遗产。

法 条

《中华人民共和国民法典》

第一千一百二十七条 遗产按照下列顺序继承：

（一）第一顺序：配偶、子女、父母；

（二）第二顺序：兄弟姐妹、祖父母、外祖父母。

继承开始后，由第一顺序继承人继承，第二顺序继承人不继承；没有第一顺序继承人继承的，由第二顺序继承人继承。

本编所称子女，包括婚生子女、非婚生子女、养子女和有扶养关系的继子女。

本编所称父母，包括生父母、养父母和有扶养关系的继父母。

本编所称兄弟姐妹，包括同父母的兄弟姐妹、同父异母或者同母异父的兄弟姐妹、养兄弟姐妹、有扶养关系的继兄弟姐妹。

第一千一百二十八条 被继承人的子女先于被继承人死亡的，由被继承人的子女的直系晚辈血亲代位继承。

被继承人的兄弟姐妹先于被继承人死亡的，由被继承人的兄弟姐妹的子女代位继承。

代位继承人一般只能继承被代位继承人有权继承的遗产份额。

5. 继子女享有继承权吗？

案 情

邓某某十几岁的时候，其父亲就去世了，后邓某某由其母亲一人抚养。过了两年后，村子里的人认为邓某某母亲独自一人抚养一个孩子太不容易，便劝邓某某的母亲改嫁。在村里人的介绍下，邓某某的母亲认识了隔壁村的王某某，王某某经营着一家药店，中年丧妻，自己一个人带着一个女儿生活。邓某某的母亲认为王某某人挺好，对邓某某也很好，于是便有了和王某某结婚，一起过日子的想法。但是邓某某的母亲始终有一些疑虑，不知道结婚后自己的儿子会不会受到王某某家人的歧视，也不知道自己的儿子作为继子，以后能否和王某某的女儿一样，享有相同的继承权？那么，依照我国法律的规定，邓某某作为继子女，能否享有与亲生子女相同的继承权呢？

解 析

根据法律规定，继子女是指丈夫与前妻或妻子与前夫所生的子女。继子女与婚生子女一样，都享有法律上的继承权。但是，需要注意的是，依照我国法律规定，继子女与继父母继承关系的确定，需要符合两方面的条件：一方面，继子女受继父母经济上的供养，生活上的抚养、教育和保护；另一方面，继子女在经济上供养继父母，生活上扶助继父母。在此种情况下，有扶养关系的继子女与继父母之间形成了法律上的拟制血亲关系，继子女也就能像婚生子女一样继承继父母的遗产，成为继父母的法定继承人，继承他们的遗产。在本案中，如果邓某某的母亲与王某某结婚，邓某某与王某某就会形成拟制血亲关系，邓某某也就因此享有继承权。此外，我国《民法典》第一千一百二十七条第三款也明确规定，法定继承中所指的子女，包括婚生子女、非婚生子女、养子女和有扶养关系的继子女。因此，只要邓某某的母亲与王某某结婚，邓某某受王某某抚养，与其形成扶养关系，那么，邓某某就是王某某的法定继承人，依法享有继承权。

法 条

《中华人民共和国民法典》

第一千零七十二条 继父母与继子女间，不得虐待或者歧视。

继父或者继母和受其抚养教育的继子女间的权利义务关系，适用本法关于父母子女关系的规定。

第一千一百二十七条第三款 本编所称子女，包括婚生子女、非婚生子女、养子女和有扶养关系的继子女。

6. 非法定继承人主动赡养孤寡老人的，可以适当分得遗产吗？

案 情

郑某与刘某家是邻居，郑某年轻的时候外出打工，手里有一笔积蓄。随着年纪的增大，郑某无法外出打工，便开始在家务农。郑某与刘某家做邻居二十多年了，彼此之间的关系一直很好，刘某家平常就会给郑某送一些吃的、喝的、用的东西。一次郑某突然生病，在医院住了十多天，回到家后，一直卧床。而郑某只有一个养女，已经结婚了。郑某给女儿打电话，可是其女儿拒绝回家照顾郑某。刘某一家看着郑某很可怜，于是决定赡养郑某。郑某在刘某家生活了五年，刘某家对郑某无论是在物质生活上还是精神生活上都非常照顾。去年，郑某因病去世，刘某家为郑某办理了后事。在此期间，郑某的女儿从未出现过。郑某去世一年后，郑某的女儿突然出现，想将郑某的房子卖掉。在这种情况下，刘某一家人能否分得该遗产？

解 析

本案主要是涉及非法定继承人在什么情况下可以分得遗产

的问题。根据《民法典》的相关规定，非法定继承人在两种情况下可以分得遗产：(1) 非法定继承人是继承人以外的依靠被继承人扶养的人。(2) 非法定继承人属于对被继承人扶养较多的人，这类人对被继承人本来是没有法定扶养义务的，但由于某种原因，负有法定扶养义务的继承人对被继承人并未尽到全部赡养义务，而这类人对被继承人却提供了较多物质上和生活上的照顾，此时该类人可以分得遗产。本案的情况就属于第二种情况，由于郑某的女儿没有尽到赡养义务，而刘某一家人对郑某扶养较多，因此依照上述法律规定，刘某一家人可以分得郑某的遗产。

法 条

《中华人民共和国民法典》

第一千一百三十一条 对继承人以外的依靠被继承人扶养的人，或者继承人以外的对被继承人扶养较多的人，可以分给适当的遗产。

《最高人民法院关于适用〈中华人民共和国民法典〉继承编的解释（一）》

第十九条 对被继承人生活提供了主要经济来源，或者在劳务等方面给予了主要扶助的，应当认定其尽了主要赡养义务或主要扶养义务。

第二十条 依照民法典第一千一百三十一条规定可以分给适当遗产的人，分给他们遗产时，按具体情况可以多于或者少于继承人。

7. 遗嘱继承是否优于法定继承?

案 情

魏某有一儿一女，女儿长大后就嫁到了隔壁村，儿子结婚后也很快就与父母分家了。魏某夫妇二人单独生活倒也过得不错，后夫妇二人身体不好，需要人照顾，便与其儿女商量，想与儿女生活在一起。魏某的儿媳认为，与公公婆婆生活在一起会有很多的不方便，于是拒绝与魏某夫妇生活在一起。魏某的儿子是村里有名的“妻管严”，而且他自己也不愿意照顾魏某夫妇。魏某的女儿比较孝顺，主动承担起照顾魏某夫妇的担子，将魏某夫妇接到了自己家照顾。后魏某夫妇一直与女儿、女婿生活在一起，魏某的女儿、女婿对待魏某夫妇很好，一直精心地照料他们夫妇二人。可是魏某的儿子一直未出现过，甚至连赡养费都没有给他们。魏某夫妇伤心至极，于是立下遗嘱，决定将魏某夫妇名下的一套房子全部留给女儿、女婿继承，与儿子无关。魏某夫妇去世后，魏某的女儿拿着遗嘱给其弟弟看，弟弟认为，法律上明确规定了法定继承方式，就应该采用法定继承方式，遗嘱继承不能优于法定继承。那么，魏某儿子的说法正确吗?

解 析

本案涉及的是法定继承与遗嘱继承效力的问题。我国法律明确规定了法定继承和遗嘱继承这两种继承方式。其中，法定继承是指法律直接规定的继承方式、继承顺序。遗嘱继承是按照被继承人生前留有的遗嘱继承遗产的方式。遗嘱继承体现了民法上的当事人意思自治原则，是财产所有人对自己财产的自主处分。按照我国《民法典》第一千一百二十三条的规定，遗嘱继承与遗赠抚养协议优先于法定继承。即继承开始后，有遗嘱的，按照遗嘱继承；有遗赠扶养协议的，按照协议办理；都没有的，按照法定继承办理。法律之所以规定遗嘱继承优先于法定继承，是尊重被继承人的意思自治，保护被继承人对自己的财产等方面的合法处分权，确保被继承人可按照自己的心愿处分自己的财产。因此在本案中，魏某儿子的说法是错误的，遗嘱继承优于法定继承方式。如果魏某夫妇所立遗嘱符合法律规定的要件，该份遗嘱就是有效的遗嘱，继承人必须按照遗嘱规定的内容处理和继承财产。

法　条

《中华人民共和国民法典》

第一千一百二十三条　继承开始后，按照法定继承办理；有遗嘱的，按照遗嘱继承或者遗赠办理；有遗赠扶养协议的，按照协议办理。

8. 临终前的口头遗嘱是否具有法律效力?

案　情

郑某是某村村主任，担任村主任职务已经十多年了，他一直在村里的老房子住着。幸运的是，郑某辛苦了大半辈子，去年终于在市里也买了一套房，自己手里还积攒了 20 万元的存款。郑某有一儿一女，儿子已经大学毕业，参加工作了。女儿还在读小学，年龄比较小。一天郑某外出，在回来的路上遭遇车祸，被同村的人和郑某的亲属送往医院进行紧急治疗。在去往医院的路上，郑某对该村的几个村民说，假如自己去世，希望将自己的存款全部给自己的小女儿，留着作为小女儿的教育费用，同村的人点了点头，表示一定帮郑某办好这件事。到了医院后，医生进行紧急抢救，但抢救无效，郑某当天就去世了。后同村村民和郑某的妻子、女儿、儿子谈起郑某的口头遗嘱。请问，在这种情况下，郑某的口头遗嘱有效吗？

解 析

口头遗嘱是指在被继承人危急情况下所立的，以口头方式表述的遗嘱，口头遗嘱也具备遗嘱的效力，受法律保护，但在危急情况解除后，被继承人能够用书面或者录音录像形式立遗嘱的，所立的口头遗嘱无效。我国《民法典》第一千一百三十八条规定，遗嘱人在危急情况下，在有两个以上见证人在场的情况下，可以立口头遗嘱。因此，从上述法律规定中可以看出，口头遗嘱的设立条件有两个：（1）须在危急情况下才可以立口头遗嘱。危急情况是指遗嘱人因疾病或战争随时都有生命危险，无法以其他形式立遗嘱的情形。（2）口头遗嘱应当有两个以上的见证人在场见证。只有满足这两个条件的口头遗嘱才符合有效遗嘱的要件，才能受到法律的保护。在本案中，郑某所立遗嘱符合上述口头遗嘱成立所必须具备的两个条件，因此郑某所立口头遗嘱有效，应该按照此口头遗嘱的情况执行遗产分配。

法　条

《中华人民共和国民法典》

第一千一百三十八条　遗嘱人在危急情况下，可以立口头遗嘱。口头遗嘱应当有两个以上见证人在场见证。危急情况消除后，遗嘱人能够以书面或者录音录像形式立遗嘱的，所立的口头遗嘱无效。

第一千一百四十条　下列人员不能作为遗嘱见证人：

（一）无民事行为能力人、限制民事行为能力人以及其他不具有见证能力的人；

（二）继承人、受遗赠人；

（三）与继承人、受遗赠人有利害关系的人。

9. 订立录像遗嘱需要具备哪些条件？

案　情

老吕多年来专心于打拼自己的事业，并未娶妻生子。两年前，老吕被确诊患上了肝癌。这两年，老吕深受病痛折磨。好在虽然老吕没有亲人，却有一个助理阿灿。阿灿感念老吕的提携之恩，除了帮助老吕工作之外，还常常照顾老吕的身体。有一天，老吕深感自己时日无多，感怀自己打拼多年，却并没有什么亲人，又感激阿灿这几年的贴心照顾，于是决定将自己的遗产交给阿灿。由于病情严重，老吕现在行动十分不便，于是想要用录像的方式来订立遗嘱。那么，订立录像遗嘱需要具备哪些条件呢？

解　析

现代科技日益发达，人们也越来越追求效率与方便，因此，录音录像的遗嘱形式会越来越普遍。那么，在订立录音或者录像遗嘱时，就需要遵守法律对于其形式的要求。订立录像或者录音遗嘱需要有三个条件。根据我国《民法典》第一千一百三十七条的规定，这三个条件为，立遗嘱要有两个以上的见证人见证，录音录像中要记录遗嘱人和见证人的姓名或者肖像，录音录像中要记录年、月、日。因此，在本案中，老吕需要按照这三个条件订立录像遗嘱，否则订立的遗嘱可能不具有法律效力。

法　条

《中华人民共和国民法典》

第一千一百三十七条　以录音录像形式立的遗嘱，应当有两个以上见证人在场见证。遗嘱人和见证人应当在录音录像中记录其姓名或者肖像，以及年、月、日。

10. 受欺骗而设立的遗嘱有效吗?

案　情

宋某夫妇二人常年在工地上打工挣钱，由于省吃俭用，几年下来已经攒了 10 多万元。宋某家里有一儿一女，有了积蓄后宋某就在农村新盖了四间房。宋某夫妇虽然是农村人，但是在城里工作了很长时间，并没有重男轻女的思想，对儿子和女儿都十分疼爱。夫妇二人一直打算等自己百年之后，将自己的所有财产平分给自己的儿子、女儿。但是，宋某的儿子平日里好吃懒做，已经20多岁的人了，还整日在家里玩电脑，根本就不出去工作。一次，宋某夫妇向其透露要将自己的所有财产平分时，宋某的儿子表示不满。宋某的儿子便立了一份遗嘱，遗嘱中写着所有财产归宋某的儿子所有。宋某夫妇由于不识字，听着儿子念了一遍，就在该遗嘱上签了字。但事实上，宋某的儿子采取了欺骗的方式，并没有念出遗嘱上的真正内容。那么，在这种情况下，该份遗嘱有效吗？

解 析

本案涉及的是受欺骗所立的遗嘱是否有效的问题。众所周知，遗嘱是遗嘱人对自己的财产进行处分的独立的民事行为。它是遗嘱人独立、自主、自愿作出的，是立遗嘱人的真实意思表示，没有反映遗嘱人真实意愿的遗嘱不具备法律效力。据此，遗嘱人在被欺骗情况下所立的遗嘱应属无效。同时，我国《民法典》第一千一百四十三条第二款明确规定遗嘱必须表示遗嘱人的真实意思，受欺诈、胁迫所立的遗嘱无效。

因此，在本案中，宋某夫妇所签的该份遗嘱是没有法律效力的，该份遗嘱是宋某的儿子在欺骗宋某夫妇的情况下，诱骗宋某夫妇签的字。很显然，该份遗嘱违反了宋某夫妇的真实意思表示，因此应属于无效的遗嘱，自始不发生法律效力。

法 条

《中华人民共和国民法典》

第一千一百四十三条第二款 遗嘱必须表示遗嘱人的真实意思，受欺诈、胁迫所立的遗嘱无效。

11. 篡改遗嘱内容的行为有效吗？

案 情

杨某夫妇二人经营着一家小型餐馆，到现在已经有五年了，对该餐馆有着深厚的感情。杨某有两个女儿，大女儿和女婿比较踏实，很爱干活，杨某夫妇很是喜欢。二女儿和女婿就比较懒惰，整日里无所事事，还一直向杨某夫妇要钱花。杨某的大女儿和女婿没事的时候经常去餐馆帮忙，但是二女儿和女婿很少过去。随着杨某夫妇年纪的增大，他们私下立下遗嘱，将饭店的继承权给了大女儿和女婿，将自己的多年积蓄留给二女儿。一次杨某二女儿在家里翻东西时，偶然发现了该份遗嘱，很是生气，认为父母偏心，于是私自篡改了遗嘱内容。那么，杨某二女儿篡改遗嘱内容的行为有效吗？我国法律上承认该种行为吗？

解 析

本案中涉及的法律问题是篡改遗嘱的行为是否有效。依照我国相关法律规定，该种行为是无效的行为，不发生遗嘱的法律效力。遗嘱体现的是立遗嘱人意思自治的要求，反映的是立遗嘱人真实意思的表示，没有反映立遗嘱人真实意愿的遗嘱不发生法律效力。《民法典》第一千一百四十三条第四款也明确规定，遗嘱被篡改的，篡改的内容无效。因此在本案中，杨某夫妇设立的遗嘱是杨某夫妇的真实意思表示，不能受到任何人的干扰。遗嘱一旦被设立后，除遗嘱人本人外，其他任何人无权修改遗嘱。篡改遗嘱的，篡改的内容无效。也就是说，杨某二女儿篡改遗嘱的行为是无效的行为，不发生法律效力。

法 条

《中华人民共和国民法典》

第一千一百四十三条第四款 遗嘱被篡改的，篡改的内容无效。

12. 私自销毁遗嘱，是否还能继承遗产？

案 情

阿生今年28岁，是家里的次子，17岁时就已经独身一人去城里打工，甚少归家。两年前，阿生的父亲老严病重，阿生却因为工作繁忙很难回家，也是一直由哥哥阿理在照顾父亲。今年，医院给老严下了病危通知书，阿生终于回了一趟家。在阿生与父亲最后单独说话时，父亲告诉阿生，考虑到近几年家里都是由阿理在辛苦操持，决定把自己的大部分遗产都留给阿理，并将书面遗嘱交给了阿生。不久，老严去世。阿生为了多分父亲的遗产，将老严的遗嘱藏了起来并销毁。没想到，母亲对此事知情，并认为阿生私藏遗嘱，不遵守其父亲遗愿，应当丧失继承权。那么，母亲的想法对吗？

解 析

私自销毁遗嘱，情节严重的，会导致丧失继承权。根据我国《民法典》第一千一百二十五条的规定，继承人可能会因为法条内明确列举的五项行为丧失继承权，不过该条同时也赋予了继承人悔过的机会，如果能够得到被继承人的宽恕，或者被继承人事后在遗嘱中将其列为继承人的，继承人仍然可以继续继承。在该条中，法律为被继承人的合法权益进行考量，明确禁止了继承人的一些违反道德或法律的行为。因此，在本案例中，阿生私自销毁父亲的遗嘱，可能导致遗产分配与父亲的遗愿相违背，阿生应当丧失继承权，不能继承父亲的遗产。

法 条

《中华人民共和国民法典》

第一千一百二十五条 继承人有下列行为之一的，丧失继承权：

（一）故意杀害被继承人；

（二）为争夺遗产而杀害其他继承人；

（三）遗弃被继承人，或者虐待被继承人情节严重；

（四）伪造、篡改、隐匿或者销毁遗嘱，情节严重；

（五）以欺诈、胁迫手段迫使或者妨碍被继承人设立、变更或者撤回遗嘱，情节严重。

继承人有前款第三项至第五项行为，确有悔改表现，被继承人表示宽恕或者事后在遗嘱中将其列为继承人的，该继承人不丧失继承权。

……

13. 继承人在继承遗产时，需要清偿被继承人依法应当缴纳的税款和债务吗？

案 情

胡某是某公司的股东之一，自己又经营着一家洗车厂。由于生意上的事情比较复杂，所以胡某很少向自己的家人提及生意上的事情，胡某的家人也很少过问此事。胡某只有一个儿子，在某外企上班。一次胡某与朋友外出游玩，在回来的路上，不幸遭遇车祸，经抢救无效死亡。胡某的家人很是伤心，匆忙处理完胡某的后事，胡某的儿子就接手了胡某的公司，开始管理公司的事情。此时，胡某的儿子才发现胡某生前虽然挣了不少钱，但是还欠了很多债。许多债主在知道胡某去世的消息后，纷纷找到胡某的儿子，希望胡某的儿子还钱。胡某的儿子认为，自己作为父亲的继承人，只是继承胡某的遗产，至于胡某所欠债务和税款不应该由其偿还，于是胡某的儿子拒绝偿还。请问，在该案件中，胡某儿子的做法正确吗？

解 析

很显然，本案中胡某儿子的做法是不正确的。按照我国法律规定，胡某的儿子如果继承遗产，对其父的债务及应当缴纳的税款也要一并继承。我国《民法典》第一千一百五十九条、第一千一百六十一条明确规定，继承人在继承遗产时，应当清偿被继承人依法应当缴纳的税款和债务，缴纳税款和清偿债务以他的遗产实际价值为限，此外，还应当为缺乏劳动能力又没有生活来源的继承人保留必要的遗产。超过遗产实际价值部分，继承人自愿偿还的不在此限。继承人放弃继承的，对被继承人依法应当缴纳的税款和债务可以不负清偿责任。由此可见，除非继承人放弃继承，否则，继承人在继承遗产的同时，应当一并继承被继承人应当缴纳的税款和偿还的债务。当然，基于公平原则，继承人缴纳的税款和清偿的债务应当以其实际继承的遗产为限，超过的部分，由于继承人未继承相应的份额，也就不再负有缴纳和清偿的义务。依照上述法律规定，本案中胡某的儿子并没有放弃继承其父亲的遗产，在胡某过世后胡某的儿子很快就接手了公司，因此胡某的儿子应当依法清偿其父亲生前需要缴纳的税款和债务。当然，这虽是他应尽的义务，也应以其继承的遗产实际价值为限。也就是说，本案中的债务人有权向胡某的儿子讨要债务，胡某的儿子也应当偿还债务。如果胡某生前还有尚未缴纳的税款，胡某的儿子也应当一并负责。而对于超出胡某留下的遗产的部分，胡某的儿子可以自愿选择是否清偿。

法 条

《中华人民共和国民法典》

第一千一百五十九条 分割遗产，应当清偿被继承人依法应当缴纳的税款和债务；但是，应当为缺乏劳动能力又没有生活来源的继承人保留必要的遗产。

第一千一百六十一条 继承人以所得遗产实际价值为限清偿被继承人依法应当缴纳的税款和债务。超过遗产实际价值部分，继承人自愿偿还的不在此限。

继承人放弃继承的，对被继承人依法应当缴纳的税款和债务可以不负清偿责任。

14. 分割遗产时，是否需要为年迈的父母保留必要份额？

案　情

阿苗今年35岁，五年前自己一个人到城里来创业打拼，做家具生意。为了做生意，阿苗借了不少外债。前两年，阿苗还能赚一点钱，慢慢还债。但这几年，由于一些问题，阿苗的资金链和供货链断裂，为了维持生意运转，阿苗又借了不少外债。借款越来越多，但生意却一落千丈，始终没有起色。突然有一天，阿苗由于过劳猝死，只留下了10万元的遗产，而这10万元根本不够还债。同时，阿苗唯一的亲人，也就是阿苗的父亲老常前几年因为车祸截肢，不良于行且没有工作。阿苗去世后，老常只能坐吃山空，生活难以为继。那么，分割遗产时，是否需要为年迈的父母保留必要份额？

解　析

在分割遗产时，首先应当用遗产还清税款和债务，这一点毋庸置疑。但根据我国《民法典》第一千一百五十九条的规定，在分割遗产时，无论遗产是否足以清偿债务和税款，都应当为缺乏劳动能力又没有生活来源的继承人保留必要的份额。在本案中，阿苗唯一的继承人老常年纪大了而且不良于行，没有劳动能力又缺乏生活来源，因此，虽然阿苗的遗产不够偿还债务，却仍然应该为老常保留必要的份额。

法 条

《中华人民共和国民法典》

第一千一百五十九条 分割遗产，应当清偿被继承人依法应当缴纳的税款和债务；但是，应当为缺乏劳动能力又没有生活来源的继承人保留必要的遗产。

15. 已经出嫁的女儿，还享有继承权吗？

案 情

魏某有一儿一女，魏某夫妇平日里做点儿小生意，积累了不少积蓄。后来魏某的大女儿嫁到了隔壁村庄，魏某的小儿子一直与魏某夫妇生活在一起。魏某的女儿虽然已经出嫁，但是经常回家帮魏某夫妇干农活等，魏某夫妇很是喜欢自己的大女儿。魏某夫妇曾经说过，等他们去世的时候，他们的积蓄姐弟二人平分。一次，魏某夫妇出去旅游，在回来的途中不幸遭遇车祸，夫妇二人当场死亡。姐弟俩给魏某夫妇办理了后事之后，便开始商议遗产问题。弟弟认为，姐姐已经出嫁了，不算魏家人了，不能继承其父母的财产，自己作为家里的儿子，享有唯一的继承权。姐姐不同意弟弟的说法，认为自己虽然已经出嫁，但是应该和弟弟拥有相同的继承权，二人因此闹上了法庭。那么，依照我国法律规定，姐姐已经出嫁了，还享有继承权吗？

解　析

该案涉及的是继承权平等问题。我国《民法典》第一千一百二十六条规定，“继承权男女平等。”这就是说，子女对父母的遗产享有平等的继承权。不论是儿子或是女儿，也无论女儿是已婚还是未婚，在继承父母遗产方面，应享有平等的权利。农村的习俗认为出嫁的女儿不应该继承父母遗产，其实该种农村习俗并没有任何法律依据。当然出嫁的女儿自愿遵循农村习俗不主张继承权也是可以的，这是她对自己享有权利的放弃，但这并不等同于出嫁的女儿没有继承权。且我国《民法典》规定，父母、子女、配偶均是第一顺序继承人，也就是说，儿子和女儿不但都享有继承权，而且继承顺序、地位、份额也是完全平等的。因此，本案中，弟弟的说法是不正确的。虽然其姐姐已经出嫁了，但是她与弟弟一样，享有相同的继承权，不能因为其出嫁，就剥夺其继承权。

法　条

《中华人民共和国民法典》

第一千一百二十六条　继承权男女平等。

第一千一百二十七条　遗产按照下列顺序继承：

（一）第一顺序：配偶、子女、父母；

（二）第二顺序：兄弟姐妹、祖父母、外祖父母。

继承开始后，由第一顺序继承人继承，第二顺序继承人不继承；没有第一顺序继承人继承的，由第二顺序继承人继承。

……

第五章

农民工

近年来，随着我国经济结构的不断调整，越来越多的农民工开始进入城市务工。他们在各行各业从事着自己的工作，成为推动城镇经济发展的一股重要力量。可是，伴随着城镇务工人员的不断增多，问题也随之而来，尤其是很多农民工的合法权益容易受到侵害。这些侵害在现实生活中表现在很多方面，如有的企业不与农民工签订劳动合同，有的农民工工资低、劳动强度大，得不到用人单位的平等对待。出现这些问题的原因，一方面是由于部分企业只是一味地追求经济效益，而不注重劳动者权益的保护；另一方面是因为很多农民工欠缺法律知识，没有意识到自身权益受到侵害，更不知道该如何维权。因此，要维护这个群体的合法权益，不仅需要国家出台相关的政策、法律，农民工自身也要懂得相关的法律知识，在用人单位侵害自己的合法权益时要及时运用法律来保护自己。

1. 外出务工的农民还享有原来的土地承包经营权吗?

案　情

魏某是某村的村民，原来一直以种地为生。后来，魏某觉得只靠种地无法维持一家人的生活。于是，他便和妻子一起到市里去打工。后来，他和妻子一直在市里工作，经过他们的努力，还在市里买了房子，把自己的父母和孩子都接了过去，一家人很少再回老家。可是，一天魏某接到村委会的电话，称由于魏某已经离开了村子，因此，他们准备把魏某原来的土地承包给其他人。魏某听到之后，觉得心里很不是滋味：自己虽然不在村里住了，但是，也不能因此而剥夺自己的土地承包经营权呀。自己年老之后肯定还要回老家养老的呀。那么请问，外出务工的农民工还享有原来的土地承包经营权吗?

解　析

我国《农村土地承包法》第二十七条规定："承包期内，发包方不得收回承包地。国家保护进城农户的土地承包经营权。不得以退出土地承包经营权作为农户进城落户的条件。承包期内，承包农户进城落户的，引导支持其按照自愿有偿原则依法在本集体经济组织内转让土地承包经营权或者将承包地交回发包方，也可以鼓励其流转土地经营权……"由此可见，就算是在农民全家迁入设区的市并转为非农业户口的情况下，发包方即村委会也不可以收回承包地。本案中，虽然魏某已经外出打工，并在市里买房长期居住，但是，由于他的户口并没有迁入市里，仍旧是农业户口，因此，他并不满足丧失土地承包经营**权的条件，仍然享有在本村的土地承包经营权。就算魏某全家迁入城市落户了，发包方也应当引导其自愿转让土地承包经营权或流转土地经营权，而不是强行要求收回。**

法　条

《中华人民共和国农村土地承包法》

第二十七条　承包期内，发包方不得收回承包地。

国家保护进城农户的土地承包经营权。不得以退出土地承包经营权作为农户进城落户的条件。

承包期内，承包农户进城落户的，引导支持其按照自愿有偿原则依法在本集体经济组织内转让土地承包经营权或者将承包地交回发包方，也可以鼓励其流转土地经营权。

承包期内，承包方交回承包地或者发包方依法收回承包地时，承包方对其在承包地上投入而提高土地生产能力的，有权获得相应的补偿。

2. 商场用购物卡冲抵员工工资的行为是否合法?

案　情

方大爷是某村村民，儿子结婚后，方大爷自己就在县城里的一家商场当保安。年底时，方大爷听说商场马上要发工资了，非常开心，觉得自己可以拿着薪水回家与家人团圆了。然而，在发工资时，商场人事部门的经理却给了方大爷一张价值5000元的购物卡，称以购物卡充抵方大爷的工资。对此，方大爷表示他平时很少在商场购物，不想要购物卡，想拿着现金回家过年。那么请问，商场用购物卡冲抵员工工资的行为是否合法？

解　析

商场不能用购物卡抵充农民工的工资，这种行为是违法的。根据《保障农民工工资支付条例》第十一条的规定，用人单位支付农民工工资时，应通过银行转账或现金等货币形式支付给农民工本人，禁止以实物或者有价证券冲抵工资。同时，根据该条例第五十四条的规定，对以实物、有价证券等形式代替货币支付农民工工资的用人单位，由人力资源社会保障行政部门责令限期改正；逾期不改正的，对单位处 2 万元以上 5 万元以下的罚款，对法定代表人或者主要负责人、直接负责的主管人员和其他直接责任人员处 1 万元以上 3 万元以下的罚款。在本案中，方大爷是某村村民，到县城里打工，属于农民工。商场在支付工资时，不能以购物卡代替工资进行支付，而应当通过银行转账或者现金方式支付给方大爷本人，商场的这种行为可能会受到相应的行政处罚。

法　条

《保障农民工工资支付条例》

第十一条　农民工工资应当以货币形式，通过银行转账或者现金支付给农民工本人，不得以实物或者有价证券等其他形式替代。

第五十四条　有下列情形之一的，由人力资源社会保障行政部门责令限期改正；逾期不改正的，对单位处 2 万元以上 5 万元以下的罚款，对法定代表人或者主要负责人、直接负责的主管人员和其他直接责任人员处1万元以上3万元以下的罚款：

（一）以实物、有价证券等形式代替货币支付农民工工资；

（二）未编制工资支付台账并依法保存，或者未向农民工提供工资清单；

（三）扣押或者变相扣押用于支付农民工工资的银行账户所绑定的农民工本人社会保障卡或者银行卡。

3. 挂靠公司拖欠农民工工资的，被挂靠的公司是否需要承担责任？

案 情

杜某是某村村民，和同村的王某一起到某市打工。然而，杜某和王某所在的A公司连续三个月都没有发放工资，杜某便到公司人事部门追讨工资。但公司一直以资金链断裂为由拖延发放工资。后来，杜某听朋友说该公司一直挂靠在B建筑公司名下，A公司并没有经营资质。杜某的朋友告诉他，他们也可以向被挂靠的这家建筑公司主张支付工资。那么请问，挂靠公司拖欠农民工工资的，农民工是否可以要求被挂靠的公司支付工资？

解 析

杜某朋友的说法是正确的。《保障农民工工资支付条例》第十九条第二款明确规定，用人单位允许个人、不具备合法经营资格或者未取得相应资质的单位以用人单位的名义对外经营，导致拖欠所招用农民工工资的，由用人单位清偿，并可以依法进行追偿。据此可知，挂靠单位拖欠农民工工资的，农民工可以要求被挂靠单位代其支付工资。也就是说，挂靠单位拖欠农民工工资的，被挂靠单位要负清偿责任。在本案中，B 建筑公司允许没有资质的 A 公司挂靠在自己名下，并同意其以自己的名义对外招用工人，其就要为 A 公司的行为负责。在 A 公司拖欠农民工工资的情况下，杜某等人可以要求 B 公司支付，在清偿之后，B 公司可以向 A 公司追偿。

法 条

《保障农民工工资支付条例》

第十九条 用人单位将工作任务发包给个人或者不具备合法经营资格的单位，导致拖欠所招用农民工工资的，依照有关法律规定执行。

用人单位允许个人、不具备合法经营资格或者未取得相应资质的单位以用人单位的名义对外经营，导致拖欠所招用农民工工资的，由用人单位清偿，并可以依法进行追偿。

4. 法律如何保障从事建筑行业的农民工的工资？

案 情

赵某是某村村民，初中毕业后就跟随父母在家务农。赵某年满 18 岁后，便准备和叔叔一起到城里做建筑工人。赵某的父母听说后都极力劝阻，认为在家里务农比较有保障，而到城里建筑公司打工，很可能辛苦工作一年，最后连工资都没有。赵某劝说父母，称现在国家已经从法律上保障了从事建筑行业的农民工的工资。那么，请问法律是如何保障从事建筑行业的农民工的工资的呢？

解 析

根据《保障农民工工资支付条例》第二十四条、第二十九条、第五十七条的规定，国家从以下五个方面保障从事建筑行业农民工的工资，第一，实行工程款担保。建设单位应当与施工总承包单位依法订立书面工程施工合同，约定工程款计量周期、工程款进度结算办法以及人工费用拨付周期，并按照保障农民工工资按时足额支付的要求约定人工费用。人工费用拨付周期不得超过一个月。第二，实行足额、及时拨付工资款机制。建设单位应当按照合同约定及时拨付工程款，并将人工费用及时足额拨付至农民工工资专用账户，加强对施工总承包单位按时足额支付农民工工资的监督。第三，实行垫付工资机制。因建设单位未按照合同约定及时拨付工程款导致农民工工资拖欠的，建设单位应当以未结清的工程款为限先行垫付被拖欠的农民工工资。第四，实行农民工工资支付协调机制和工资拖欠预防机制。建设单位应当以项目为单位建立保障农民工工资支付协调机制和工资拖欠预防机制，督促施工总承包单位加强劳动用工管理，妥善处理与农民工工资支付相关的矛盾纠纷。发生农民工集体讨薪事件的，建设单位应当会同施工总承包单位及时处理，并向项目所在地人力资源社会保障行政部门和相关行业工程建设主管部门报告有关情况。第五，实行责任追究机制。建设单位未依法提供工程支付担保，或未足额、及时支付农民工工资的，由人力资源社会保障行政部门、相关行业工程建设主管部门按照职责责令限期改正；逾期不改正的，责令项目停工，并处5万元以上10万元以下的罚款。由此可知，虽然建设单位拖欠农民工工资的现象时有发生，但我国现行法律已经为此提供了保障机制，正在全力遏制拖欠农民工工资的行为。此外，我国《刑法》还设定了拒不支付劳动报酬罪，从而杜绝这一现象的发生和蔓延。

法 条

《保障农民工工资支付条例》

第二十四条 建设单位应当向施工单位提供工程款支付担保。

建设单位与施工总承包单位依法订立书面工程施工合同，应当约定工程款计量周期、工程款进度结算办法以及人工费用拨付周期，并按照保障农民工工资按时足额支付的要求约定人工费用。人工费用拨付周期不得超过1个月。

建设单位与施工总承包单位应当将工程施工合同保存备查。

第二十九条 建设单位应当按照合同约定及时拨付工程款，并将人工费用及时足额拨付至农民工工资专用账户，加强对施工总承包单位按时足额支付农民工工资的监督。

因建设单位未按照合同约定及时拨付工程款导致农民工工资拖欠的，建设单位应当以未结清的工程款为限先行垫付被拖欠的农民工工资。

建设单位应当以项目为单位建立保障农民工工资支付协调机制和工资拖欠预防机制，督促施工总承包单位加强劳动用工管理，妥善处理与农民工工资支付相关的矛盾纠纷。发生农民工集体讨薪事件的，建设单位应当会同施工总承包单位及时处理，并向项目所在地人力资源社会保障行政部门和相关行业工程建设主管部门报告有关情况。

第五十七条 有下列情形之一的，由人力资源社会保障行政部门、相关行业工程建设主管部门按照职责责令限期改正；逾期不改正的，责令项目停工，并处5万元以上10万元以下的罚款：

（一）建设单位未依法提供工程款支付担保；

（二）建设单位未按约定及时足额向农民工工资专用账户拨付工程款中的人工费用；

（三）建设单位或者施工总承包单位拒不提供或者无法提供工程施工合同、农民工工资专用账户有关资料。

5. 建筑工程项目分包单位或转包单位拖欠农民工工资的，施工总单位是否需要承担清偿责任？

案 情

范某等人是某村村民，共同在A建筑公司打工，而A建筑公司所承担的项目是由集团总公司分包出来的。范某等人在完成施工项目后，A公司一直找借口拖延支付范某等人的工资。范某等人多次到公司追讨，A公司都以各种理由拒绝。后来，A公司负责人卷款逃跑。无奈之下，范某等人便咨询同村正在读法律专业的小童，商量维权的途径。小童告诉他们，可以先让施工总单位清偿。那么请问，建筑工程项目分包单位或转包单位拖欠农民工工资的，施工总单位是否需要承担清偿责任？

解　析

小童的说法是正确的。我国《保障农民工工资支付条例》第三十条规定，分包单位对所招用农民工的实名制管理和工资支付负直接责任。施工总承包单位对分包单位劳动用工和工资发放等情况进行监督。对于拖欠农民工工资的分包单位或转包单位，施工总承包单位应先行清偿，再依法向分包或转包单位进行追偿。据此可知，在本案中，某集团总公司将其项目分包给A公司，其有义务监督A公司落实农民工工资的相关情况，在A公司拖欠范某等农民工工资，而A公司负责人又卷款逃跑的情况下，某集团总公司有义务先进行清偿，然后再向A公司追偿。

法　条

《保障农民工工资支付条例》

第三十条　分包单位对所招用农民工的实名制管理和工资支付负直接责任。

施工总承包单位对分包单位劳动用工和工资发放等情况进行监督。

分包单位拖欠农民工工资的，由施工总承包单位先行清偿，再依法进行追偿。

工程建设项目转包，拖欠农民工工资的，由施工总承包单位先行清偿，再依法进行追偿。

6. 农民工能够以用人单位的工资欠条为证据直接向人民法院起诉吗？

案 情

杜某家在某县农村，他和妻子一直在城市里打工，每年春节的时候回家过年，一家人的生计都是靠他和妻子的工资来维持。杜某在一家建筑公司工地上工作，年底时，他很高兴地认为自己和妻子可以拿着工资回家过年了。可是，他工作的公司却说因为公司资金紧张，没有办法给他们发工资，只能等到年后公司的资金到位后再发工资。杜某说自己在年后就不准备再回来工作了，于是，公司便为杜某开了一张欠条，说到时候让杜某拿着欠条来领工资就行。过年之后，杜某就来公司要工资，可直到五个月过去了，公司仍然不支付工资。于是，杜某准备拿着公司给自己的欠条向法院提起诉讼。但是，他不知道自己的这张欠条是否可以作为证据使用。那么请问，农民工能够拿着用人单位的欠条作为证据向法院起诉吗？

解 析

《最高人民法院关于审理劳动争议案件适用法律问题的解释（一）》第十五条明确规定，劳动者以用人单位的工资欠条为证据直接提起诉讼，诉讼请求不涉及劳动关系其他争议的，视为拖欠劳动报酬争议，人民法院按照普通民事纠纷受理。据此可知，如果农民工的欠条只是涉及其与用人单位的工资问题，而不涉及其他劳动争议，如劳动合同、试用期等争议，那么法院就会将案件按照普通的民事纠纷受理，即此欠条就可以作为证据在诉讼中使用。在本案中，因为杜某的欠条并不涉及与用人单位的其他劳动争议，是纯粹的劳动报酬争议，所以，他可以拿着欠条直接向法院提起诉讼，通过法律途径维护自己的合法权利，法院也会按照拖欠劳动报酬争议受理，并将该欠条视为民事证据。

法　条

《最高人民法院关于审理劳动争议案件适用法律问题的解释（一）》

第十五条　劳动者以用人单位的工资欠条为证据直接提起诉讼，诉讼请求不涉及劳动关系其他争议的，视为拖欠劳动报酬争议，人民法院按照普通民事纠纷受理。

7. 经济困难的农民工在维护自己的劳动权益时能够申请法律援助吗？在哪些情形下可以申请？

案　情

李某是某县的一位农民，因家里生活比较困难，他不得不外出打工。李某在某市的一家玩具制造厂里找到了一份工作，在该厂工作一年之后，他觉得工作强度太大，自己的身体无法承受。于是，李某向该玩具厂提出辞职。但是，该玩具厂还有三个月的工资没有支付给他。在他辞职时，经理说等到月底会给他的。可是，都已经过去两个月了，仍然没有任何音信。李某几次找到玩具厂，该厂都以各种理由推托。无奈之下，李某

准备申请劳动仲裁。可是，李某觉得自己不懂法律知识，又请不起律师。后来，李某的一个朋友说他可以申请法律援助。但是，李某又担心他不符合申请法律援助的条件。那么请问，经济困难的农民工有权申请法律援助吗？在哪些情形下可以申请？

解　析

经济困难的农民工是可以申请法律援助的。我国《法律援助条例》第十条第一款明确规定，公民对下列需要代理的事项，因经济困难没有委托代理人的，可以向法律援助机构申请法律援助：（1）依法请求国家赔偿的；（2）请求给予社会保险待遇或者最低生活保障待遇的；（3）请求发给抚恤金、救济金的；（4）请求给付赡养费、抚养费、扶养费的；（5）请求支付劳动报酬的；（6）主张因见义勇为行为产生的民事权益的。由此可见，只要是经济困难的公民，在遇到上述事项需要代理时，都可以申请法律援助。在本案中，李某请求支付劳动报酬属于该条规定的第五项，而李某又因经济困难无力委托代理人，他完全符合申请法律援助的条件，所以，是可以申请法律援助的。

法　条

《法律援助条例》

第十条　公民对下列需要代理的事项，因经济困难没有委托代理人的，可以向法律援助机构申请法律援助：

（一）依法请求国家赔偿的；

（二）请求给予社会保险待遇或者最低生活保障待遇的；

（三）请求发给抚恤金、救济金的；

（四）请求给付赡养费、抚养费、扶养费的；

（五）请求支付劳动报酬的；

（六）主张因见义勇为行为产生的民事权益的。

省、自治区、直辖市人民政府可以对前款规定以外的法律援助事项作出补充规定。

公民可以就本条第一款、第二款规定的事项向法律援助机构申请法律咨询。

8. 农民工从什么时候起与用人单位建立了劳动关系？

案　情

王某原来一直在老家和父母一起种地，这是家里所有的经济来源。后来，王某的母亲生病，为了给母亲看病，王某家借了很多钱。在母亲康复之后，为了尽快还清家里的债务，王某便随同自己同村的好友小何一起到城里打工。他们在某市的一个家具制造厂找到了工作。因为他们两个能吃苦，工作非常认真，在工作了一个月之后，就被该厂正式录用。但是，该厂却一直没有和他们签订劳动合同。王某觉得厂里一直不和他们签订劳动合同，是不是不想跟他们建立劳动关系？如果没有建立起劳动关系，那么在计算工作时间时又应该从什么时候算起呢？对此，王某心里充满了疑问。那么，王某从什么时候起与用人单位建立了劳动关系？

解　析

按照我国《劳动合同法》第七条的规定，“用人单位自用工之日起即与劳动者建立劳动关系。”由此可知，从劳动者在用人单位工作的第一天起，他们就与用人单位建立了劳动关系，是否签订劳动合同并不影响劳动关系的建立。另外，本法第十条第一款和第二款明确规定，“建立劳动关系，应当订立书面劳动合同。已建立劳动关系，未同时订立书面劳动合同的，应当自用工之日起一个月内订立书面劳动合同。”由此可见，用人单位在与劳动者建立劳动关系之后，必须在一个月内订立书面劳动合同，否则用人单位就违反了法律的强制性规定，将会受到相应的惩罚。本案中，无论家具制造厂是否与王某签订书面劳动合同，王某都应该自到该厂的第一天起就与其建立了劳动关系，而该厂在一个月内没有与王某订立书面劳动合同的行为是违法的。根据《劳动合同法》第八十二条第一款的规定，用人单位自用工之日起超过一个月不满一年未与劳动者订立书面劳动合同的，应当向劳动者每月支付二倍的工资。该法第十四条第三款规定，用人单位自用工之日起满一年不与劳动者订立书面劳动合同的，视为用人单位与劳动者已订立无固定期限劳动合同。因此，王某可以要求家具制造厂在满一个月之后的次日起支付2倍的工资。如果该厂满一年未与其订立书面劳动合同，则视为与劳动者订立了无固定期限劳动合同。

法 条

《中华人民共和国劳动合同法》

第七条 用人单位自用工之日起即与劳动者建立劳动关系。用人单位应当建立职工名册备查。

第十条 建立劳动关系，应当订立书面劳动合同。

已建立劳动关系，未同时订立书面劳动合同的，应当自用工之日起一个月内订立书面劳动合同。

用人单位与劳动者在用工前订立劳动合同的，劳动关系自用工之日起建立。

第十四条第三款　用人单位自用工之日起满一年不与劳动者订立书面劳动合同的，视为用人单位与劳动者已订立无固定期限劳动合同。

第八十二条第一款　用人单位自用工之日起超过一个月不满一年未与劳动者订立书面劳动合同的，应当向劳动者每月支付二倍的工资。

9. 用人单位可以擅自变更劳动合同的内容吗?

案　情

张某是某村的村民，原来有一个幸福的家庭，她在家里负责做家务、种地，丈夫在外面跑运输，家里的生活一直很富裕。然而，天有不测风云，她的丈夫在一次运输过程中因车祸离世。张某为了抚养自己的两个孩子，不得不离开村子到县城打工赚钱。在朋友的介绍下，她到一家公司负责打扫办公室卫生。当初签订劳动合同时，上面写明张某只负责打扫办公室的卫生，每天 80 元，每天工作 8 小时。但是，在她开始工作之后，由于公司打扫厕所的职工辞职了，该公司便要求张某去打扫厕所。张某说当初签订劳动合同时，她只负责办公室的卫生。但是，公司人事部门的经理却说，公司有权利安排她的工作。张某觉得这样做对自己很不公平，当时明明说好的就只是打扫办公室的卫生，现在却安排自己去打扫厕所。那么请问，用人单位可以擅自变更劳动合同的内容吗?

解　析

用人单位不可以擅自变更劳动合同已经约定的内容，合同内容必须经用人单位和劳动者协商一致。根据我国《劳动合同法》第三十五条的规定，用人单位与劳动者协商一致，可以变更劳动合同约定的内容。变更劳动合同，应当采用书面形式。变更后的劳动合同文本由用人单位和劳动者各执一份。可见，用人单位可以变更劳动合同的内容，但是，变更的前提是：（1）要与劳动者协商一致；（2）在形式上要采用书面形式，而不能作口头的约定或更改；（3）变更之后的合同文本应该由双方各执一份。只有满足这些条件，此种变更才是有效的。因此，在本案中，该公司不能随意变更已经订立的劳动合同。在张某没有同意的情况下，该公司作出的变更也是无效的，张某有权拒绝，也有权要求公司按照合同内容履行。

法　条

《中华人民共和国劳动合同法》

第三十五条　用人单位与劳动者协商一致，可以变更劳动合同约定的内容。变更劳动合同，应当采用书面形式。

变更后的劳动合同文本由用人单位和劳动者各执一份。

10. 劳务派遣单位有权向农民工收取服务费吗？

案　情

小恒自从初中毕业之后，就一直在家里帮助父母干农活。

家里承包了几十亩果园，非常需要工人，所以小恒就一直在自己家的果园里干活。后来，小恒慢慢长大，他看到村里很多同龄人都到城里去打工了，也想出去闯荡一下。在经过父母的同意后，小恒自己到了某市开始找工作。但是，他奔波了几天都没有找到。后来，他看到某劳务派遣公司的一个招工通知，于是，他便与该公司签订了劳务派遣合同。但是，该公司在合同中却约定，小恒要将自己每月工资的15%交给公司，作为服务费用。小恒觉得公司帮自己找工作，收取服务费也是应该的，就同意了公司的要求。那么请问，劳务派遣单位有权向农民工收取服务费吗？

解 析

劳务派遣单位是不能向劳动者收取服务费的。对此，我国《劳动合同法》第九条明确规定，用人单位招用劳动者，不得扣押劳动者的居民身份证和其他证件，不得要求劳动者提供担保或者以其他名义向劳动者收取财物。同时，《劳动合同法》第六十条第三款也规定，劳务派遣单位和用工单位不得向被派遣劳动者收取费用。由此可见，劳务派遣公司不仅不能扣押劳动者的有关证件，法律也明确禁止其向劳动者以任何形式收取服务费。然而，在实践中，很多劳动者由于缺乏法律知识，认为劳务派遣公司收取服务费是合理合法的，这就给了一些劳务派遣公司可乘之机，正如本案中的小恒。但事实上，劳务派遣公司向小恒收取服务费的行为是被法律明令禁止的，该公司的行为已经违反了法律规定，小恒有权拒绝公司的不合理要求，也可到劳动监察部门举报。劳动者要掌握一些基本的劳动法律常识，在找工作时尽量到正规公司求职应聘，在遇到侵犯自身权益的情况时要懂得用法律维护自己的合法权利。

法 条

《中华人民共和国劳动合同法》

第九条 用人单位招用劳动者，不得扣押劳动者的居民身份证和其他证件，不得要求劳动者提供担保或者以其他名义向劳动者收取财物。

第六十条第三款 劳务派遣单位和用工单位不得向被派遣劳动者收取费用。

11. 用工单位对在岗被派遣劳动者有进行培训的义务吗？

案 情

章某家在某县农村，他自从初中毕业之后就一直和父亲在外面打工挣钱。2020 年 5 月，由于章某原来工作的企业倒闭了，他便开始找新的工作。后来，章某与某市的一家劳务派遣公司签订了一份为期两年的劳动合同。在签订合同之后，该公司便将其派遣到一个煤矿工作。由于在煤矿工作要进行井下作业，工作非常危险，需要对职工进行入职培训。于是，在章某等人上岗之前，该煤矿公司找到了劳务派遣公司，让该公司对被派遣的章某等人进行入职培训，等培训结束之后再开始工作。但是，劳务派遣公司认为进行培训应该是用人单位的责任，与其无关。为此，两家公司发生争议，都说不是自己的责任，章某等人也迟迟不能上岗工作。那么请问，用工单位是否有义务对被派遣的劳动者进行岗位所必需的培训？

解　析

被派遣的劳动者上岗所必需的培训应该由用工单位负责，劳务派遣单位并没有义务对被派遣的劳动者进行岗位培训。对于该问题，《劳动合同法》第六十二条有明确规定，用工单位应对在岗被派遣劳动者进行工作岗位所必需的培训。也就是说，岗位培训是用工单位的责任。结合本案，章某等人的入职培训应由用工单位即煤矿公司负责。在实际生活中，由于对劳动者进行培训所需的成本比较大，所以，很多企业都不按照要求对职工进行培训。尤其是在劳务派遣中，由于存在派遣单位和接受派遣的用工单位两方主体，培训这一环节就会出现两方主体之间“踢皮球”的问题。但由于劳务派遣公司只负责劳动者的派遣，对其所从事的具体工作无法提前知晓和安排，进行岗位培训的难度和成本都非常高，因此，法律明确规定，对被派遣劳动者的岗位培训应当由实际的用工单位负责。所以，在本案中，应该由煤矿公司对章某等人进行入职前的培训，劳务派遣公司是没有此项义务的。

法　条

《中华人民共和国劳动合同法》

第六十二条　用工单位应当履行下列义务：

……

（四）对在岗被派遣劳动者进行工作岗位所必需的培训；

……

12. 劳务派遣人员是否有与用工单位的员工同工同酬的权利?

案 情

吴某是某村的村民，原来一直在村里靠承包经营土地来维持生计。后来，吴某见很多村民都去城里打工了，就与妻子商量，将承包的土地转包给了他人，外出打工去了。吴某和同行的孙某等人来到了北京，与北京的一家劳务派遣公司签订了两年固定期限的劳动合同。在签订合同之后，该劳务派遣公司就将吴某等人派遣到一家建筑公司工作。虽然工作很辛苦，但是，吴某觉得工资还是比较高的。可是，一次他在与该公司的其他员工聊天时，发现他们每个月的工资比自己要高出1000元，而且待遇也比他好。吴某感到很奇怪，他们的工作内容和时间等都是一样的呀，于是便问该建筑公司的相关人员。建筑公司的工作人员说他们是劳务派遣工，所以，工资比他们自己的正式员工低是很正常的。那么请问，劳务派遣人员是否有与用工单位的员工同工同酬的权利?

解 析

劳务派遣人员与用工单位员工的薪酬待遇应该是相同的，用工单位不应该区别对待。在实际生活中，被派遣的劳动者与本单位的工作人员同工不同酬的现象并不少见，很多人也都早已习以为常，但事实上用工单位的这种行为是违法的。对此，我国现行《劳动合同法》第六十三条规定，被派遣劳动者享有与用工单位的劳动者同工同酬的权利。用工单位应当按照同工同酬原则，对被派遣劳动者与本单位同类岗位的劳动者实行相同的劳动报酬分配办法。用工单位无同类岗位劳动者的，参照用工单位所在地相同或者相近岗位劳动者的劳动报酬确定。劳务派遣单位与被派遣劳动者订立的劳动合同和与用工单位订立的劳务派遣协议，载明或者约定的向被派遣劳动者支付的劳动报酬应当符合前款规定。从中可知，被派遣的劳动者应当享有同工同酬的权利，这是法律明确规定的，用工单位不得以“被派遣工”和“正式工”区别对待。无论是劳务派遣协议，还是与用工单位的劳动合同，在签订时都应该遵守同工同酬的原则。在本案中，用工单位的做法是错误的，吴某等被派遣的人员应当享有与该建筑公司其他员工一样的待遇和薪酬。

法　条

《中华人民共和国劳动合同法》

第六十三条　被派遣劳动者享有与用工单位的劳动者同工同酬的权利。用工单位应当按照同工同酬原则，对被派遣劳动者与本单位同类岗位的劳动者实行相同的劳动报酬分配办法。用工单位无同类岗位劳动者的，参照用工单位所在地相同或者相近岗位劳动者的劳动报酬确定。

劳务派遣单位与被派遣劳动者订立的劳动合同和与用工单位订立的劳务派遣协议，载明或者约定的向被派遣劳动者支付的劳动报酬应当符合前款规定。

13. 用工单位可以将连续用工期限分割订立数个短期劳务派遣协议吗?

案 情

林某原来在老家务农。两年前，他在同村村民龚某的介绍下到城里打工，并与长合劳务派遣公司签订了两年固定期限的劳动合同，约定林某在该市的一家化肥厂做搬运工。可是，在林某工作了两个月之后，化肥厂的老板就说由于最近订单比较少，让他休息几天。林某也没有多想，就一直按照公司的规定休息。后来，又工作了不到三个月，该公司又以此为由让林某休息。可是，慢慢地林某发现，每过两三个月，化肥厂就让自己休息一次，由此导致林某无法享受公司的很多福利待遇。就这样，在两年的时间里，该厂前后让他休息了7次。林某向化肥厂相关的工作人员咨询时，他们说这是厂里的规定，他只要负责听从安排就行了。后来，林某才知道原来这是长合劳务派遣公司与化肥厂早就“商量”好的计策，就是为了省去这些被派遣工的福利待遇。那么请问，用工单位可以将连续用工期限分割订立数个短期劳务派遣协议吗?

解 析

劳务派遣公司不得将连续用工期限分割订立数个短期的劳务派遣协议。在实际生活中，部分劳务派遣公司为了拉拢用工单位，增加订单，往往与用工单位“密谋”将一个连续用工期限分割为数个短期的劳务派遣协议，其实这种行为是违法的。

我国《劳动合同法》第五十九条第二款明确规定，用工单位应当根据工作岗位的实际需要与劳务派遣单位确定派遣期限，不得将连续用工期限分割订立数个短期劳务派遣协议。据此可知，对一个派遣期的强制分割是法律所不允许的。此外，该法第六十二条第一款第三项也规定，用工单位应当履行支付劳务派遣人员的加班费、绩效奖金，提供与工作岗位相关的福利待遇。在本案中，化肥厂每隔一段时间就让林某休息的做法，实际上就是为了规避法律，减少支付给林某的各项待遇，这种做法是与法律相违背的，用工单位应该按照法律的规定让劳务派遣人员享受与本单位员工一样的待遇。

法　条

《中华人民共和国劳动合同法》

第五十九条第二款　用工单位应当根据工作岗位的实际需要与劳务派遣单位确定派遣期限，不得将连续用工期限分割订立数个短期劳务派遣协议。

第六十二条　用工单位应当履行下列义务：

（一）执行国家劳动标准，提供相应的劳动条件和劳动保护；

（二）告知被派遣劳动者的工作要求和劳动报酬；

（三）支付加班费、绩效奖金，提供与工作岗位相关的福利待遇；

（四）对在岗被派遣劳动者进行工作岗位所必需的培训；

（五）连续用工的，实行正常的工资调整机制。

用工单位不得将被派遣劳动者再派遣到其他用人单位。

14. 劳动者能够要求违法解除劳动合同的用人单位同时支付经济补偿金与赔偿金吗?

案　情

杜某是某村的村民，祖祖辈辈都在村里以种地为生。不过杜某的两个孩子非常争气，先后都考上了重点大学。孩子上大学之后，杜某夫妻两人都觉得只靠种地根本无法支付两个孩子的学费。于是，他们便决定将家里的田地承包出去，两个人到城里打工赚钱。他们来到城里之后，正好一个电子配件厂在招工人，杜某就前去应聘。在应聘成功之后，其与该电子配件厂签订了一年的劳动合同。可是，在杜某工作了三个月之后，该电子厂认为杜某动作太慢，就以她无法胜任工作为由解除了劳动合同。杜某的一个朋友告诉她，电子厂这样做是违法的，她可以要求电子厂额外支付经济补偿金与赔偿金。那么请问，杜某可以同时要求该电子厂支付经济补偿金与赔偿金吗?

解　析

根据《劳动合同法实施条例》第二十五条的规定，用人单位违反劳动合同法的规定解除或者终止劳动合同，依照劳动合同法第八十七条的规定支付了赔偿金的，不再支付经济补偿。可见，如果用人单位违反劳动合同，劳动者可以按照《劳动合同法》第八十七条的规定，要求用人单位按照经济补偿金两倍的标准支付赔偿金。但是，用人单位支付了赔偿金之后，就不再支付补偿金，即二者是不可以同时并用的。因此，在本案中，杜某是不可以同时要求用人单位既支付赔偿金又支付补偿金的。即便其依法申请仲裁，甚至是起诉到法院，此种请求也是不被支持的。

法 条

《中华人民共和国劳动合同法实施条例》

第二十五条 用人单位违反劳动合同法的规定解除或者终止劳动合同，依照劳动合同法第八十七条的规定支付了赔偿金的，不再支付经济补偿。赔偿金的计算年限自用工之日起计算。

《中华人民共和国劳动合同法》

第八十七条 用人单位违反本法规定解除或者终止劳动合同的，应当依照本法第四十七条规定的经济补偿标准的二倍向劳动者支付赔偿金。

15. 因工负伤的农民工在没有与用人单位签订劳动合同的情况下还可以被认定为工伤吗?

案 情

某村的村民张某来到北京打工。他在一家家电销售公司负责送货并安装。当时，他与该公司只是进行了口头约定，该公司每月支付张某工资 4000 元，张某负责随时为客户送货、安装。然而，一天，张某在为某个客户送洗衣机时，因在上楼的过程中踩空了，一不小心从三楼摔下来。在被送到医院抢救之后，诊断为张某左腿骨折，并有轻微脑震荡。张某的家人为了给他治病借了很多钱，但是该公司却从未给过张某一个说法。**后来，张某的一个朋友说他可以要求公司申请工伤认定，享受工伤保险待遇。张某在康复之后，便要求公司为自己申请工伤认定，可是，公司却说与他从未签订过劳动合同，没有劳动合同关系，因此，他不能够享受工伤保险待遇。那么请问，因工负伤的农民工在没有与用人单位签订劳动合同的情况下还可以被认定为工伤吗？**

解 析

因工负伤的劳动者在没有与用人单位签订劳动合同的情况下，如果能够证明其与用人单位存在事实上的劳动关系，即使没有书面劳动合同，也能被认定为工伤。所谓事实劳动关系，是指用人单位招用劳动者后不按规定订立书面劳动合同，或者用人单位与劳动者以前签订过劳动合同，但是劳动合同到期后用人单位同意劳动者继续在本单位工作却没有及时与其续订劳动合同的情况。在事实劳动关系中，劳动者享有劳动保障法律法规所规定的一切权利，包括工伤保险待遇。而根据《工伤保险条例》第十八条的规定，提出工伤认定申请应当提交的材料主要包括：（1）工伤认定申请表；（2）与用人单位存在劳动关系（包括事实劳动关系）的证明材料；（3）医疗诊断证明或者职业病诊断证明书（或者职业病诊断鉴定书）。在本案中，如果张某能够证明其与用人单位之间存在事实上的劳动关系，依然可以申请工伤认定，享受工伤保险待遇。

法　条

《工伤保险条例》

第二条第二款　中华人民共和国境内的企业、事业单位、社会团体、民办非企业单位、基金会、律师事务所、会计师事务所等组织的职工和个体工商户的雇工，均有依照本条例的规定享受工伤保险待遇的权利。

第十八条　提出工伤认定申请应当提交下列材料：

（一）工伤认定申请表；

（二）与用人单位存在劳动关系（包括事实劳动关系）的证明材料；

（三）医疗诊断证明或者职业病诊断证明书（或者职业病诊断鉴定书）。

工伤认定申请表应当包括事故发生的时间、地点、原因以及职工伤害程度等基本情况。

……

16. 劳动者在用人单位违章指挥、强令冒险作业时可以不事先告知用人单位就解除劳动合同吗？

案　情

某村的马某在同乡李某的介绍下，来到外省的一个煤矿打工。马某在来到该煤矿之后，与该煤矿签订了一年的劳动合同，并且约定每月工资6000元。尽管煤矿工作很辛苦，但是，马某和李某都能够吃苦，而且马某因工作认真负责，很快就受到了老板的重视。然而，一次马某和其他工人在进行井下作业时，发现有瓦斯泄漏现象，情况非常危险，很有可能随时发生安全事故。于是，马某等人马上停止工作。可是，当煤矿的老板吴某看到马某等人都没有工作时，强烈要求他们继续回去工作。马某说现在很危险，随时可能会发生爆炸。而吴某却说这是他们的工作，他们必须听从指挥。马某觉得吴某这样做很不负责任，愤怒之下，马某离开了该煤矿，并告诉吴某说要解除劳动合同。那么请问，劳动者在用人单位违章指挥、强令冒险作业时可以不事先告知用人单位就解除劳动合同吗？

解析

劳动者在用人单位违章指挥、强令冒险作业时可以不事先告知用人单位就解除劳动合同。用人单位违章指挥、强令劳动者冒险作业，是指用人单位的管理人员明知违反国家安全卫生规程，对劳动者生命安全或者身体健康具有危险性，仍然违章指挥，强令劳动者违反有关操作规程冒险作业。冒险作业严重影响劳动者的身体健康甚至是生命安全，我国法律严令禁止冒险作业。对此，我国现行《劳动合同法》第三十二条规定，劳动者拒绝用人单位管理人员违章指挥、强令冒险作业的，不视为违反劳动合同。劳动者对危害生命安全和身体健康的劳动条件，有权对用人单位提出批评、检举和控告。同时，该法第三十八条第二款规定，用人单位以暴力、威胁或者非法限制人身自由的手段强迫劳动者劳动的，或者用人单位违章指挥、强令冒险作业危及劳动者人身安全的，劳动者可以立即解除劳动合同，不需事先告知用人单位。据此可知，虽然法律规定了劳动者在解除劳动合同时，要预先告知用人单位，但是，劳动者也有权拒绝用人单位违章指挥、强令冒险作业等不合理要求。并且，在用人单位的违法要求危及劳动者的生命安全时，劳动者有权在不事先通知用人单位的情况下当场解除劳动合同。在劳动生产的过程中，可能存在着各种危险，在用人单位强令冒险作业危及人身安全时，劳动者应当紧急撤离现场。这是在劳动安全卫生权利受到侵害、生命健康权受到威胁时，法律赋予劳动者的紧急处置权。因此，本案中，在煤矿老板吴某强令马某等人进行冒险作业时，马某等人完全可以拒绝吴某违章指挥的要求。而在此种危急的情况下，马某不事先通知煤矿公司就解除劳动合同的行为也是合法的。

法 条

《中华人民共和国劳动合同法》

第三十二条 劳动者拒绝用人单位管理人员违章指挥、强令冒险作业的，不视为违反劳动合同。

劳动者对危害生命安全和身体健康的劳动条件，有权对用人单位提出批评、检举和控告。

第三十八条第二款 用人单位以暴力、威胁或者非法限制人身自由的手段强迫劳动者劳动的，或者用人单位违章指挥、强令冒险作业危及劳动者人身安全的，劳动者可以立即解除劳动合同，不需事先告知用人单位。

第六章

农村借贷

民间借贷是相对于金融机构借贷而言的，又称“个人借贷”。随着我国经济社会的快速发展，仅依靠金融机构的信贷已无法满足日益增长的农村经济对资金的需求，导致农村民间借贷近年来非常盛行。然而，由于这种借贷目前尚存在着许多不规范的现象，因此造成的纠纷也层出不穷。如债务人借钱后人间蒸发或者赖账等现象屡见不鲜，使得债权人的利益难以得到保障，借贷双方人身安全也可能面临着威胁。因此，广大农民朋友在进行民间借贷时需要先了解这方面的法律知识，避免发生不必要的纠纷。

1. 普通人之间借钱必须要有书面的合同吗？在写合同的时候，需要有哪些内容？

案 情

李某是一名土生土长的农村小伙子，李某结婚时，因为自己的家庭条件不太好，所以结婚的钱都是李某的父母找别人借的。结婚之后，李某发现继续在村里种地一时半会儿难以还清自己结婚时欠下的钱，于是便和自己的妻子商量买一辆农用三轮车，到城里经营蔬菜批发生意。可家里的钱不够买农用三轮车，经过再三考虑，李某想起了在城里打工多年的小舅子。于是李某便向自己的小舅子张口借两万元钱，小舅子没有犹豫便将钱借给了他，并且因为都是亲戚，所以既没有让李某打欠条，也没有明确说什么时候还钱，只是说什么时候有钱了什么时候还。那么，李某和其小舅子之间没有书面合同，两人之间成立借款合同吗？如果想写书面合同，合同中需要有什么内容呢？

解 析

根据我国《民法典》第六百六十八条规定："借款合同应当采用书面形式，但是自然人之间借款另有约定的除外。借款合同的内容一般包括借款种类、币种、用途、数额、利率、期限和还款方式等条款。"由此可见，一般情况下借款合同是需要采用书面形式的，但是自然人之间可以约定不签订书面合同。在民法领域，国家法律保障公民的自由权利，遵循"法不禁止即可为"的原则，借款合同也属于民法范畴，我国法律充分尊重当事人自己的决定。本案中，李某向小舅子借了钱之后，并未写借条，只是口头说明了一下，而口头约定也是法律所规定的，因此李某与其小舅子之间是存在借款合同的。根据我国法律的规定，李某的小舅子如果与李某签订借款合同，合同之中应该标明借款的种类、币种、数额、利率、期限和还款方式等。签订了合同后，双方就应该以合同的内容为准，按照合同约定的权利和义务履行合同。因合同的内容被赋予了法律效力，为了保护当事人的合法权益，在借钱的时候建议双方签订书面借款合同。

法 条

《中华人民共和国民法典》

第六百六十八条 借款合同应当采用书面形式，但是自然人之间借款另有约定的除外。

借款合同的内容一般包括借款种类、币种、用途、数额、利率、期限和还款方式等条款。

2. 对于借条的复印件，法院可以作为证据进行认定吗？

案 情

2019 年年初，何某的女儿被查出得了白血病。为了给女儿治病，何某四处借钱。某日，何某找到朋友张某，向其借了一万元钱，并写了借条，张某害怕自己将借条弄丢，于是便去复印了一张。过了两年，何某还没有要还钱的意思，于是张某找到了何某，何某却强硬地表示自己没钱，张某一气之下便准备到法院起诉何某。当找借条的时候，张某发现借条的原件不见了，只剩下了复印件，请问，张某只有复印件，而没有原件，法院可以支持张某的主张吗？

解　析

《最高人民法院关于适用〈中华人民共和国民事诉讼法〉的解释》第九十条规定："当事人对自己提出的诉讼请求所依据的事实或者反驳对方诉讼请求所依据的事实，应当提供证据加以证明，但法律另有规定的除外。在作出判决前，当事人未能提供证据或者证据不足以证明其事实主张的，由负有举证证明责任的当事人承担不利的后果。"本案中张某起诉何某欠钱不还，就应该对自己提出的主张提供证据，所以张某应该提供何某欠钱的证据。本案中的证据就是何某给张某出具的借条，但是借条的原件却被张某弄丢了，只有复印件，复印件的法律效力就成了一个问题，而根据我国《最高人民法院关于民事诉讼证据的若干规定》第九十条的规定，无法与原件、原物核对的复印件、复制品不能单独作为认定案件事实的根据。张某出示的复印件不能证明复印件和原件是一致的，如果张某仅有复印件是无法得到法院的支持的。当然，还有一种例外情况，即按照该规定第三条第一款的规定，诉讼过程中，一方当事人对另一方当事人陈述的案件事实明确表示承认的，另一方当事人无须举证。也就是说，如果何某承认自己借了张某钱的话，则张某无须举证，即使没有借条的原件或者只有复印件不会影响法官对事实的认定，法院也能够支持张某的主张。所以本案中，如果何某不承认自己借了张某的钱，张某持有的借条的复印件是不能单独作为证据使用的。

法条

《最高人民法院关于民事诉讼证据的若干规定》

第三条第一款 在诉讼过程中，一方当事人陈述的于己不利的事实，或者对于己不利的事实明确表示承认的，另一方当事人无需举证证明。

第九十条 下列证据不能单独作为认定案件事实的根据：

……

（五）无法与原件、原物核对的复制件、复制品。

《最高人民法院关于适用〈中华人民共和国民事诉讼法〉的解释》

第九十条 当事人对自己提出的诉讼请求所依据的事实或者反驳对方诉讼请求所依据的事实，应当提供证据加以证明，但法律另有规定的除外。

在作出判决前，当事人未能提供证据或者证据不足以证明其事实主张的，由负有举证证明责任的当事人承担不利的后果。

3. 双方签订了借款合同之后，合同从什么时候开始生效？

案情

林某是一名50多岁的农民，一直都在农村以经营果园为生。林某的儿子准备结婚。为了让儿子顺利结婚，林某打算为儿子购买一套新房作为婚房。房子首付需要20余万元，但林某手中仅有10万元，于是林某找到了同村的刘某，向其借10万元钱，并称会按照银行的标准支付其利息，刘某答应了林某的请求，但是刘某说自己的定期存款要下个月才到期，所以下个月才能把钱给林某，林某也表示理解刘某。为了防止刘某变卦，林某当天就向刘某出具了借条。一个月后，刘某将10万元钱拿给了林某。此时林某有个疑问，自己和刘某的合同是什么时候开始生效的，自己需要支付的利息应该从哪天开始计算呢？

解　析

本案的疑难之处是，林某在一个月之前和刘某达成了借款的合意并且向刘某出具了借条，而刘某是在一个月之后才给了林某借款，那么合同到底是在提供借条的时候成立呢，还是在林某收到借款的时候成立呢？对此，我国《民法典》第六百七十九条规定，自然人之间的借款合同，自贷款人提供借款时成立。而一般情况下，合同自成立时生效。同时，《最高人民法院关于审理民间借贷案件适用法律若干问题的规定》第九条对该条之中的“自贷款人提供借款时”进行了进一步的细化：以现金支付的，自借款人收到借款时生效；以银行转账、网上电子汇款等形式支付的，自资金到达借款人账户时生效。本案中，虽然林某是在一个月之前和刘某达成了合意并且出具了借条，但刘某是在一个月之后给林某借款的，按照我国法律的规定，林某和刘某的借款合同自刘某将钱给林某时生效，利息也是从这一天开始计算的。

法　条

《中华人民共和国民法典》

第五百零二条第一款　依法成立的合同，自成立时生效，但是法律另有规定或者当事人另有约定的除外。

第六百七十九条 自然人之间的借款合同，自贷款人提供借款时成立。

《最高人民法院关于审理民间借贷案件适用法律若干问题的规定》

第九条 自然人之间的借款合同具有下列情形之一的，可以视为合同成立：

（一）以现金支付的，自借款人收到借款时；

（二）以银行转账、网上电子汇款等形式支付的，自资金到达借款人账户时；

（三）以票据交付的，自借款人依法取得票据权利时；

（四）出借人将特定资金账户支配权授权给借款人的，自借款人取得对该账户实际支配权时；

（五）出借人以与借款人约定的其他方式提供借款并实际履行完成时。

4. 自然人之间借钱，可以自己任意约定利率吗？

案情

高某是高家庄的一名村民，一直和自己的妻子、孩子在村子里生活。一天，高某的妻子不幸遭遇车祸，在妻子被送到医院进行手术之后，高某被告知后续治疗需要的费用会更多，可之前的手术已经花光了高某家的所有积蓄，无奈之下，高某只能找当地的“大哥”李某借钱。李某在得知高某要借钱之后表明，借钱可以，但是利息需要约定好，在李某处借钱，年利率为40%，每年还利息，本金五年之后还清。当年一年期贷款市场报价利率为3.85%。高某虽然知道这种要求是非常不合理的，但是自己除向李某借钱外别无他法，只能答应李某的要求。那么，自然人之间借款，自己随意约定利率的做法是否合理，这种做法符合法律的规定吗？

解　析

我国《民法典》合同编的一项重要原则是尊重当事人的意思自治，即双方当事人约定好的事项，只要不违反法律规定，都是受到法律保护的，但并不是所有的事项都可以完全按照当事人之间的约定进行，借款的利率就是其中的一种。我国《民法典》第六百八十条规定，自然人之间进行借贷，可以在合同之中约定利息，但是不得违反我国关于借款利率的规定。而《最高人民法院关于审理民间借贷案件适用法律若干问题的规定》第二十五条规定："出借人请求借款人按照合同约定利率支付利息的，人民法院应予支持，但是双方约定的利率超过合同成立时一年期贷款市场报价利率四倍的除外。前款所称'一年期贷款市场报价利率'，是指中国人民银行授权全国银行间同业拆借中心自2019年8月20日起每月发布的一年期贷款市场报价利率。"由此可知，我国法律规定自然人之间的借贷是可以约定利率的，但是最高不能超过合同成立时一年期贷款市场报价利率的四倍。本案中，高某和李某的借贷合同之中约定的借款利率为40%，超过了合同成立时一年期贷款市场报价利率的四倍，超过的部分是无效的，不受法律的保护。

法 条

《中华人民共和国民法典》

第六百八十条 禁止高利放贷，借款的利率不得违反国家有关规定。

借款合同对支付利息没有约定的，视为没有利息。

借款合同对支付利息约定不明确，当事人不能达成补充协议的，按照当地或者当事人的交易方式、交易习惯、市场利率等因素确定利息；自然人之间借款的，视为没有利息。

《最高人民法院关于审理民间借贷案件适用法律若干问题的规定》

第二十五条 出借人请求借款人按照合同约定利率支付利息的，人民法院应予支持，但是双方约定的利率超过合同成立时一年期贷款市场报价利率四倍的除外。

前款所称“一年期贷款市场报价利率”，是指中国人民银行授权全国银行间同业拆借中心自2019年8月20日起每月发布的一年期贷款市场报价利率。

5. 在借款合同中没有约定还款日期，应该在什么时候还款呢？

案 情

王某是一名农民，生在农村长在农村。近几年，随着家中孩子年龄的日益增长，花销逐渐增多，只靠种地的收入难以维系家庭的日常开支。为了能够增加收入，王某去其他省进行考察，发现近几年北方地区对皮革的需求量很大，进而也带动了皮革动物养殖业的发展，于是王某决定开办一个动物养殖场，主要养殖制作皮革需要的狐狸和貂。王某的想法很好，但是开办养殖场前期需要投入大量的资金，王某自己家中的积蓄不多，前期投入不够。于是王某便找到自己的一个朋友黄某，向其借钱，黄某借给王某3万元，王某也给黄某打了借条。王某拿着钱准备回家的时候心中不禁起了疑问：自己写的借条之中没有规定还钱的日期，如果黄某恰好在自己没钱的时候管自己要钱可怎么办？请问，借条之中没有写明还款日期，借款应该在什么时候偿还呢？

解　析

本案中，王某向黄某借钱，虽然打了欠条，但在借款合同中并没有约定还款日期，对此我国《民法典》第六百七十五条规定，此种情况，可以根据该法第五百一十条进行确定。我国《民法典》第五百一十条规定，合同生效后，当事人就质量、价款或者报酬、履行地点等内容没有约定或者约定不明确的，可以协议补充……所以，王某可以重新找到黄某，补充借款合同中没有约定的还款日期。如果王某没有和黄某重新协商还款日期，则根据我国《民法典》第六百七十五条的规定，王某可以随时返还给黄某借款，而黄某也可以随时跟王某讨要借款，但是需要给王某合理的催告期限。如果黄某可以随时讨要借款，在一定程度上来讲对王某是不公平的。综合考虑，为了双方以后不发生纠纷，这种情况下最好是重新协商补充还款日期。

法条

《中华人民共和国民法典》

第五百一十条 合同生效后，当事人就质量、价款或者报酬、履行地点等内容没有约定或者约定不明确的，可以协议补充；不能达成补充协议的，按照合同相关条款或者交易习惯确定。

第六百七十五条 借款人应当按照约定的期限返还借款。对借款期限没有约定或者约定不明确，依据本法第五百一十条的规定仍不能确定的，借款人可以随时返还；贷款人可以催告借款人在合理期限内返还。

6. 村民之间借钱的时候没有约定利息，还钱的时候需要支付利息吗？

案情

张某是一名农村妇女，和自己的丈夫、儿子一直在村子里生活。儿子今年26岁，打算结婚，可经过估算结婚的费用需要16万元。张某家长期务农，家中根本拿不出这么多钱，于是张某便到村子里去借。张某来到平时和自己关系不错的李大姐家，李大姐借给张某3万元钱，张某也给李大姐写了借条，约定两年之内还钱。当时两人都没有说关于利息的事情，借条上也没有写需要支付多少利息。一转眼两年期满，张某拿着3万元钱去了李大姐家，而李大姐却表示为什么只有本金没有利息，借钱不是都应该按照银行的同期利率支付利息吗？而张某却表示自己借钱的时候没有说关于利息的事情就意味着没有利息。请问，借钱的时候没有约定利息，那么还款的时候需不需要支付利息呢？

解　析

在现实生活中，很多借贷关系都是发生在熟人之间，因为都是熟人，所以很多时候不好意思主动开口提及利息的事情，认为借款人会主动遵守当地的借钱习惯，而借钱者很多时候却认为都是熟人，不用支付利息，因而在还钱的时候双方会出现一些矛盾。对此，我国《民法典》第六百八十条规定，自然人之间的借款合同对支付利息没有约定或者约定不明确的，视为不支付利息。本案中，张某在向李大姐借钱的时候，二人都没有提到关于利息的任何事情，并且在借条之中也没有写明关于利息的事项，所以张某还钱的时候，李大姐不能以当地的习惯为理由要求张某支付利息。张某只需要偿还自己借李大姐的 3 万元本金即可，不需要支付利息。自然人之间在借钱的时候应该注意，如果对利息有要求，则应该提前约定，以书面的形式约定最佳，如果双方没有关于约定利息的事项，则视为没有利息。

法　条

《中华人民共和国民法典》

第六百八十条　禁止高利放贷，借款的利率不得违反国家有关规定。

借款合同对支付利息没有约定的，视为没有利息。

借款合同对支付利息约定不明确，当事人不能达成补充协议的，按照当地或者当事人的交易方式、交易习惯、市场利率等因素确定利息；自然人之间借款的，视为没有利息。

7. 借钱的时候没有约定利息的偿还时间，则利息应该什么时候偿还？

案 情

周某是葛家村的一名村民，每年的收入都来自自己地里种植的农作物，收入不高，勉强能够维持一家人的温饱。周某是一个头脑非常灵活的人，在经过仔细研究之后，周某发现北方的冬季新鲜蔬菜非常少，于是决定种植大棚蔬菜。当蔬菜大棚建设到一半的时候，周某手中的资金不够了，于是周某便向自己的邻居葛某借了5万元钱，约定按照银行同期利率偿还利息，半年之后偿还本金，但合同中没有说明什么时候偿还利息。就这样过了半年，周某拿着5万元钱还给了葛某，没有支付利息并且表示利息等他有钱了再还。此时葛某不禁想问，合同中没有约定偿还利息的时间，那按照法律的规定，周某应该什么时候偿还利息呢？

解 析

在自然人借贷关系中，绝大多数人都会在借款合同中明确约定还款日期，但是很少有人约定偿还利息的日期，这就导致当借款人只偿还本金时，贷方不禁会心生疑问，自己在借款合同中没有约定偿还利息的日期，会不会导致借款人一直拖着不还利息？关于这个问题，我国《民法典》第六百七十四条作出了全面的解答，该条规定，对支付利息的期限没有约定或者约定不明确，依据该法第五百一十条的规定仍不能确定，借款期间不满一年的，应当在返还借款时一并支付；借款期间一年以上的，应当在每届满一年时支付，剩余期间不满一年的，应当在返还借款时一并支付。该法条的主要内容有两点：第一，如果没有约定偿还利息的时间，双方可以按照《民法典》第五百一十条（重新协商达成补充协议的方式）进行确定。第二，不能达成补充协议的，按照法条中的规定确定偿还利息的时间。结合本案，周某和葛某没有约定偿还利息的时间，并且葛某和周某没有达成关于补充偿还利息时间的协议，因此对于这种情况，应该按照法条的规定进行确认。因为双方当时约定还款日期为半年后，所以按照我国法律规定，周某应当在偿还借款本金的时候一起支付利息。本案中，周某在还款期满后支付本金时没有一并支付利息，此时葛某可以直接向周某索要利息。

法　条

《中华人民共和国民法典》

第五百一十条　合同生效后，当事人就质量、价款或者报酬、履行地点等内容没有约定或者约定不明确的，可以协议补充；不能达成补充协议的，按照合同相关条款或者交易习惯确定。

第六百七十四条　借款人应当按照约定的期限支付利息。对支付利息的期限没有约定或者约定不明确，依据本法第五百一十条的规定仍不能确定，借款期间不满一年的，应当在返还借款时一并支付；借款期间一年以上的，应当在每届满一年时支付，剩余期间不满一年的，应当在返还借款时一并支付。

8. 借款人在约定的期限内没有还钱，超过还款日期的部分是否需要支付利息?

案 情

金某是大庄村的村民，家中种着几亩地，但主要经济来源还是金某的运输业务，虽然收入不多，但是家中也有不少存款，和村里的其他村民相比，金某家属于富裕家庭。张某也居住在大庄村，日常的收入都是来自种地，家中钱款仅仅能够解决温饱问题，并没有多余钱款。一年前，张某想为自己快到结婚年龄的儿子买一套二手房，房子的首付需要10万元，而张某自己的手中只有6万元，于是就向金某借了4万元。因为都是同一个村子的，金某在借钱的时候就表示了不用给利息，但是因为自己家的儿子也快结婚了，所以要求张某在一年期满之后一定要及时归还本金。一年期满之后，张某知道应该归还本金，但是因为手头比较紧，便拖了半年才还给金某。当张某还钱的时候，金某表示，张某超期归还借款，所以超期部分应该支付利息。金某的主张是否有法律依据呢?

解 析

本案中，金某和张某在借款合同之中约定，借款期间不需要支付利息，所以这个部分是肯定不用支付利息的，但是张某违反了当时的借款合同，逾期半年才还钱，导致金某在这段时间内对该笔借款的利益受到损失，那么，现在金某要求张某支付逾期的利息，究竟有没有法律依据呢?我国《民法典》第六百七十六条规定，借款人未按照约定的期限返还借款的，应当按照约定或者国家有关规定支付逾期利息。从法条之中我们不难看出，未按约定期限返还借款需要支付利息是有法律依据的。本案中，金某和张某在借钱的时候并没有约定逾期的利息，所以应该根据国家的有关规定确定逾期的利率。对此，《最高人民法院关于审理民间借贷案件适用法律若干问题的规定》第二十八条规定，既未约定借期内的利率，也未约定逾期利率，出借人主张借款人自逾期还款之日起参照当时一年期贷款市场报价利率标准计算的利息承担逾期还款违约责任的，人民法院应予支持。本案中，金某和张某既没有约定借期内的利率，也没有约定逾期的利率，所以金某可以向张某对逾期还款半年的部分主张违约责任，违约金参照当时一年期贷款市场报价利率标准计算的利息确定，如果张某拒绝该要求，金某可以向法院起诉，法院会支持金某的主张。

法　条

《中华人民共和国民法典》

第六百七十六条　借款人未按照约定的期限返还借款的，应当按照约定或者国家有关规定支付逾期利息。

《最高人民法院关于审理民间借贷案件适用法律若干问题的规定》

第二十八条　借贷双方对逾期利率有约定的，从其约定，但是以不超过合同成立时一年期贷款市场报价利率四倍为限。

未约定逾期利率或者约定不明的，人民法院可以区分不同情况处理：

（一）既未约定借期内利率，也未约定逾期利率，出借人主张借款人自逾期还款之日起参照当时一年期贷款市场报价利率标准计算的利息承担逾期还款违约责任的，人民法院应予支持；

（二）约定了借期内利率但是未约定逾期利率，出借人主张借款人自逾期还款之日起按照借期内利率支付资金占用期间利息的，人民法院应予支持。

9. 借款人在约定的还款日期之前就偿还了借款，则借款的利息应该怎样计算？

案 情

李某今年25岁，从小在农村长大，高中没毕业就辍学了，之后便一直帮助父母照看庄稼。有一次，李某去邻省的亲戚家探亲的时候，发现当地的农民都在种植松树，询问后得知松树的市场需求非常大。后经过对比，李某发现自己家的气候和土壤同样适合松树的生长。于是李某便决定种植松树，但是前期需要购买大量的松树苗，手中无钱的李某便找到了自己在城里做生意的朋友高某，向高某借了5万元钱，约定两年之后还钱，年利率按照6%计算。但是一年之后李某种植的松树卖出后挣了7万元钱，此时李某便想将欠高某的5万元钱还了，以免还需要再加一年的利息。李某拿着5万元钱和一年的利息找到了高某，当李某表达了来意之后，高某说，当时约定借款期限是两年，李某提前偿还，属于违反合同的约定，李某还需要继续偿还一年的利息，那么高某的说法是否正确呢？

解　析

自然人之间在借款的时候一般都会直接约定借款期间的利息，很少会有人约定如果提前还钱的话，利息应该怎么计算，所以就会出现本案中提前还钱之后出借人要求继续偿还利息的矛盾。对此，我国《民法典》第六百七十七条规定："借款人提前返还借款的，除当事人另有约定外，应当按照实际借款的期间计算利息。"同时，我国《最高人民法院关于审理民间借贷案件适用法律若干问题的规定》第三十条规定："借款人可以提前偿还借款，但是当事人另有约定的除外。借款人提前偿还借款并主张按照实际借款期限计算利息的，人民法院应予支持。"本案中，高某并没有和李某约定提前还钱的利息计算方式，所以现在高某要求李某支付另一年的利息是违反我国法律规定的。

我国《民法典》合同编遵循的一个重要原则就是公平原则，如果李某提前一年还钱还要求其支付两年利息的话，无疑是显失公平的。并且，李某提前一年还钱并没有对高某造成任何的损失。本案中，李某可以先告知高某相关的法律规定，如果高某还是强硬地要求李某支付另一年的利息，则李某可以向法院起诉，要求按照实际借款的期间计算利息，法院会支持李某的主张。

法　条

《中华人民共和国民法典》

第六百七十七条　借款人提前返还借款的，除当事人另有约定外，应当按照实际借款的期间计算利息。

《最高人民法院关于审理民间借贷案件适用法律若干问题的规定》

第三十条 借款人可以提前偿还借款，但是当事人另有约定的除外。

借款人提前偿还借款并主张按照实际借款期限计算利息的，人民法院应予支持。

10. 出借人能提前在本金之中扣除日后需要支付的利息吗?

案 情

邹某自小跟着奶奶在农村长大，是一个非常纯朴的人，并且能够吃苦耐劳踏踏实实地干活。在邹某20岁的时候，他发觉仅仅在农村种地的话，一辈子都摆脱不了贫穷，必须要发展一下其他产业。在经过多番考察之后，邹某决定建一个草莓大棚，开展草莓采摘旅游业，同时在自己家办一个农家乐小饭店。邹某的想法非常好，但是需要一笔资金投入，而邹某手中没有钱，于是邹某去找自己同村的刘某借钱。刘某不太愿意借钱，于是邹某表示借款的利率可以高于银行利率2%，遂刘某决定借给邹某5万元钱，借期为三年。双方协定好之后的一个星期，邹某到刘某处取钱，刘某只拿出了4.1万元给邹某，并且表示为了防止以后邹某还不了这么多利息，要先将这三年的利息扣掉。请问，刘某的这种做法是否符合法律的规定？

解 析

在借钱的过程中先将利息从本金之中扣除，对于借款人来说，看似前后需要偿还的欠款数量是相同的，但是提前扣除利息的行为，损害了借款人在借钱期间的时效利益，5万元能够带来的效益和4.1万元带来的效益是截然不同的。对于这种情况，我国法律也有明确的规定，我国《民法典》第六百七十条规定，借款的利息不得预先在本金中扣除。利息预先在本金中扣除的，应当按照实际借款数额返还借款并计算利息。本案中，刘某在借钱的时候直接将三年之后的利息从中扣除，这种行为是违反我国法律规定的。刘某应该按照约定给邹某5万元钱，双方可以约定利息的偿还方式，或者按照法律规定每年偿还利息，在三年之后偿还本金。遇到这种情况，邹某可以和刘某协商，说明我国法律的相关规定。虽然可以理解出借人担心借款人不偿还利息的心理状态，但是借钱之前就从本金中扣除利息的行为是不合法的。而且借贷双方之间存在借款合同，如果任何一方违反约定，对方都可以按照合同的约定寻求法律救济。

法　条

《中华人民共和国民法典》

第六百七十条　借款的利息不得预先在本金中扣除。利息预先在本金中扣除的，应当按照实际借款数额返还借款并计算利息。

11. 贷款之后，将所贷的款项另作他用可以吗？

案　情

何某自小在海鱼村长大，海鱼村是一个靠海的小村子，整个村子的人都是靠在海里打鱼为生，生活非常清贫。何某在仔细地观察研究了村子的地理环境、气候等因素之后发现，海鱼村适合养殖海参，如果能够规模养殖海参则收益是非常高的。因为海参养殖前期需要挖海参池子、购买海参苗以及饲养海参的食物和药物，所以前期的投入非常大。无奈之下，何某只能去银行申请贷款，银行在经过重重审批之后认为何某的海参养殖是非常具有发展前景的，便决定贷款给何某。何某在拿到银行的10万元贷款之后，看到市里的一个商业店铺正在招商，何某认为该店铺的地理位置非常好，如果能购买下来一定会带来更大的收入，于是便将从银行贷的10万元钱用来购买了商铺。请问，何某私自更改了贷款的用途是否符合规定呢？

解 析

很多人认为在银行贷款之后，所贷的钱就是自己的了，可以随意支配该款项，但这种想法是不正确的。在去银行贷款的时候，银行会对贷款的用途进行审查，尤其对那些想要通过贷款投资项目的人，银行更需要进行严格的审查，因为银行需要确定投资的项目是否有发展的前途，这直接影响着贷款能否被收回。如果贷款人拿着所贷款项去进行其他用途的使用，对于银行来说是不利的，因此我国《民法典》第六百七十三条规定，借款人未按照约定的借款用途使用借款的，贷款人可以停止发放借款、提前收回借款或者解除合同。本案中，银行通过了何某养殖海参的贷款，而何某却拿着这笔贷款去购买了商铺，这种做法是违反规定的。何某只能拿着这笔钱去投资海参项目，如果何某一意孤行，则银行可以停止对何某发放贷款、提前收回借款或者解除合同。广大农民朋友应该注意，贷款应当专款专用，不能随意更改贷款的用途，否则可能会给自己带来不必要的麻烦，影响自己对款项的使用。

法　条

《中华人民共和国民法典》

第六百七十三条　借款人未按照约定的借款用途使用借款的，贷款人可以停止发放借款、提前收回借款或者解除合同。

12. 借款人超过规定的日期去提取贷款的，超期部分需要支付利息吗？

案　情

韩某是山西省某村的村民，今年35岁，家庭收入主要来源于自己种植的一片苹果园。为了更好地经营果园，韩某经常趁农闲的时候去一些农业发展比较好的省市进行考察和学习技术。在经过考察之后，韩某决定扩大自己家的果树种植面积，并且还要增加果树的种类。在和妻子商量之后，韩某决定承包一片山地，在山上种植果树。因为前期的投入比较大，韩某虽然手中稍有积蓄，但还是不能完全支付全部的费用，于是便决定剩余部分去银行贷款。银行经过审批之后决定贷款给韩某，并且通知韩某11月20日去银行提取贷款，但恰好韩某前一年卖苹果的钱到账了，所以韩某并没有急于去银行提取贷款。韩某认为自己没有去提取贷款，这个阶段是不会收取利息的，但是当1月2日韩某去银行提取贷款的时候，银行的工作人员告知韩某超期的这一个多月也是需要支付利息的。那么，银行的主张有法律依据吗？

解析

本案中，韩某在银行办好了贷款相关手续之后，银行通知韩某11月20日去提取贷款，而韩某延期了一个多月才提取。从表面上来看，贷款还在银行里面，韩某也没有使用，好像双方都没有任何损失，但是从银行的角度来看，银行开展贷款业务的原因是为了获取利息，在11月20日之后，无论韩某来不来提取贷款，银行都已经将专属于韩某的贷款准备好，不会另作他用，如果因为韩某延期提取而不支付利息的话，对银行来说无疑是不公平的，银行受到了一定的利息损失。对此，我国《民法典》第六百七十一条规定："贷款人未按照约定的日期、数额提供借款，造成借款人损失的，应当赔偿损失。借款人未按照约定的日期、数额收取借款的，应当按照约定的日期、数额支付利息。"本案中，贷款人是银行，借款人是韩某，韩某没有按照约定的日期提取借款，此时仍然应该依照约定的日期，即11月20日支付利息，韩某不应该以钱不在自己手中为由拒绝支付。

法条

《中华人民共和国民法典》

第六百七十一条 贷款人未按照约定的日期、数额提供借款，造成借款人损失的，应当赔偿损失。

借款人未按照约定的日期、数额收取借款的，应当按照约定的日期、数额支付利息。

13. 在向银行贷款时，能单独抵押乡镇企业的厂房吗？

案　情

华东村是东部沿海地区的一个村子，由于地处沿海风景优美，气候也非常好，所以华东村的发展资源非常充足，各种资源综合开发利用使得整个村子的经济发展非常迅速。华东村经济之所以发展得这么好，还有一个原因就是，村子里面有很多以政府投资为主的乡镇企业，不仅解决了村民的就业问题，还拉动了整个村子快速发展。棉麻纺织厂就是华东村一个比较有名的乡镇企业，这一年，该纺织厂想要扩大生产规模，但是无奈手中资金不足，便到银行去贷款。银行在受理该申请的时候要求该纺织厂提供抵押，于是该纺织厂便想将棉麻纺织厂的厂房抵押出去。但是银行却告知该棉麻纺织厂的负责人，由于该厂房属于乡镇企业，因此不能单独抵押厂房，如果想要抵押厂房，必须将厂房所在的建设用地使用权一起抵押。请问，银行的要求符合法律规定吗？

解　析

众所周知，建筑物是建筑在土地上的，建筑物与土地两者不可分割。现在在我国境内无论是在农村进行建筑还是在城市进行建筑，首先需要得到的就是建设用地使用权，没有建设用地使用权一切都是徒劳。同样的道理，已经建设好的建筑物，不单单只有建筑物，和建筑物连在一起的还有建设用地使用权，两者是不能分割的。很多人在进行抵押的时候仅仅将土地上的建筑物进行抵押，而没有提及建设用地使用权，既然两者是不能分开的，那么在抵押建筑物的时候，对建设用地使用权应当一并抵押。对此，我国《民法典》第三百九十八条规定，乡镇、村企业的建设用地使用权不得单独抵押。以乡镇、村企业的厂房等建筑物抵押的，其占用范围内的建设用地使用权一并抵押。结合到本案中，棉麻纺织厂是乡镇企业，在向银行进行贷款的时候，将厂房作为抵押物，而根据我国法律的规定，厂房所在地的建设用地使用权会跟着厂房一起抵押，所以，银行的说法是正确的，也是能够得到法律支持的。

法　条

《中华人民共和国民法典》

第三百九十八条　乡镇、村企业的建设用地使用权不得单独抵押。以乡镇、村企业的厂房等建筑物抵押的，其占用范围内的建设用地使用权一并抵押。

14. 自然人为赌债作的担保是否有效？

案　情

张某是田园村的村民，整日游手好闲不务正业。刚开始的时候，几个村民在打麻将的时候都是小赌怡情，但是随着几个人赌瘾越来越大，赌注也越来越大。张某虽然喜欢打麻将，但是技术并不是很好，经常输。一个月下来，张某欠了秦某赌资一万多元钱。一天，秦某拿着菜刀去张某家说，要不就找一个担保人，要不就一个星期内还钱，否则就剁掉张某的一根手指。

张某无奈之下，找到自己在邻村的朋友林某，说自己因为搞投资欠了别人一万多元钱，要林某帮自己当担保人，林某答应了张某的请求，给张某做了担保人。一个月之后，张某仍然没有还钱，秦某找到了林某要求还钱，林某这才知道原来张某欠的是赌债。请问，林某给别人赌博欠的钱作的担保是否具有法律效力？

解 析

本案中，首先可以确认的是，林某和张某、秦某达成的担保合同是一个从合同，主合同是张某和秦某之间的借款合同。其次，我们都知道，在我国，赌博行为是违法行为，我国《刑法》第三百零三条第一款和《治安管理处罚法》第七十条都明确规定，赌博行为是违法行为。而我国《民法典》第一百五十三条规定，违反法律强制性规定的民事行为是无效的，而赌博行为就是违反法律的行为，张某和秦某之间的债务关系是因为赌博行为而发生的，所以根据我国法律的规定，张某和秦某之间的借款合同是无效的，所以本案中的主合同是无效的。根据我国《民法典》第六百八十二条的规定，主合同无效，则担保合同无效。张某和秦某之间的主合同是无效的，所以无论林某知不知情，担保赌博欠款的从合同都是无效的，林某不必因此承担担保责任。同时在这里提醒广大农民朋友，赌博行为是违法的，严重者可能会被追究刑事责任。

法 条

《中华人民共和国刑法》

第三百零三条第一款 以营利为目的，聚众赌博或者以赌博为业的，处三年以下有期徒刑、拘役或者管制，并处罚金。

《中华人民共和国治安管理处罚法》

第七十条 以营利为目的，为赌博提供条件的，或者参与赌博赌资较大的，处五日以下拘留或者五百元以下罚款；情节严重的，处十日以上十五日以下拘留，并处五百元以上三千元以下罚款。

《中华人民共和国民法典》

第一百五十三条 违反法律、行政法规的强制性规定的民事法律行为无效。但是，该强制性规定不导致该民事法律行为无效的除外。

违背公序良俗的民事法律行为无效。

第六百八十二条 保证合同是主债权债务合同的从合同。主债权债务合同无效的，保证合同无效，但是法律另有规定的除外。

保证合同被确认无效后，债务人、保证人、债权人有过错的，应当根据其过错各自承担相应的民事责任。

15. 所借款项已经还清，但是债权人却不返还质押物的，当事人应该怎样救济自己的权利？

案 情

武某家有一幅祖传的名画，一直代代相传，悉心保存，虽然知道这幅画的价值非常大，但是谁也没有将这幅画变卖。直到今年三月，武某的父亲因为在路上被车撞了被送到了医院，进行手术需要巨额手术费，武某手中并没有这么多钱，无奈之下只能向自己的亲戚于某借了20万元，而于某表示可以借钱，但是需要将武某家中的名画质押给自己，等武某还钱的时候自己再将画返还给武某。武某虽然知道这幅画价值百万元，但是为了能借到钱，没有多想便将该画质押给了于某，并签订了合同。武某的父亲在做完手术清醒之后，知道武某将该画质押了出去很生气，赶快让武某取出了自己的存款还给于某。于某在收到还款之后一直拖着不还该画，即使武某多次讨要也不归还，大有据为己有的意思。请问，本案中的武某应该怎样救济自己的权利？

解　析

质押是指为保证债务人能够偿还债务，质押人将自己的动产交付给质权人保管，以确保债务人对主债务的履行。在质押的过程中，质押物在质权人手中，质权人负有妥善保管质押物的义务，并且当债务人还清主债务时，质权人还负有交还质押物的义务。我国《民法典》第四百三十六条第一款规定，债务人履行债务或者出质人提前清偿所担保的债权的，质权人应当返还质押财产。本案中，武某已经将欠于某的20万元还给了他，此时按照我国法律的规定，于某应该交还质押物即该名画，于某不还字画的做法是违反法律规定的。此时，按照我国《民法典》第一百二十二条的规定，于某的做法属于不当得利，因为于某已经没有占有该字画的任何依据了，于某如果仍然拒绝返还该画，武某可以通过向法院起诉的方式维护自己的权利。需要注意的是，质权人对质押物享有的仅是临时占有权，而不是所有权，当质押人还清主债务之后，质权人就没有了占有质押物的法律依据，就应该及时将质押物返还给质押人。

法条

《中华人民共和国民法典》

第一百二十二条 因他人没有法律根据，取得不当利益，受损失的人有权请求其返还不当利益。

第四百三十六条第一款 债务人履行债务或者出质人提前清偿所担保的债权的，质权人应当返还质押财产。

16. 以口头的方式进行保证，是否具有法律效力？

案情

毕某是大王村的村民，自从感觉种地不能维持家庭开支之后，毕某便开始进行兔子养殖。经过几年的发展，毕某的养殖规模渐渐扩大。因为养殖兔子需要大量的饲料，毕某自从养殖兔子之后，便一直在当地的饲料厂购买饲料。之前毕某在购买兔子饲料的时候都是直接给现金，但是今年因为兔子市场并不好，所以毕某手头的资金有些周转不开，便和饲料厂商量能不能先欠着饲料厂的钱，饲料厂表示可以欠钱，但是需要找一个保证人。于是毕某找到了同村的王某，王某知道这件事之后答应了毕某的要求，但仅仅是口头上和饲料厂约定给毕某做保证人，没有任何的书面约定。一转眼过了一年的时间，毕某仍然因为兔子的市场行情不好而不能还钱，此时该饲料厂找到了王某，要求王某还钱，而王某却说自己没有签订任何书面的保证合同，不需要承担保证责任。请问，口头保证是否需要承担相应的保证责任？

解　析

保证是指保证人和债权人之间签订一个保证合同，保证在债务人不承担债务的时候，由保证人代替债务人承担债务。因为保证属于一个从属性质的合同，在我国，保证人和债权人必须书面签订保证合同。我国《民法典》第六百八十四条规定："保证合同的内容一般包括被保证的主债权的种类、数额，债务人履行债务的期限，保证的方式、范围和期间等条款。"第六百八十五条规定："保证合同可以是单独订立的书面合同，也可以是主债权债务合同中的保证条款。第三人单方以书面形式向债权人作出保证，债权人接收且未提出异议的，保证合同成立。"根据以上规定可知，保证合同要么是单独的保证合同，要么是主合同的保证条款，要么是第三人单独作出的书面保证，而绝不存在口头保证的情形。本案中，王某仅是口头表示了自己愿意作为保证人，并没有任何的书面约定，所以根据我国法律的规定，王某和饲料厂之间不成立保证合同的关系，王某不需要承担保证责任。

在此提醒广大农民朋友，在建立法律关系的时候，一定要以书面的形式进行确定，这样矛盾发生的时候，对双方当事人都有利。以本案为例，我国法律之所以这样规定是有充足的理由的，如果口头保证有效的话，那么饲料厂可以随便说任何一个人是保证人，这样是违反我国的立法宗旨的，因此，从本案中可以看出，双方当事人之间如果涉及民事法律关系，最好以书面的形式明确地表达出来，这样会减少很多麻烦。

法 条

《中华人民共和国民法典》

第六百八十四条 保证合同的内容一般包括被保证的主债权的种类、数额，债务人履行债务的期限，保证的方式、范围和期间等条款。

第六百八十五条 保证合同可以是单独订立的书面合同，也可以是主债权债务合同中的保证条款。

第三人单方以书面形式向债权人作出保证，债权人接收且未提出异议的，保证合同成立。

17. 债权人放弃了对债务人的债权，是否还能要求保证人承担保证责任？

案 情

马某是小河村的村民，因为家境非常贫困，所以在年轻的时候没有娶媳妇，常年跟自己的父亲生活在一起，两人以种地为生。后来，马某的父亲得病去世之后，便只剩下马某一个人，很多的农活根本干不完，于是马某考虑之后决定不再种地，准备养羊，但是养羊前期需要购买小羊羔，而马某手中并没有那么多钱，便向村书记高某借了一万元的本钱，而由马某的堂哥张某作为保证人。在马某养羊一年之后，小羊羔接连死去，最终全部死光，而马某也因此一病不起，连看病的钱都没有，所以根本就不可能偿还欠高某的一万元钱，高某看马某实在是可怜，便决定免除马某欠自己的债务。高某虽然免除了马某的债务，却很快就找到了张某，要求张某偿还这一万元钱。请问，高某的这种做法能够得到法律的支持吗？

解 析

本案中，马某和高某之间的借款合同是主合同，张某和高某之间的保证合同是从合同，是从属于主合同的合同。我国《民法典》第五百五十七条明确规定，债权人免除债务，则合同的权利义务关系终止。本案中，高某免除了对马某的债务，所以按照我国法律的规定，马某和高某之间的借款合同的权利义务关系便终止了。我国《民法典》第三百九十三条规定，主债权消灭则担保物权消灭。本案中，高某和马某之间的主债权消灭，所以张某和高某之间的担保物权会因此而消灭，主合同权利义务终止，从合同当然终止，因此高某找到张某要求其偿还借款的行为是不符合法律规定的。同时，高某免除了马某的主债务却要张某来偿还也是不符合公平原则的，因为钱是马某借的，也是马某花的，现在高某主动免除了马某的债务却要保证人张某偿还，明显违反了公平原则。

法 条

《中华人民共和国民法典》

第三百九十三条 有下列情形之一的，担保物权消灭：

（一）主债权消灭；

（二）担保物权实现；

（三）债权人放弃担保物权；

（四）法律规定担保物权消灭的其他情形。

第五百五十七条 有下列情形之一的，债权债务终止：

（一）债务已经履行；

（二）债务相互抵销；

（三）债务人依法将标的物提存；

（四）债权人免除债务；

（五）债权债务同归于一人；

（六）法律规定或者当事人约定终止的其他情形。

合同解除的，该合同的权利义务关系终止。

第七章

农村宅基地与房屋

农村宅基地是指农村居民为用作住宅而占有和使用本集体所有的土地。农村宅基地包括建了房屋、建过房屋或者决定用于建造房屋的土地，建过房屋但已无上盖物或不能居住的土地以及准备建房用的规划地三种类型。农村宅基地具有以下特征：一是宅基地的使用主体是特定的，仅限本集体组织的成员享有使用权，不得卖给城里人。二是空白宅基地不可流转，本集体组织的成员取得宅基地后只可自己建房，不可将其出卖、转让。三是宅基地实行一户一宅制，农村村民一户只能拥有一处宅基地，且其宅基地的面积不得超过省、自治区、直辖市规定的标准。熟悉宅基地的相关法律知识，可以帮助农民朋友们更好地维护自己的合法权益。

1. 能把自己的宅基地使用权划分指标转让给他人吗？

案　情

某村村民王某一直想在村子里开一家超市，但苦于没有地方可用，这件事就搁置了。直到前不久，王某从别人那里打听到同村的李某因妻子得了重病，急需用钱治疗。恰好李某手里有可分得两间宅基地使用权的指标，为了给妻子治病，李某决定把自己的宅基地使用权的指标转让出去。王某得知此事后立即找到李某商量转让宅基地使用权的指标一事，王某称自己愿意出 3 万元购买李某的宅基地使用权指标，双方达成协议后便签订了宅基地使用权指标转让合同。那么，这样的转让行为有效吗？

解　析

根据《民法典》第三百六十三条的规定，宅基地使用权的取得、行使和转让，适用土地管理的法律和国家有关规定。在我国目前的司法实践中，农村宅基地使用权必须与宅基地上的房产一起流转，空白宅基地使用权不得转让、抵押和继承。案例中，王某与李某签订的单独转让宅基地使用权指标的协议，转让的实际上是空白的宅基地使用权，这样的转让行为是法律所禁止的，是无效的。王某也不能依法取得宅基地使用权。

法 条

《中华人民共和国民法典》

第三百六十三条 宅基地使用权的取得、行使和转让，适用土地管理的法律和国家有关规定。

2. 城镇居民可以在农村购置宅基地吗?

案 情

张某家住北京市，是某跨国集团的总监，父母曾是大学教授，现已经退休。张某的父母一直以来都有一个愿望，那就是等退休以后到南方的农村居住。那里不但雾霾少，空气宜人，而且环境也很优美，让人感觉神清气爽！张某得知父母的这个愿望后，决定帮他们实现。于是，张某便托人到南方去考察，找一个适合父母居住的村子，想着在当地买一处宅基地给父母建房子使用。那么，张某可以在农村购买宅基地吗?

解 析

宅基地是农民的基本生活保障，根据《国务院关于深化改革严格土地管理的决定》的规定，禁止城镇居民购买农村宅基地。关于农村宅基地能否向城市居民转让的问题，在司法实践中也采取禁止转让的做法。如果双方对此存在争议而诉至法院，法院会判决转让协议无效。因此，张某不能在农村购买宅基地。

法　条

《中华人民共和国民法典》

第三百六十三条　宅基地使用权的取得、行使和转让，适用土地管理的法律和国家有关规定。

《国务院关于深化改革严格土地管理的决定》

（十）……加强农村宅基地管理，禁止城镇居民在农村购买宅基地……

3. 村委会可以收回已经进城落户的农民的宅基地吗?

案　情

老王是A村村民。五年前，老王离开老家，到C市赚钱养家，常年居住在当地。今年，老王了解到，想要在C市买房，必须要有当地户口。为了给女儿提供更好的教育机会，也为了能够在C市拥有自己的房子，扎下根来，老王准备将自己的户口迁到C市。然而，在办理户口迁移手续的时候，A村村委会主任告知老王，既然他要将户口迁出，他就不再是A村村民，村委会将收回老王的宅基地。那么，村委会可以以此为由收回老王的宅基地吗?

解　析

随着经济的发展，越来越多的农村常年务工在外，定居外地的情况也日渐普遍。就农民将自己的户口迁到城市后，其在农村的宅基地如何处理的问题，中央农业农村部已经作出了明确的规定。该部在 2019 年 9 月 11 日颁布的《中央农村工作领导小组办公室、农业农村部关于进一步加强农村宅基地管理的通知》第六条明确指出“不得违法收回农户合法取得的宅基地，不得以退出宅基地作为农民进城落户的条件”。换言之，村民是否将户口迁出与是否收回宅基地，两者并无联系，村委会不能因为村民将户口迁出，就强制收回村民的宅基地。同时，需要注意的是，将宅基地充分利用起来，盘活宅基地，才能避免农村出现大量空闲宅基地，成为空心村，也才能最大限度地发挥其价值。因此，我国虽然禁止强制收回已经进城落户村民的宅基地，但根据《土地管理法》第六十二条的规定，我国鼓励、允许农民自愿有偿退出宅基地。

具体到本案例中，村委会不能因为老王将户口迁出了本村，就强制收回老王的宅基地，但村委会可以和老王沟通，告诉老王现有的政策，鼓励老王自愿退出宅基地，盘活闲置的宅基地，发挥其应有价值。

法 条

《中央农村工作领导小组办公室、农业农村部关于进一步加强农村宅基地管理的通知》

六、依法保护农民合法权益

要充分保障宅基地农户资格权和农民房屋财产权。不得以各种名义违背农民意愿强制流转宅基地和强迫农民“上楼”，不得违法收回农户合法取得的宅基地，不得以退出宅基地作为农民进城落户的条件。严格控制整村撤并，规范实施程序，加强监督管理。宅基地是农村村民的基本居住保障，严禁城镇居民到农村购买宅基地，严禁下乡利用农村宅基地建设别墅大院和私人会馆。严禁借流转之名违法违规圈占、买卖宅基地。

《中华人民共和国土地管理法》

第六十二条第六款　国家允许进城落户的农村村民依法自愿有偿退出宅基地，鼓励农村集体经济组织及其成员盘活利用闲置宅基地和闲置住宅。

4. 村民有权擅自在自家田地上建住宅吗？

案　情

小明和小亮是一对双胞胎兄弟，两人今年已经到了结婚的年龄，但他们的父亲老陈却犯了愁。虽然两个儿子都已经找到了心仪的对象，并且两个未来的儿媳妇也非常好，心地都很善良，但毕竟家里只有一处住宅，如果两个儿子都结婚就住不下了。就在老陈犯难之际，老陈的表弟给老陈出了一个主意，让老陈在自家的田地上建一处住宅，这样问题就解决了。老陈一听这个主意不错，于是便在自家田地上建了一处住宅。那么，老陈有权擅自在自家田地上建住宅吗？

解　析

根据我国《土地管理法》第七十八条的规定，农村村民未经批准或者采取欺骗手段骗取批准，非法占用土地建住宅的，由县级以上人民政府农业农村主管部门责令退还非法占用的土地，限期拆除在非法占用的土地上新建的房屋。超过省、自治区、直辖市规定的标准，多占的土地以非法占用土地论处。也就是说，老陈无权在自家田地上擅自建住宅。未经批准在自家田地上修建房屋住宅的，政府农业农村主管部门是可以责令其**退还非法占用的土地，限期拆除在非法占用的土地上新建的房屋的。**

法　条

《中华人民共和国土地管理法》

第七十八条　农村村民未经批准或者采取欺骗手段骗取批准，非法占用土地建住宅的，由县级以上人民政府农业农村主管部门责令退还非法占用的土地，限期拆除在非法占用的土地上新建的房屋。

超过省、自治区、直辖市规定的标准，多占的土地以非法占用土地论处。

5. 房子被洪水冲毁后，村民可以直接在原来的宅基地上重盖吗？

案　情

某地受到负高压北抬影响，局部地区普降暴雨，部分乡镇受灾严重。暴雨致使洪灾泛滥，房屋倒塌，农作物受害，张某家就是受灾家庭之一。张某家住在农村，遭受暴雨之后，房屋全部坍塌，农作物也全部被毁损。灾害过去之后，张某经过再三考虑，想要在原址上重建房屋。但他不知道，房子被毁后，他原来宅基地的使用权是否还存在？还能不能在原址上重建房屋？

解　析

张某原来的宅基地使用权消灭，如果张某要在原址上盖房，须经过审批。根据我国《民法典》第三百六十四条规定，宅基地因自然灾害等原因灭失的，宅基地使用权消灭。对失去宅基地的村民，应当依法重新分配宅基地。据此规定可知，张某的房子随灾害坍塌后，宅基地使用权也随之消灭。他可以重新申请分配宅基地，但分得的宅基地不能保证是他原来的宅基地。

法　条

《中华人民共和国民法典》

第三百六十四条　宅基地因自然灾害等原因灭失的，宅基地使用权消灭。对失去宅基地的村民，应当依法重新分配宅基地。

6. 村民把自己的住房出租后，还可以再申请新的宅基地吗？

案　情

刘某是农村人，虽说没什么文化，但却非常有经济头脑，总是能想到各种赚钱的办法。前不久，刘某又想到了一个赚钱的好方法，就是将自己的住房出租出去。刘某心想：现在城里的人都过腻了城市生活，他们更愿意在空闲时到农村居住，如果把自己的这处房子租给城里来的人肯定能赚到不少钱。刘某说干就干，于是便把自己唯一的房子租了出去。房子出租后，刘某一家没了住处，只好再次与父母挤在一起，但由于人太多，生活起来非常不方便，而且妻子和母亲之间经常闹小矛盾。后来，刘某经过考虑，决定再申请一处宅基地。那么，刘某还能申请新的宅基地吗？

解 析

我国宅基地是无偿提供给农民居住的，具有福利性质。当村民将自己的宅基地出卖、出租后，就相当于用宅基地谋取了利益。如果允许其再申请，免费再为其提供宅基地居住，一来对其他村民不公平，二来也不符合我国的土地管理法规和制度以及我国的土地国情。对此，我国《土地管理法》第六十二条第五款作出了规定，农村村民出卖、出租、赠与住宅后，再申请宅基地的，不予批准。所以本案中的刘某出租了自己的宅基地后，其不可以再通过申请得到新的宅基地。

法 条

《中华人民共和国土地管理法》

第六十二条第五款 农村村民出卖、出租、赠与住宅后，再申请宅基地的，不予批准。

7. 在宅基地上建造的房屋可以设立居住权吗？

案 情

柴某是某村的村民，在村集体分配的宅基地上建造有楼房一栋。因为柴某中年丧妻同时也没有子女，年老后只能一个人生活，生活中有许多不便。柴某的邻居赵某平日里对柴某照顾有加，柴某对此常常心怀感激，恰好2021年《民法典》颁布生效，柴某在了解到居住权的规定后决定将自己所有的楼房赠与赵某，并以此与赵某签订居住权协议。《居住权协议》内容大致为：柴某将自己所有的楼房赠与赵某，柴某对房屋享有居住权，直至柴某去世，赵某负担柴某从2021年3月直至去世的所有生活费用，并照顾柴某年老后的生活，自《居住权协议》签订后三日内柴某将房屋登记到赵某名下。那么，在宅基地上建造的房屋可以设立居住权吗？柴某与赵某签订的协议是否符合法律规定呢？

解　析

在2021年生效的《民法典》中，居住权的设立是较之前的《物权法》的一大突破。作为典型的用益物权，居住权是指房屋的所有人（产权人）对自己所拥有的房屋为他人设立居住的权限，在设立居住权后房屋的所有权仍归属于房屋产权人，但是居住权人享有在房屋内生活的权利。

那么，在宅基地上建造的房屋可以设立居住权吗？根据《民法典》第三百六十六条的规定："居住权人有权按照合同约定，对他人的住宅享有占有、使用的用益物权，以满足生活居住的需要。"由此可知居住权要求设立人对不动产（房屋）享有所有权，设立人依据其享有的所有权对房屋进行处分设立居住权。但是，众所周知，宅基地归属于村集体所有，而每一户的村民只享有宅基地的使用权，那么在宅基地上建造的房屋是归属村民个人所有吗？答案是肯定的，因为在宅基地上建造房屋属于原始取得，房屋的所有权属于建造的村民所有。所以，对于在宅基地上建造的房屋，其产权人可以为他人设立居住权。

在本案例中，柴某通过将房屋转让给赵某的方式来获取赵某的养老照顾，是当下逐渐流行的独居老人的新型养老方式。其大致的操作为：柴某与赵某先签订《居住权协议》，依据协议柴某将房屋所有权转移到赵某名下，而后赵某通过登记在房屋上为柴某设立居住权。通过设立居住权的形式开展的新型养老模式，不仅可以缓解我国社会的养老压力，同时也可以提高房屋的利用效率，是值得推荐的养老模式，也是《民法典》设立居住权的原因之一。所以赵某与柴某之间签订的居住权协议是符合法律规定的。

法　条

《中华人民共和国民法典》

第三百六十六条　居住权人有权按照合同约定，对他人的住宅享有占有、使用的用益物权，以满足生活居住的需要。

第三百六十八条　居住权无偿设立，但是当事人另有约定的除外。设立居住权的，应当向登记机构申请居住权登记。居住权自登记时设立。

8. 邻居家施工导致自家宅基地的地基损坏，可以要求邻居赔偿吗？

案　情

彭某与赵某是二十几年的老邻居了，一直以来两家的关系都很不错，但就在前两天两家人却发生了矛盾，甚至闹得不可开交。事情的经过是这样的：彭某的女儿马上就要出嫁了，彭某和妻子商量着把自家的房子翻新一下，也好让女儿风风光光地出嫁。彭某为了省钱，找来了一些不专业的施工人员，谁料在施工的过程中致使邻居赵某家的地基被损坏。赵某见此状况后非常不满，便找彭某进行理论并要求赔偿损失。但彭某的态度却非常强硬，甚至坚称自己只是在自己家翻新房子，其他的事情与自己无关。就这样，两家的关系从此发生了转变。那么，赵某能否要求彭某赔偿？

解 析

如果赵某家地基损坏确实是因为彭某家施工所致，那么彭某应该给予赵某赔偿。根据我国《民法典》第二百九十五条规定，不动产权利人挖掘土地、建造建筑物、铺设管线以及安装设备等，不得危及相邻不动产的安全。该法还规定，若行为人的某种行为侵害了他人的人身、财产权益的，应当承担侵权责任，如停止侵害、消除危险、恢复原状、赔偿损失等。这实际上涉及相邻关系的问题。相邻关系要求相邻权人在行使自己权利的时候，一定要照顾到另一方相邻权人的利益。本案中，彭某翻新房屋的行为已经危及赵某房屋的安全，依法应当消除危险、恢复原状，并赔偿赵某的损失。

法 条

《中华人民共和国民法典》

第二百九十五条 不动产权利人挖掘土地、建造建筑物、铺设管线以及安装设备等，不得危及相邻不动产的安全。

第二百九十六条 不动产权利人因用水、排水、通行、铺设管线等利用相邻不动产的，应当尽量避免对相邻的不动产权利人造成损害。

第一千一百六十七条 侵权行为危及他人人身、财产安全的，被侵权人有权请求侵权人承担停止侵害、排除妨碍、消除危险等侵权责任。

9. 因邻居家新建的楼房影响自家房屋通风、采光而起诉到法院要求消除影响的，法院会支持该诉求吗？

案 情

随着社会经济的发展，农村的经济条件也有了很大的改善，甚至有很多农村村民自家盖起了二层小楼，但这样一来，却给住在平房里的邻居带来了很多不便。比如，楼房会影响平房的采光、通风等。上水村的老王头一家就遇到了此类问题。老王头家的邻居是一对年轻的夫妇，二人在城里打工挣了些钱，回来后便把房子翻盖成了二层小楼。小楼盖起后严重影响了老王头家的通风和采光效果，老王头多次找这对夫妇协商此事都未果。无奈之下，老王头只好向法院寻求帮助，请求赔偿。请问，法院会支持老王头的诉求吗？

解 析

根据《民法典》第二百九十三条的规定，建造建筑物，不得违反国家有关工程建设标准，不得妨碍相邻建筑物的通风、采光和日照。本案中，由于邻居夫妇将平房翻盖成了二层楼房，严重影响了老王头家的采光和通风效果，这样一来就会导致房屋使用价值降低，客观上也影响了老王头一家正常的生活居住环境，应当赔偿老王头的损失。因此，法院会支持老王头的诉讼请求。

法 条

《中华人民共和国民法典》

第二百九十三条 建造建筑物，不得违反国家有关工程建设标准，不得妨碍相邻建筑物的通风、采光和日照。

10. 城市居民租用农房做民宿的，最长可以签订多久的房屋租赁合同？

案 情

小魏在旅游时，看到某地的农家院子里种着山楂树，树下摆着古朴的小竹凳，正是自己梦想中田园民宿该有的样子。正好，该村正在大力发展旅游业，小魏就想租下这处农房，改造成民宿。然而，改造民宿是一笔不小的花销，不仅需要保留农房本身的乡村特色与符号，还需要将房屋现代化，解决经营和吃住的问题，如果租的时间较短，小魏很可能收不回成本。小魏想知道，自己最长可以签订多久的租赁合同？

解 析

就城市居民租用农房的期限，我国法律并没有专门的具体规定。关于房屋租赁期限的具体法律条文系我国《民法典》第七百零五条之规定，根据该条规定，房屋租赁合同的期限不得超过二十年。超过二十年的，超过部分无效。租赁期限届满，当事人可以续订租赁合同；但是，约定的租赁期限自续订之日起不得超过二十年。简言之，房屋租赁合同的最长期限为二十年。除此之外，随着城市化进程的不断加快，我国逐步放开农村宅基地管理，鼓励村集体和农民盘活利用闲置宅基地和闲置住宅。2019年中央农村农业部下发了《中央农村工作领导小组办公室、农业农村部关于进一步加强农村宅基地管理的通知》，其中第五条明确规定，城镇居民租用农房的，租赁合同的期限不得超过二十年。

具体到本案例，小魏想要租用农房做民宿，最长可以签订二十年的租赁合同。在合同到期后，还可以续订该合同。

法　条

《中华人民共和国民法典》

第七百零五条　租赁期限不得超过二十年。超过二十年的，超过部分无效。

租赁期限届满，当事人可以续订租赁合同；但是，约定的租赁期限自续订之日起不得超过二十年。

《中央农村工作领导小组办公室、农业农村部关于进一步加强农村宅基地管理的通知》

五、鼓励盘活利用闲置宅基地和闲置住宅

鼓励村集体和农民盘活利用闲置宅基地和闲置住宅，通过自主经营、合作经营、委托经营等方式，依法依规发展农家乐、民宿、乡村旅游等。城镇居民、工商资本等租赁农房居住或开展经营的，要严格遵守合同法[1]的规定，租赁合同的期限不得超过二十年。合同到期后，双方可以另行约定。在尊重农民意愿并符合规划的前提下，鼓励村集体积极稳妥开展闲置宅基地整治，整治出的土地优先用于满足农民新增宅基地需求、村庄建设和乡村产业发展。闲置宅基地盘活利用产生的土地增值收益要全部用于农业农村。在征得宅基地所有权人同意的前提下，鼓励农村村民在本集体经济组织内部向符合宅基地申请条件的农户转让宅基地。各地可探索通过制定宅基地转让示范合同等方式，引导规范转让行为。转让合同生效后，应及时办理宅基地使用权变更手续。对进城落户的农村村民，各地可以多渠道筹集资金，探索通过多种方式鼓励其自愿有偿退出宅基地。

11. 邻居因盖房子搬运建材需要从自家经过，可以禁止其通过吗？

案情

程某大学毕业后留在城里打拼，通过自己的努力在城里买了一套两居室的房子，他想把父母接到城里一起居住。但父母过惯了农村的生活，怕到城里后不习惯，不愿意离开农村，不管程某如何劝说，父母还是拒绝了。无奈之下，程某只好决定花钱将父母住的房子进行翻新。程某翻新房子时，搬运建筑材料需要从邻居陆某家经过。程某便找陆某商量此事，陆某当即拒绝。后程某的父母又找陆某商量，陆某还是不同意，无论怎

[1] 现为民法典。

么劝说，陆某都始终不同意。那么，陆某这么做正确吗？他可以禁止程某通行吗？

解 析

根据我国《民法典》第二百九十二条规定，不动产权利人因建造、修缮建筑物以及铺设电线、电缆、水管、暖气和燃气管线等必须利用相邻土地、建筑物的，该土地、建筑物的权利人应当提供必要的便利。由此可见，陆某这么做是不正确的，没有任何法律依据。本案中，由于程某翻新房子需要搬运的建筑材料必须经过陆某家，属于《民法典》中规定的“必须利用相邻土地、建筑物”的情形，因此程某有权通行，陆某应该提供必要的便利。程某找陆某进行协商争取他的同意，是对陆某的尊重，如果陆某执意不肯，程某可以请求村委会、居委会等部门出面予以协调，也可以通过诉讼途径解决。

法 条

《中华人民共和国民法典》

第二百九十一条 不动产权利人对相邻权利人因通行等必须利用其土地的，应当提供必要的便利。

第二百九十二条 不动产权利人因建造、修缮建筑物以及铺设电线、电缆、水管、暖气和燃气管线等必须利用相邻土地、建筑物的，该土地、建筑物的权利人应当提供必要的便利。

第八章

农村土地承包

我国是一个农业大国，农村、农民、农业的发展关系到我国的长远发展。在社会的长期发展过程中，我国农村经济逐渐形成了“以家庭承包经营为基础，统分结合的双层经营体制”，土地家庭承包成为历史的必然选择。而农村改革的实践也证明，实行家庭承包经营，符合我国国情，符合“三农”问题的发展要求，推动了农业的巨大发展，促进了农村经济的全面繁荣，提升了农民的生活水平。然而，不可否认的是，土地承包制度在农村的具体实践中还存在着一些问题，农民作为弱势群体在面对这些问题时束手无措，亟须知晓一些相关法律常识以更好地维护自身权益。

1. 农村是以户为单位承包土地吗?

案　情

A 村的老张育有一子小张，今年已经成年了。小张因为成绩不好，没有考上大学，高中毕业后就一直闲在家里玩。老张想让小张出去学点儿手艺，可是小张怕吃苦，也不想外出打工。于是，老张找到村长，想给小张承包 5 亩地，种植村里正在推广的羊肚菌，也算是自主创业了。但是，村长告诉老张，老张自己已经承包了 10 亩地，村里承包土地是以户为单位的，小张和老张是一户的，小张不能单独承包土地。那么，村长的说法正确吗?

解　析

根据我国《民法典》第五十五条和《农村土地承包法》第三条、第十六条之规定，我国实行农村土地承包经营制度，该制度采取的是家庭承包方式和其他承包方式相结合。一般情况下，都是该村集体经济组织内部家庭承包，只有对于那些不宜采取家庭承包方式的荒山、荒沟、荒丘、荒滩等农村土地，才可以采取招标、拍卖、公开协商等方式承包。故而，我国农村土地承包确实是以家庭，即以“户”为单位进行承包的。

具体到本案例，老张已经以家庭为单位向村集体组织承包了 10 亩土地，小张就无法单独再进行承包。老张可以和小张商量，将自己承包的一些土地交由小张耕种，因为小张作为家庭成员，依法也平等地享有承包土地的各项权益，有权耕种家庭承包的土地。

法条

《中华人民共和国农村土地承包法》

第三条 国家实行农村土地承包经营制度。

农村土地承包采取农村集体经济组织内部的家庭承包方式，不宜采取家庭承包方式的荒山、荒沟、荒丘、荒滩等农村土地，可以采取招标、拍卖、公开协商等方式承包。

第十六条 家庭承包的承包方是本集体经济组织的农户。

农户内家庭成员依法平等享有承包土地的各项权益。

《中华人民共和国民法典》

第五十五条 农村集体经济组织的成员，依法取得农村土地承包经营权，从事家庭承包经营的，为农村承包经营户。

2. 农村土地承包合同应当包含哪些内容?

案情

李某与朋友杨某合作，在村头开了一家烧烤店。不料，经营了一年后，不仅没有赚到钱，还欠了不少债。杨某以外出借钱为由“溜之大吉”，留下李某在村里应对“债主”。李某没有钱还债，便想到自己还有一块土地，村里的林大妈一直想要承包这块土地。李某找到了林大妈，将土地转包给了她，林大妈要求看村委会当时与李某签订的土地承包合同，李某觉得林大妈的要求很合理，于是痛快地答应了她的要求，但是李某回到家后怎么也找不到那份土地承包合同书了，甚至连合同上写了什么内容都忘记了。那么请问，农村土地承包合同中应当包含哪些内容呢?

解　析

承包合同，是指发包方与承包方为承包经营某一财产，明确双方权利义务而订立的协议。根据《农村土地承包法》第二十二条的规定，农村土地承包应当订立书面承包合同。为了更好地履行合同，避免发生争议，该法也明确规定了合同应当必备的条款：(1) 发包方、承包方的名称，发包方负责人和承包方代表的姓名、住所；(2) 承包土地的名称、坐落、面积、质量等级；(3) 承包期限和起止日期；(4) 承包土地的用途；(5) 发包方和承包方的权利和义务；(6) 违约责任。除此之外，发包方和承包方还可以在法律规定的范围内，协商约定其他合同条款。一旦合同双方签订成立土地承包合同，合同即生效，承包方依法取得该地块的土地承包经营权。因此，李某与村委会签订的土地承包合同应当包含上述条文中规定的必备条款，当然，双方也可能就土地承包问题约定了其他事项，只要是符合法律规定的，都是合同的内容，对双方均具有约束力。

法　条

《中华人民共和国农村土地承包法》

第二十二条　发包方应当与承包方签订书面承包合同。

承包合同一般包括以下条款：

(一) 发包方、承包方的名称，发包方负责人和承包方代表的姓名、住所；

(二) 承包土地的名称、坐落、面积、质量等级；

(三) 承包期限和起止日期；

（四）承包土地的用途；

（五）发包方和承包方的权利和义务；

（六）违约责任。

第二十三条 承包合同自成立之日起生效。承包方自承包合同生效时取得土地承包经营权。

3. 农村家庭承包经营中的承包人有哪些权利和义务?

案 情

薛某是家中独子，父母从小就非常娇惯他，以致薛某养成了好吃懒做、游手好闲的坏毛病。转眼薛某已经 24 岁了，村里像他这么大的男孩早已成家立业，只有他整日无所事事，所以没有谁家的女儿愿意嫁给他。薛某的父母为薛某的事情非常着急，想要让薛某学做一些事情，以期日后能够养家糊口。于是，他们就想要承包一块土地，让薛某自己耕种。为了让薛某学到东西，所有的过程薛父都让薛某自己办理。但是薛某不知道承包合同中自己应当享有哪些权利、履行哪些义务。你能帮助他吗?

解 析

农村家庭承包经营是指由农民以家庭为单位承包集体经济组织的耕地、林地、草地等生产资料，自主自行进行经营的生产方式。家庭承包经营权确立时应当由发包方和承包方签订书面土地承包合同，合同书中不但明确了承包地的具体情况，对双方的权利和义务也作了明确约定。对于承包方应当享有哪些权利，我国《农村土地承包法》第十六条、第十七条作出了相关规定，承包方享有以下权利：（1）依法享有承包地使用、收益和互换、转让、流转土地承包经营权的权利，有权自主组织生产经营和处置产品；（2）承包地被依法征收、征用、占用的，有权依法获得相应的补偿；（3）法律、行政法规规定的其他权利。同时，根据该法第十八条规定了承包方应当承担以下义务：（1）维持土地的农业用途，未经依法批准不得用于非农建设；（2）依法保护和合理利用土地，不得给土地造成永久性损害；（3）法律、行政法规规定的其他义务。

按照上述规定，薛某对承包地应当享有使用、收益和土地承包经营权流转等权利，但是在享有权利的同时，薛某也要履行法定的义务，如不得将土地用于非农建设等。

法 条

《中华人民共和国农村土地承包法》

第十六条　家庭承包的承包方是本集体经济组织的农户。

农户内家庭成员依法平等享有承包土地的各项权益。

第十七条　承包方享有下列权利：

（一）依法享有承包地使用、收益的权利，有权自主组织生产经营和处置产品；

（二）依法互换、转让土地承包经营权；

（三）依法流转土地经营权；

（四）承包地被依法征收、征用、占用的，有权依法获得相应的补偿；

（五）法律、行政法规规定的其他权利。

第十八条　承包方承担下列义务：

（一）维持土地的农业用途，未经依法批准不得用于非农建设；

（二）依法保护和合理利用土地，不得给土地造成永久性损害；

（三）法律、行政法规规定的其他义务。

4. 迁入城区并转为非农户口的，其承包的土地应如何处理？

案　情

山西省某村村民倪某一直生活在泥洼村，几代人都以务农为生。倪某的儿子小倪学习成绩优异，高考时考上了全国重点大学，毕业之后就在山西省大同市的某家外贸公司工作。2020年，小倪与女友小刘结婚，定居在大同市。又过了一年，他们的儿子出生了。因为倪氏夫妻俩都要上班，平时没有人照看孩子，于是，小倪将父母接到了市里，并且给父母办理了农转非的户口，一是方便父母照看孩子，二是不想父母再辛苦地下地干活。但是，倪某在农村还承包有15亩耕地，这些耕地该怎样处理呢？

解　析

案例中，小倪接倪某夫妇到市里居住，并办理了农转非户口手续，倪某在农村承包的土地应当交回，否则也会由发包方依法收回。根据我国《农村土地承包法》第二十七条的规定，在承包期内，发包方不得收回承包地。但是，该条又有例外规定，即在承包期内，如果承包户进城落户的，发包方应当引导支持其按照自愿有偿原则依法在本集体经济组织内转让土地承包经营权或者将承包地交回发包方，也可以鼓励其流转土地经营权。在承包方交回承包地或者发包方依法收回承包地时，承包方对其在承包地上投入而提高土地生产能力的，有权获得相应的补偿。具体到本案例，小倪将倪某夫妇接到了大同市（设区市）并转为了非农户口，按照规定，其可以选择在本集体经济组织内转让、流转土地承包经营权或者将承包地交回发包方。

法 条

《中华人民共和国农村土地承包法》

第二十七条 承包期内，发包方不得收回承包地。

国家保护进城农户的土地承包经营权。不得以退出土地承包经营权作为农户进城落户的条件。

承包期内，承包农户进城落户的，引导支持其按照自愿有偿原则依法在本集体经济组织内转让土地承包经营权或者将承包地交回发包方，也可以鼓励其流转土地经营权。

承包期内，承包方交回承包地或者发包方依法收回承包地时，承包方对其在承包地上投入而提高土地生产能力的，有权获得相应的补偿。

5. 如果集体经济组织合并，村委会有权因此解除承包合同吗？

案 情

镇关村接到地方政府下达的通知，为了方便政府进行管理，将镇关村与相邻的东河村进行合并，成立新的关东村。村子合并以后，新任村干部有许多事需要处理，如合并后怎样对村民进行管理，村民的土地是否应当重新划分等。两村的原村主任都想着为自己村的村民谋取利益，所以他们都同意重新划分责任田。但问题是，东河村的土地承包合同还没有到期，不能随意终止，关东村村委会便以集体经济组织合并，要对责任田重新规划为由，解除了原河东村的所有承包合同。请问，村委会有权以集体经济组织合并为由，解除承包合同吗？

解 析

我国《农村土地承包法》第二十五条规定：承包合同生效后，发包方不得因承办人或者负责人的变动而变更或者解除，也不得因集体经济组织的分立或者合并而变更或者解除。法律之所以作出这样的规定，是因为农村土地承包合同期限较长，而且合同签订后，承包人必然会投入大量时间和劳动力等成本，如果随意将合同解除，承包方的利益就无法保障，甚至还会受到严重损害。因此，为维护承包方的合法利益，法律明确规定不得以集体经济组织分立或者合并为由而任意解除土地承包合同。本案中，新任关东村村委会的出发点是好的，但是按照法律规定，其无权以集体经济组织合并为由解除土地承包合同。

法 条

《中华人民共和国农村土地承包法》

第二十五条　承包合同生效后，发包方不得因承办人或者负责人的变动而变更或者解除，也不得因集体经济组织的分立或者合并而变更或者解除。

6. 发包方在承包期内收回土地的，承包方可以索要补偿吗？

案　情

十年前，老蒋承包了村里的20亩荒山种植果树，当初约定承包期为二十年。经过十年的苦心经营，老蒋果园的水果产量和销量越来越好。不仅如此，老蒋还在果园附近开了一家农家乐，供城里的游客们体验摘水果、农家休闲的乐趣，老蒋的收入也因此有了很大的提高。但是，今年年初，村主任找到老蒋，告诉老蒋村里计划修建水库，需要征占老蒋承包的3亩土地，还请老蒋配合。老蒋很不情愿，但这是村集体的决定，自己也无法阻止。老蒋想知道，村里收走了自己的土地，会补偿自己的损失吗？

解　析

为了保障农民的土地权益，我国明确规定发包人不得在承包期内收回发包的土地。当然，为了公共利益和集体利益的需要，村集体或者国家可能会在承包期内征收土地。在这种情形下，根据我国《农村土地承包法》第二十七条第四款的规定，承包方对其在承包地上投入而提高土地生产能力的，有权获得相应的补偿。换言之，承包方有权要求发包方进行补偿。

具体到本案例中，老蒋承包了村里的土地二十年，在承包期内，村里要征收老蒋的部分土地，而老蒋已经在承包的土地上投入了很多，提高了土地生产能力，对此，老蒋有权要求村委会补偿自己的损失。

法 条

《中华人民共和国农村土地承包法》

第二十七条 承包期内，发包方不得收回承包地。

……

承包期内，承包方交回承包地或者发包方依法收回承包地时，承包方对其在承包地上投入而提高土地生产能力的，有权获得相应的补偿。

7. 因自然灾害导致承包地严重受损，发包方可以因此而调整承包地吗？

案 情

魏某居住在莲池村，在 2018 年承包了本村的农田 20 亩，承包期限为 10 年。后魏某与某粮油店签订了五年的供货合同，魏某按时向粮油店提供粮食，粮油店收到粮食后支付相应价款，如果有一方违约，违约方要承担双倍赔偿责任。2020 年，因当地夏季雨量过大，魏某承包的土地遇到了洪灾，土地上的庄稼全部被损毁，未来几年内恐怕也无法种植。某粮油店听说后，立即要求与魏某解除合同，并要求魏某承担赔偿责任。为了减少损失，魏某找到村委会，请求村委会调整承包地。请问，魏某的请求能得到满足吗？

解　析

我国法律明确规定，承包期内，发包方不得调整承包地，但是《农村土地承包法》第二十八条也有一项例外规定，即因自然灾害严重毁损承包地等特殊情况发生时，发包方可以依法调整承包地。但是，发包方需要对个别农户之间承包的耕地和草地进行适当调整的，必须经本集体经济组织成员的村民会议三分之二以上成员或者三分之二以上村民代表的同意，并报乡（镇）人民政府和县级人民政府农业农村、林业和草原等主管部门批准，否则，发包方在承包期内，不得随意调整承包地。当然，如果承包合同中约定不得调整的，应当按照其约定处理。因此，魏某要想让村委会对其承包地进行重新调整，必须经过所在集体经济组织成员的村民会议三分之二以上成员或者三分之二以上村民代表的同意，并报乡（镇）人民政府和县级人民政府农业农村、林业和草原等主管部门批准。如果魏某在与村委会签订的承包合同中有约定不得进行调整的，那么，魏某则无法要求村委会对该地块进行调整。

法　条

《中华人民共和国农村土地承包法》

第二十八条　承包期内，发包方不得调整承包地。

承包期内，因自然灾害严重毁损承包地等特殊情形对个别农户之间承包的耕地和草地需要适当调整的，必须经本集体经济组织成员的村民会议三分之二以上成员或者三分之二以上村民代表的同意，并报乡（镇）人民政府和县级人民政府农业农村、林业和草原等主管部门批准。承包合同中约定不得调整的，按照其约定。

8. 将土地承包经营权出租的，出租合同中应当包含哪些内容？

案　情

赵某与李某夫妻两人承包了本村10亩耕地，生活虽然算不上富裕，但赚到的钱足够一家人的吃穿用度，一家三口过得也非常幸福。2020年，赵某因突发心脏病来不及救治而过世，从此只剩下李某与4岁的女儿相依为命。没了丈夫做依靠，李某母女的日子过得十分艰难，于是李某决定将其承包的10亩耕地转租给村里的张叔，自己做点儿零散活以方便照顾女儿。张叔对土地承包颇为了解，与李某协商由他起草合同。李某对这些事情不太熟悉，怕自己在合同中吃亏，对此有些犯愁。请问，李某将土地承包经营权出租，出租合同中应当包含哪些内容呢？

解　析

根据我国《农村土地承包法》第三十六条、第四十条之规定，土地承包经营权流转的，当事人应当签订书面合同，并应当报发包方备案。此外，第四十条还规定了土地承包经营权流转合同应当包括的一般条款，主要包括以下八项内容：（1）双方当事人的姓名、住所；（2）流转土地的名称、坐落、面积、质量等级；（3）流转的期限和起止日期；（4）流转土地的用途；（5）双方当事人的权利和义务；（6）流转价款及支付方式；（7）土地被依法征收、征用、占用时有关补偿费的归属；（8）违约责任。因此，李某将土地承包经营权出租，应当与同村张叔订立书面合同，并根据《农村土地承包法》第四十条的规定，在合同中约定订立必备条款。如果双方还有其他权利义务需要明确的，也可以协商订立补充条款。另外还要注意，合同订立后，要报发包方即该村村委会备案。

法　条

《中华人民共和国农村土地承包法》

第三十六条　承包方可以自主决定依法采取出租（转包）、入股或者其他方式向他人流转土地经营权，并向发包方备案。

第四十条　土地经营权流转，当事人双方应当签订书面流转合同。

土地经营权流转合同一般包括以下条款：

（一）双方当事人的姓名、住所；

（二）流转土地的名称、坐落、面积、质量等级；

（三）流转期限和起止日期；

（四）流转土地的用途；

（五）双方当事人的权利和义务；

（六）流转价款及支付方式；

（七）土地被依法征收、征用、占用时有关补偿费的归属；

（八）违约责任。

承包方将土地交由他人代耕不超过一年的，可以不签订书面合同。

9. 将农村承包经营的土地出租时，应当遵守哪些原则？

案 情

郭某出生在农村，父母身体一直不好，家里经济有些紧张，郭某初中毕业后就没有继续上学。郭某的父亲便在村里承包了一处土地，交给他耕种。后来，郭某的伯伯在市里开了一家洗车店，生意越做越红火，经常人手不够，便想让郭某过去帮忙，每月给他开固定工资。郭某在征得父亲的同意后就去市里伯伯的洗车店工作了。这样一来，郭某父亲承包的土地便没有人耕种了，于是郭某的父亲打算将地转租出去，这样就能减少些损失。那么，郭某父亲将承包的土地转租时应当遵守哪些原则呢？

解 析

关于土地承包经营权流转问题，我国《农村土地承包法》第三十六条、第三十八条作出了详细规定。根据法律规定，我国允许土地承包经营权的合法流转，流转方式主要包括转包、出租、入股等。土地承包经营权流转的主体是承包方，其有权依法自主决定土地承包经营权是否流转和流转的方式。承包方将土地承包经营权流转时，必须遵循一定的原则，主要有：(1) 依法、自愿、有偿，任何组织和个人不得强迫或者阻碍承包方进行土地承包经营权流转；(2) 不得改变土地所有权的性质和土地的农业用途，不得破坏农业综合生产能力和农业生态环境；(3) 流转的期限不得超过承包期的剩余期限；(4) 受让方须有农业经营能力；(5) 在同等条件下，本集体经济组织成员享有优先权。所以本案例中，郭某父亲可以以转租的方式将土地承包经营权出租给他人，但在流转的过程中应当遵守上述条文规定的各项原则，与受让人在平等协商的基础上进行。

法　条

《中华人民共和国农村土地承包法》

第三十六条　承包方可以自主决定依法采取出租（转包）、入股或者其他方式向他人流转土地经营权，并向发包方备案。

第三十八条　土地经营权流转应当遵循以下原则：

（一）依法、自愿、有偿，任何组织和个人不得强迫或者阻碍土地经营权流转；

（二）不得改变土地所有权的性质和土地的农业用途，不得破坏农业综合生产能力和农业生态环境；

（三）流转期限不得超过承包期的剩余期限；

（四）受让方须有农业经营能力或者资质；

（五）在同等条件下，本集体经济组织成员享有优先权。

10. 村委会可以对土地承包经营权出租的租金提出分成的要求吗？

案　情

孙某在本村承包了20亩土地，承包合同中约定的承包期限为二十五年。但是在承包的第三年，孙某觉得承包的土地面积有点儿大，自己有些忙不过来，于是想要将承包的土地出租。同村的刘某正想找一处土地种植庄稼，于是找到孙某，想要租用他的土地，孙某爽快地答应了。村委会的工作人员周某得知此事后，要求孙某将租金的30%交给村委会。孙某不理解，为什么出租自己的土地还要交部分租金给村委会。刘某告诉他，这是村里的“规矩”，如果不交，村委会就会找各种理由为难他们。请问，村委会对土地承包经营权出租的租金提出分成的做法合法吗？

解　析

本案例中村委会的做法是不合法的。我国允许土地承包经营权依法合理流转，根据《农村土地承包法》第三十九条之规定，土地承包经营权流转的价款，应当由当事人双方协商确定。流转的收益归承包方所有，任何组织和个人不得擅自截留、扣缴。所以，孙某将土地出租获得的租金应当归孙某自己所有，无须将租金分给任何人，即使是村委会也无权对这部分租金提出分成的要求。

法　条

《中华人民共和国农村土地承包法》

第三十九条　土地经营权流转的价款，应当由当事人双方协商确定。流转的收益归承包方所有，任何组织和个人不得擅自截留、扣缴。

11. 承包的土地被强制流转的，有效吗？

案　情

小马大学毕业后回到了家乡，承包了30亩地种植竹笋。当地政府为了扶持农业发展，公布了许多优惠政策，小马因此赚了不少钱。村民小余看到了，十分眼红，也想要种植竹笋赚钱。然而，在询问过村主任后，小余才知道村里已经没有多余的土地承包给自己了，村委会建议小余可以和小马商量，看看是否可以转包。于是，小余动起了歪脑筋，他找到小马，威胁小马把承包的土地转包给自己一部分，还说这是村委会同意的。小马知道消息后非常担心，自己承包的土地如果真的就被这样强制流转了，那么这种流转是有效的吗？

解　析

为了保障土地承包人对自己所承包土地的占有、使用和收益的权利，我国《农村土地承包法》第六十条明确规定，他人无法强迫土地承包人流转、互换和转让土地，强制实施以上行为的，该强迫进行的土地流转无效。换言之，流转土地经营权应当尊重土地承包人的意愿，违背其本人意愿的流转没有任何法律效力。

具体到本案例，小余欺骗小马，要求小马强制转让土地，这样的做法是违法的。即使小马将土地转包给了小余，这样的土地流转也是无效的。

法　条

《中华人民共和国农村土地承包法》

第三十八条　土地经营权流转应当遵循以下原则：

（一）依法、自愿、有偿，任何组织和个人不得强迫或者阻碍土地经营权流转；

……

第六十条 任何组织和个人强迫进行土地承包经营权互换、转让或者土地经营权流转的，该互换、转让或者流转无效。

12. 土地经营权流转的期限有何规定？

案 情

老温是G村村民。五年前，老温承包了村里的10亩土地种植山药，承包期约定为二十年。今年，老温想要外出务工，就想把承包的土地转包出去。正好，同村的小顾想要承包一些土地种植果树。于是，老温找到小顾，准备将土地转包给小顾，但是，小顾想长期承包土地，至少要承包二十年。那么，老温可以将自己的土地转包给小顾吗？

解 析

土地流转时，我国对于流转期限是有一定限制的。根据我国《农村土地承包法》第三十八条第三项的规定，在土地经营权流转时，流转期限不得超过承包期的剩余期限。也就是说，在土地进行流转时，受让方一定要确认承包方剩余的承包期限。否则，很可能出现流转合同约定的期限还没有到，而承包期限已经届至的情形，这会严重损害受让方的合法权益。

具体到本案例中，小顾如果想要承包土地二十年，就不应当与老温签订土地经营权流转合同，因为老温的承包期限只有十五年了。

法　条

《中华人民共和国农村土地承包法》

第三十八条　土地经营权流转应当遵循以下原则：

……

（三）流转期限不得超过承包期的剩余期限；

……

13. 流转土地后，受让方可以再次将土地流转吗？

案　情

一年前，老曹和小江签订了土地经营权流转合同，小江将自己承包的5亩土地转包给老曹。老曹本来打算种植芝麻、花生等经济作物，但是经过辛勤的劳作，老曹发现自己对此十分不擅长，也不喜欢种植农作物。于是，老曹打算把这5亩地再流转出去。那么，流转土地后，受让方可以再次将土地流转吗？

解　析

为了鼓励农民和村集体盘活利用闲置的土地，提高土地的利用率，我国《农村土地承包法》第四十六条明确规定，受让方可以再流转土地经营权。然而，受让方再次流转土地需要满足一定的条件：第一，应当经土地的承包方书面同意；第二，应当向集体经济组织备案。

具体到本案例，如果老曹想要把这5亩土地再次流转出去，找到合适的受让方后，一定要征得小江的书面同意，还要向本村村委会进行备案。

法　条

《中华人民共和国农村土地承包法》

第四十六条　经承包方书面同意，并向本集体经济组织备案，受让方可以再流转土地经营权。

14. 土地经营权流转合同受让方可以用土地经营权向银行申请贷款吗?

案　情

老杨是A村村民，他和另一村民小李签订了一份土地经营权流转合同，承包了小李的10亩土地用于种植大蒜。然而，在大蒜全部被种下后，老杨发现，市场上大蒜的供应量已接近饱和，自己的大蒜丰收后可能会面临滞销问题。于是，他想自己开办一个大蒜加工厂，将大蒜加工成食品后再往外卖。但是，老杨没有足够的钱去开办加工厂。村委会主任老张知道了老杨的事情后，告诉老杨可以用土地经营权向银行申请贷款。老杨想知道，自己只是土地经营权流转合同的受让方，有资格以此申请贷款吗?

解　析

为了提高集体土地的利用率，让土地的实际使用者有资金进行经营，我国《农村土地承包法》第四十七条赋予了承包方或者受让方以土地经营权向金融机构进行贷款的权利。根据该条款的规定，承包方向银行贷款的，需要向发包方备案。通过土地流转取得土地经营权的受让方，不仅需向发包方备案，还需要经承包方的书面同意，两项条件都具备时，受让方也可以用土地经营权向银行申请贷款。

具体到本案例，老杨作为受让方，享有土地经营权，可以向银行申请贷款，但是，老杨不仅需要向发包人备案，还需要经过土地承包人小李的书面同意。同时，小李还可以申请进行登记，保护自己的权利。

法 条

《中华人民共和国农村土地承包法》

第四十七条 承包方可以用承包地的土地经营权向金融机构融资担保，并向发包方备案。受让方通过流转取得的土地经营权，经承包方书面同意并向发包方备案，可以向金融机构融资担保。

担保物权自融资担保合同生效时设立。当事人可以向登记机构申请登记；未经登记，不得对抗善意第三人。

实现担保物权时，担保物权人有权就土地经营权优先受偿。

土地经营权融资担保办法由国务院有关部门规定。

15. 将土地承包经营权互换，可以不登记吗？

案 情

吴老汉有两个儿子，大吴和小吴。吴老汉年事已高，所以决定早些立下遗嘱，将家产分给两个儿子。在遗嘱中，吴老汉将村头的一处土地分给了大儿子大吴，将村东的一处土地分给了小儿子小吴。在吴老汉去世没多久，大吴找到弟弟小吴，和小吴商议交换土地，因为小吴得到的那处土地面积比较大，大吴会支付给弟弟一些钱作为补偿。弟弟小吴觉得合理就答应了。大吴提出对互换的事情进行登记，但是小吴说，亲兄弟之间不必在乎这些形式上的东西。请问，将土地承包经营权互换，可以不进行登记吗？

解 析

根据《农村土地承包法》第三十五条的规定，土地承包经营权互换、转让的，当事人可以向登记机构申请登记。未经登记，不得对抗善意第三人。也就是说，对于土地承包经营权的互换或转让方式流转，法律并未强制要求登记；但是，未经登记的，不得对抗善意第三人。因此在本案例中，大吴提出对土地承包经营权互换进行登记时，小吴应当答应大吴的要求，否则，不得对抗善意第三人，也就是说这种互换对外不发生法律效力。因此，为了更好地保障双方的合法权益，当进行土地互换、转让事项时，最好到有关部门进行登记。

法 条

《中华人民共和国农村土地承包法》

第三十五条 土地承包经营权互换、转让的，当事人可以向登记机构申请登记。未经登记，不得对抗善意第三人。

第三十六条 承包方可以自主决定依法采取出租（转包）、入股或者其他方式向他人流转土地经营权，并向发包方备案。

16. 土地经营权人弃耕土地的，应当如何处理？

案　情

老彭是D村村民。三年前，老彭与同村的村民小李签订了一份土地经营权流转合同，将小李承包村里的20亩地转包了过来，表示想要种植菠萝、杨梅、香蕉等水果。然而，三年过去了，老彭还是没有丝毫种植水果的动向，他承包的土地已经长满了青草。村委会主任老蒋看到土地被这样糟蹋，十分心疼。那么，土地经营权人弃耕土地的，应当如何处理呢？

解　析

我国土地资源总量虽然多，但人均占有量少，优质耕地少，耕地的后备资源更少。因此，我国严厉杜绝浪费土地，弃耕抛荒的行为。根据我国《农村土地承包法》第四十二条、第六十四条之规定，土地经营权人弃耕抛荒连续两年以上的，承包方有权单方解除土地经营权流转合同。如果承包方不作为的，土地的发包方也有权要求终止土地经营权流转合同。

具体到本案例，老彭承包土地后连续三年都没有耕种，属于《农村土地承包法》第四十二条规定的“弃耕抛荒连续两年以上”情形。对此，不仅小李可以单方解除和老彭的土地经营权流转合同，村委会作为集体经济组织，也可以要求终止该土地经营权流转合同。

法 条

《中华人民共和国农村土地承包法》

第四十二条 承包方不得单方解除土地经营权流转合同，但受让方有下列情形之一的除外：

……

（二）弃耕抛荒连续两年以上；

……

第六十四条 土地经营权人擅自改变土地的农业用途、弃耕抛荒连续两年以上、给土地造成严重损害或者严重破坏土地生态环境，承包方在合理期限内不解除土地经营权流转合同的，发包方有权要求终止土地经营权流转合同。土地经营权人对土地和土地生态环境造成的损害应当予以赔偿。

17. 受让方严重损害土地的，承包方可以如何处理？

案 情

两年前，小杨将自己承包的20亩土地转包给老范，自己外出务工了。今年，小杨回乡祭祖的时候，发现老范承包的土地已经被严重破坏了。询问村里的朋友小张后，小杨才知道，老范承包土地后，为了提高农作物的产量，一直过量喷洒农药，小杨承包地的酸碱性受到了极大损害，土壤远不如之前肥沃。小杨很生气，他可以如何处理呢？

解　析

土地破坏容易，修复难。为了更加持久地循环利用土地，我国《农村土地承包经营法》第四十二条第三项规定，受让方给土地造成严重损害或者严重破坏土地生态环境时，承包方有权单方面解除土地经营权流转合同。一般而言，承包方是无权单方解除土地经营权流转合同的，但是，如果受让方已经严重破坏了土地的生态环境，对土地造成了严重损害的，法律赋予了承包方单方解除权，这也体现了我国对农村集体土地的重视与保护。

具体到上面的案例中，如果老范的行为对土地造成了严重的损害，小杨可以单方解除和老范签订的土地经营权流转合同。

法　条

《中华人民共和国农村土地承包法》

第四十二条　承包方不得单方解除土地经营权流转合同，但受让方有下列情形之一的除外：

……

（三）给土地造成严重损害或者严重破坏土地生态环境；

……

18. 妇女离婚后搬到别的村子居住，在未取得承包地前原所在地村委会可以收回其土地承包权吗？

案　情

袁某嫁到了张李庄，与丈夫李某生活五年后，感情破裂，于2020年办理了离婚手续。袁某因与丈夫离婚，村里人对此说三道四，袁某难以忍受，于是决定搬到隔壁马道庄村生活。因袁某还没有将户口的事情解决好，所以马道庄村没有分给她土地。在离婚后的第三个月，袁某得知张李庄的村委会要收回她的承包地，理由就是她搬到了别村居住，已经不再是本村村民。袁某认为张李庄村委会的说法不合理，便找到村委会，要求村委会给出合理的说法。请问，张李庄村委会有权收回她的承包地吗？

解 析

根据我国《农村土地承包法》第三十一条之规定，承包期内，妇女结婚，在新居住地未取得承包地的，发包方不得收回其原承包地；妇女离婚或者丧偶，仍在原居住地生活或者不在原居住地生活但在新居住地未取得承包地的，发包方也不得收回其原承包地。由本案例可知，袁某与张李庄村委会签订了承包合同，并取得了土地承包经营权，而且承包期限尚未届满，袁某仍享有土地承包经营权。虽然袁某与丈夫离婚，并已经搬到了马道庄村，但她在马道庄村尚未取得承包地。根据上述条文规定，张李庄的村委会不能收回袁某在张李庄的承包地。

法 条

《中华人民共和国农村土地承包法》

第三十一条 承包期内，妇女结婚，在新居住地未取得承包地的，发包方不得收回其原承包地；妇女离婚或者丧偶，仍在原居住地生活或者不在原居住地生活但在新居住地未取得承包地的，发包方不得收回其原承包地。

第九章

土地管理

土地是农民的命根子，土地对于农民的重要性不言而喻。我国实行土地公有制，土地的所有制形式分为全民所有和农民集体所有两种。农村的土地属于村民集体所有。农民对分配给自己的土地享有占有、使用、收益、处分的权利。然而，土地不同于一般的财产，国家对土地的用途实行管制制度，农民在享有土地权利的同时要严格遵守土地管理法律法规，按照要求利用土地，获取收益，避免出现违法用地现象。

1. 哪些耕地可以被划入基本农田保护区？

案　情

某省一所著名的农业大学要进行一项科研活动，经过学校几名专业教授的考察与探讨，最后选定了该省武某家的耕地。武某家的耕地土壤肥沃，靠近水源，而且气候适宜，非常适合进行农业调研。经过一年时间的调研，该所大学取得了创新性的突破，并获得了省级一等奖。不久前，武某家所在县的政府把该处耕地划为基本农田保护区。武某的表弟刘某知道后，向政府提出申请，也想让自己家的耕地被划为基本农田保护区，但是被拒绝了。请问，哪些耕地可以被划入基本农田保护区？

解　析

所谓基本农田保护区，是指为了对基本农田实行特殊保护，避免此类耕地用作其他用途，而依照法律法规规定的要件和程序划定的特殊保护区域。我国实行基本农田保护制度，基本农田保护区以乡（镇）为单位进行划区定界，由县级人民政府土地行政主管部门会同同级农业行政主管部门组织实施，各级政府应当对列入基本农田保护区的耕地进行严格管理。根据《土地管理法》第三十三条之规定，按照土地利用总体规划被列入永久基本农田保护区的耕地主要包括：（1）经国务院农业农村主管部门或者县级以上地方人民政府批准确定的粮、棉、油、糖等重要农产品生产基地内的耕地；（2）有良好的水利与水土保持设施的耕地，正在实施改造计划以及可以改造的中、低产田和已建成的高标准农田；（3）蔬菜生产基地；（4）农业科研、教学试验田；（5）国务院规定应当划入永久基本农田保护区的其他耕地。本案例中，武某家的耕地被一所著名的农业大学选中，用于农业调研，属于法律规定的农业科研、教学试验田，是可以被划为基本农田保护区的耕地。而武某表弟家的耕地不属于科研所用土地，也不满足其他可以被划为基本农田保护区的条件，所以刘某的申请才会被拒绝。

法 条

《中华人民共和国土地管理法》

第三十三条 国家实行永久基本农田保护制度。下列耕地应当根据土地利用总体规划划为永久基本农田，实行严格保护：

（一）经国务院农业农村主管部门或者县级以上地方人民政府批准确定的粮、棉、油、糖等重要农产品生产基地内的耕地；

（二）有良好的水利与水土保持设施的耕地，正在实施改造计划以及可以改造的中、低产田和已建成的高标准农田；

（三）蔬菜生产基地；

（四）农业科研、教学试验田；

（五）国务院规定应当划为永久基本农田的其他耕地。

各省、自治区、直辖市划定的永久基本农田一般应当占本行政区域内耕地的百分之八十以上，具体比例由国务院根据各省、自治区、直辖市耕地实际情况规定。

2. 将耕地用于非农建设要坚持什么原则?

案　情

年初，河北省某县级市要占用Z村部分耕地兴建高速公路。为了尽量少占耕地，该市政府找来建设用地规划人员多次对高速公路的线路进行规划和调整，最终确定了一条较为合理的线路。这条线路占用的耕地面积最小，而且所占用部分耕地的主人都已经到市里工作和生活，这些耕地被常年荒置，修建高速公路正好使得这些耕地重新被利用。该市政府在占用土地补偿款上与耕地的主人达成一致后，就开始了兴建公路的工程。请问，将耕地用于非农用地应当坚持的原则是什么?

解　析

根据我国《土地管理法》第三十条的规定，经批准可以占用耕地进行非农建设的，必须坚持占用耕地补偿原则，即非农建设经批准占用耕地的，应当按照“占多少，垦多少”的原则，由占用耕地的单位负责开垦与所占用耕地的数量和质量相当的耕地；如果没有开垦条件或者开垦的耕地不符合要求的，就应当按照省、自治区、直辖市的规定缴纳耕地开垦费，以开垦新的耕地。

按土地的用途不同，我国将土地分为三种：农用地、建设用地、未利用土地。我国是农业大国，农业在三大产业中所占比重最大，但是近年来，耕地面积有减少的趋势，因此我国严格限制将农用地转为建设用地，对耕地实行了特殊保护政策，如果要占用耕地进行非农建设，须向土地管理部门核实，并经有权批准的人民政府批准。

法 条

《中华人民共和国土地管理法》

第三十条 国家保护耕地，严格控制耕地转为非耕地。

国家实行占用耕地补偿制度。非农业建设经批准占用耕地的，按照“占多少，垦多少”的原则，由占用耕地的单位负责开垦与所占用耕地的数量和质量相当的耕地；没有条件开垦或者开垦的耕地不符合要求的，应当按照省、自治区、直辖市的规定缴纳耕地开垦费，专款用于开垦新的耕地。

省、自治区、直辖市人民政府应当制定开垦耕地计划，监督占用耕地的单位按照计划开垦耕地或者按照计划组织开垦耕地，并进行验收。

3. 被占用耕地上的土壤应该由占有人移走，还是由原所有人移走?

案 情

北宁市要建设新的城区。获得土地管理部门的批准后，红宇村被划入新建城区的范围内，该村被占用的耕地面积共60亩。该市第二建设工程有限公司（以下简称第二建设公司），依法承建这项建设工程，所有开发建造的事宜都由第二建设公司负责。王某是第二建设公司的负责人，在工程开始之初，这片耕地上有很多堆积的土壤无人处理，使得工程难以继续进行下去。于是王某一一找到这些耕地原来的主人，要求他们把土壤移走。但是，这些耕地的原所有人认为，土地已经不属于他们所有，因此他们没有义务移走这些土壤。那么请问，谁应当承担将土壤移走的义务呢？

解　析

国家或地方政府为经济建设、社会发展等需要，依法将农用地改为建设用地的，应当坚持“占多少，垦多少”的原则，占用耕地的单位有义务将耕地上的土壤移走，以确保耕地的数量和质量。对此，我国《土地管理法》第三十一条规定，县级以上地方人民政府可以要求占用耕地的单位将所占用耕地耕作层的土壤用于新开垦耕地、劣质地或其他耕地的土壤改良。具体到本案例，该市第二建设公司承建了城区建设的工程，按照《土地管理法》的规定，第二建设公司有移走土壤的义务，所以该市政府可以要求第二建设公司将所占用耕地上的土壤移走，用于新开垦耕地、劣质地或其他耕地的土壤改良。

法　条

《中华人民共和国土地管理法》

第三十一条　县级以上地方人民政府可以要求占用耕地的单位将所占用耕地耕作层的土壤用于新开垦耕地、劣质地或者其他耕地的土壤改良。

4. 占用耕地的单位可以拒绝配合土壤改良工作吗?

案 情

张某在甲县承包了一片土地用于草绳生产。在草绳厂建设期间，县政府认为草绳厂厂址所在的土地较为肥沃，可以用于贫瘠土地的土壤改良，于是县政府要求张某配合政府将厂址所在处的表层土壤挖走后再开始施工。但是张某笃信风水，认为将表层土地挖走后会影响草绳厂的气运，于是张某拒绝配合甲县政府的表层土壤移植工作。那么，张某是否有义务配合当地政府进行表层土壤移植工作呢?

解 析

耕作层土壤作为与空气直接接触的土壤，其中包含了丰富的有机物和矿物质，同时因为具有植物生长，其透气性和透水性都比较好。而深层土又叫生土，因为缺乏有机物不适合农作物耕作，通过在深层土中铺填表层土壤可以有效地提高土壤的肥性和透气性。所以《土地管理法》第三十一条规定，县级以上人民政府可以要求占用耕地的单位将所占用的耕地耕作层的土壤用于新开垦的耕地、劣质地或者其他耕地改良。通过这样的方式可以提高部分土地的肥力以及使用效率，同时也不会影响到工业用地的使用。

在本案中，甲县政府为了改良其他地区土壤性质要求张某的草绳厂配合其将耕作层的土地挖走的工作符合《土地管理法》的规定。张某因为自己的封建迷信而拒绝配合甲县政府的土壤改良计划是没有正当依据的，所以张某所在的草绳厂应当配合当地政府挖取耕作层土壤以用于其他土壤。

法　条

《中华人民共和国土地管理法》

第三十一条　县级以上人民政府可以要求占用耕地的单位将所占用的耕地耕作层的土壤用于新开垦的耕地、劣质地或者其他耕地改良。

5. 农民有权从自家耕地里取土盖房吗?

案　情

齐某是马道村有名的好心人，向来很乐意帮助村里的村民。在马道村有一个智力低下的人，村民都叫他二顺。二顺没有住的地方，这些年一直在村里一处破旧的厂房里度日。2016 年，齐某打算为二顺建一处小房子，但是自己手头并没有那么多钱。于是，齐某从自家耕地取土为二顺盖房。得知齐某用自己家耕地的土为二顺建造房屋，村民赞扬齐某的做法，也都自愿帮忙动手，帮助齐某给二顺搭建房屋。但是在房屋建好以后，政府工作人员却告知齐某说，他擅自从自家耕地取土盖房，违反了法律规定，要接受相应的行政处罚。齐某非常疑惑，帮助他人也要受到处罚？请问，农民有权从自家耕地取土盖房吗？

解　析

本案例涉及的是从自家耕地取土盖房是否违反法律的问题。

我国《土地管理法》第三十七条第二款规定："禁止占用耕地建窑、建坟或者擅自在耕地上建房、挖砂、采石、采矿、取土等。"同时，该法第七十五条还规定了违法占用耕地应当承担的法律责任，即占用耕地建窑、建坟或者擅自在耕地上建房、挖砂、采石、采矿、取土等，破坏种植条件的，由县级以上人民政府土地行政主管部门自然资源主管部门、农业农村主管部门等责令限期改正或者治理，可以并处罚款；构成犯罪的，依法追究刑事责任。由此可知，齐某从自家耕地取土盖房的行为是违法的，因为擅自取土会破坏种植条件，对于齐某的行为，相关土地主管部门可以责令其限期治理，还可以并处罚款。

法　条

《中华人民共和国土地管理法》

第三十七条第二款　禁止占用耕地建窑、建坟或者擅自在耕地上建房、挖砂、采石、采矿、取土等。

第七十五条　违反本法规定，占用耕地建窑、建坟或者擅自在耕地上建房、挖砂、采石、采矿、取土等，破坏种植条件的，或者因开发土地造成土地荒漠化、盐渍化的，由县级以上人民政府自然资源主管部门、农业农村主管部门等按照职责责令限期改正或者治理，可以并处罚款；构成犯罪的，依法追究刑事责任。

6. 将基本农田用于果树种植合法吗?

案　情

河南省某县有一个安溪村，金某是该村的村民，以务农为生。2015年，该村的另一位村民赵某承包了一片果林，经过一年的劳作，赵某收获后取得了不错的收益。金某看到赵某种植果树收获颇丰，所以也想要种植果树。但是，金某没有钱承包土地，所以他想把自己的耕地改种果树。这件事情很快被该村的村委会发现，村委会多次与金某交涉，想制止他的行为，但是，金某认为这是他自己的事，村委会无权干涉。请问，金某可以把耕地改种果树吗？

解　析

本案例涉及的是私自变更基本农田用途的做法是否违反法律规定的问题。所谓基本农田，是指按照一定时期人口和社会经济发展对农产品的需求，依据土地利用总体规划确定的不得占用的耕地。我国实行基本农田保护制度，各级政府应当根据当地的土地利用总体规划，划定基本农田保护区，基本农田保护区经依法划定后，任何单位和个人不得改变或者占用。

对此，我国《土地管理法》第三十七条第三款也有明文规定，禁止占用永久基本农田发展林果业和挖塘养鱼。所以本案中，金某不能将基本农田改种果树。

法　条

《中华人民共和国土地管理法》

第三十七条第三款　禁止占用永久基本农田发展林果业和挖塘养鱼。

7. 个人开发荒山需要办理哪些手续？

案 情

卢某与郭某在大学相识，所读专业都是农业管理，两人很快发展为情侣关系，并且感情一直都很好。2020年6月，两人大学毕业，卢某下定决心与郭某回农村老家，从事农业生产。郭某的老家有很多荒山，他们对老家的荒山进行了深入的研究，认为这片荒山很适宜发展林业，于是便着手开发荒山。他们的行为遭到父母的反对，郭某的父亲说土地都是国家的，没有授权，个人不能随意开发。但他们两人都在大学学过这方面的知识，知道法律并不禁止个人开发荒山，只是需要经过一些审批程序。那么，请问个人开发荒山需要办理什么手续呢？

解 析

我国《土地管理法》第四十一条规定，开发未确定使用权的国有荒山、荒地、荒滩从事种植业、林业、畜牧业、渔业生产的，经县级以上人民政府依法批准，可以确定给开发单位或者个人长期使用。具体到本案例，郭某与卢某可以对老家的荒山进行开发，从事林业生产，但是根据规定要经过县级以上人民政府依法批准，获得批准后，即可在荒山上种植林木。

法 条

《中华人民共和国土地管理法》

第四十一条 开发未确定使用权的国有荒山、荒地、荒滩从事种植业、林业、畜牧业、渔业生产的，经县级以上人民政府依法批准，可以确定给开发单位或者个人长期使用。

8. 既有荒地，也有耕地，只能在荒地上建厂吗?

案　情

浦家店村的郑某在该村建了一个汽车修理厂，因为该厂面积小，业务多，所以在经营了一段时间后，郑某想要对汽车修理厂进行扩建。在选址时，郑某初步看中了浦家店村的两处地方，一处是与该村公路相接的荒地，另一处是村东靠近汽车修理厂的耕地。郑某认为村东的那片土地靠近原有的汽车修理厂，所以向县政府申请占用村东的耕地兴建修理厂。但是郑某的申请被县政府拒绝了，理由是该浦家店村尚有部分荒地可以利用，为了保护耕地，不能同意郑某在村东肥沃的耕地上兴建汽车修理厂。请问，在既有荒地也有耕地的情况下，村民郑某只能在荒地上兴建修理厂吗?

解　析

根据我国《土地管理法》第二十一条第一款、第三十七条第一款之规定，城市建设用地规模应当符合国家规定的标准，充分利用现有建设用地，不占或者尽量少占农用地；非农建设必须节约使用土地，可以利用荒地的，不得占用耕地；可以利用劣地的，不得占用好地。由此可知，在有荒地可以利用时，就不得占用耕地。本案中，浦家店村尚有大面积的荒地闲置，在有可以利用的荒地时，应当首先对荒地加以利用，因为这些荒地质量较差，相比耕地更适合进行非农建设，而耕地土壤肥沃，应当用于种植农业，该县政府没有同意郑某申请的做法是正确的。村民郑某只能在荒地上兴建修理厂。

法　条

《中华人民共和国土地管理法》

第二十一条第一款　城市建设用地规模应当符合国家规定的标准，充分利用现有建设用地，不占或者尽量少占农用地。

第三十七条第一款　非农业建设必须节约使用土地，可以利用荒地的，不得占用耕地；可以利用劣地的，不得占用好地。

9. 在建设施工的过程中无意对耕地造成了破坏应当怎么办?

案　情

H市电力部门对该市黄里村的用电设备进行测试，发现黄里村的电力设施已经老化，再不进行更新很容易出现漏电等事故。于是，在测试完成后，H市电力部门马上选择了一家新电力公司着手该村用电设施的换新工作。黄里村的主要用电设施在村里的某处农田里，对用电设施进行搬运需要运用重型交通工具，在搬运的过程中，因为没有提前做好规划，造成了这片农田大面积塌陷，土地因此受损严重，并影响了日后土地的收成，该处农田的承包人要求电力公司对此承担赔偿责任。请问，在电力公司对耕地造成破坏的情况下，农民可以要求赔偿吗?

解　析

本案件涉及的主要问题是建设施工过程中造成耕地损坏时，施工部门应当对农民承担什么样的责任。对此，我国《土地管理法》第四十三条有明确规定："因挖损、塌陷、压占等造成土地破坏，用地单位和个人应当按照国家有关规定负责复垦；没有条件复垦或者复垦不符合要求的，应当缴纳土地复垦费，专项用于土地复垦。复垦的土地应当优先用于农业。"所以，电力公司应当依照规定对该处耕地进行复垦工作，不能复垦或者复垦不符合要求的，应当缴纳相应的复垦费用。

法　条

《中华人民共和国土地管理法》

第四十三条　因挖损、塌陷、压占等造成土地破坏，用地单位和个人应当按照国家有关规定负责复垦；没有条件复垦或者复垦不符合要求的，应当缴纳土地复垦费，专项用于土地复垦。复垦的土地应当优先用于农业。

10. 农民可以将耕地闲置一年吗？

案　情

林某出生在水宇村，20岁高中毕业后就没有再继续上学，而是到市里打工，后经人介绍结识了市里的青年杨某，两人谈了一段时间恋爱后结了婚。林某结婚后，想到父母还居住在老家，时常要到地里干农活，非常辛苦。为了让父母生活得轻松

一些，林某与丈夫杨某就把父母接到市里来住，将农村的土地转让给了刚向政府申请投资建厂的A公司。但是因资金的问题，A公司迟迟没有与林某父母签订合同，林某的父母也没有在这块土地上进行耕作，将这块土地闲置了将近一年的时间。请问，林某父母可以将耕地闲置将近一年的时间吗？

解析

我国《土地管理法》第三十八条第一款明确规定，禁止任何单位和个人闲置、荒芜耕地。已经办理审批手续的非农建设占用耕地，一年内不用而又可以耕种并收获的，应当由原耕种该幅耕地的集体或者个人恢复耕种，也可以由用地单位组织耕种；一年以上未动工建设的，应当按照省、自治区、直辖市的规定缴纳闲置费；连续二年未使用的，经原批准机关批准，由县级以上人民政府无偿收回用地单位的土地使用权；该幅土地原为农民集体所有的，应当交由原农村集体经济组织恢复耕种。承包经营耕地的单位或者个人连续二年弃耕抛荒的，原发包单位应当终止承包合同，收回发包的耕地。由此可知，林某父母将耕地闲置近一年时间的做法是违反法律规定的，林某父母想要把土地转让给A公司，不想再从事农业耕种了，但是在A公司没有签订转让合同前的这段时间，这片土地依然可以耕种、收获，林某父母应当利用好这块土地进行耕作，否则，将土地闲置就会造成土地资源的浪费。按照条文的规定，一年内不用而又可以耕种并收获的，应当由原耕种人也就是林某的父母恢复耕种，也可以由用地单位组织耕种。

法　条

《中华人民共和国土地管理法》

第三十八条　禁止任何单位和个人闲置、荒芜耕地。已经办理审批手续的非农业建设占用耕地，一年内不用而又可以耕种并收获的，应当由原耕种该幅耕地的集体或者个人恢复耕种，也可以由用地单位组织耕种；一年以上未动工建设的，应当按照省、自治区、直辖市的规定缴纳闲置费；连续二年未使用的，经原批准机关批准，由县级以上人民政府无偿收回用地单位的土地使用权；该幅土地原为农民集体所有的，应当交由原农村集体经济组织恢复耕种。

在城市规划区范围内，以出让方式取得土地使用权进行房地产开发的闲置土地，依照《中华人民共和国城市房地产管理法》的有关规定办理。

11. 因开发度假村而征收农民集体所有的土地，属于“公共利益”范畴吗？

案　情

华都公司与某县政府签订《土地开发使用合同》决定对A区土地进行度假村项目开发，双方约定由当地政府对A区土地进行征收并交由华都公司开发度假村。在进行A区土地的征收过程中，有村民提出异议，拒绝接受某县政府的征收行为，并认为某县政府的征收行为缺乏正当性。某县政府则认为开发度假村的行为属于公益行为，符合《土地管理法》内容之规定，所以其征收行为是具有正当性的。那么，因开发度假村而征收农民集体所有的土地的行为属于“公共利益”的范畴吗？

解析

征收行为是国家基于公共利益的需要，以行政权获得集体、个人财产所有权并给予适当补偿的行政行为。近些年来，因为某些地方政府的不正当征收行为导致了很多问题，所以在2019年对《土地管理法》进行修改时，对因公共利益而征收农民土地进行了较为明确的规定，符合公共利益的原因包括军事外交、政府组织的基础设施、公共事业、扶贫搬迁以及保障性安居工程。但是修改中也保留了“法律规定为公共利益需要可以征收农民集体所有权的其他情形”这一兜底条款。

基于土地征收的公共利益可以定义为：不特定的公众基于生存和发展的需要形成有政府予以相应保障的机会性的权益。具体到本案件中，不可将建立度假村的行为一概而论地定义为公益行为或非公益行为，而是要将度假村开发行为的具体规划落实到区域发展，以及对征收地区人民的保障性和受益性权益的增加之上。如果该度假村只是用于度假的商业开发，将原住在A区的人民全部迁移至其他住处，那么该度假村的开发行为不可以认定为公益行为，自然也不可以以此为理由进行征收。但是如果该度假村的建设是以商业发展为契机，对A区的基础设施进行升级，并为当地的村民提供相应的工作机会，使得当地居民可以直接享受到度假村开发的优惠，同时也为其他地区人民提供休闲处所，那么可以认为该度假村的建设是为了公共利益。

所以，对于建立度假村的行为是否属于公共利益之行为的问题，不可一概而论，应当切合实际，根据具体开发规划来分析。

法 条

《中华人民共和国土地管理法》

第四十五条　为了公共利益的需要，有下列情形之一，确需征收农民集体所有的土地的，可以依法实施征收：

（一）军事和外交需要用地的；

（二）由政府组织实施的能源、交通、水利、通信、邮政等基础设施建设需要用地的；

（三）由政府组织实施的科技、教育、文化、卫生、体育、生态环境和资源保护、防灾减灾、文物保护、社区综合服务、社会福利、市政公用、优抚安置、英烈保护等公共事业需要用地的；

（四）由政府组织实施的扶贫搬迁、保障性安居工程建设需要用地的；

（五）在土地利用总体规划确定的城镇建设用地范围内，经省级以上人民政府批准由县级以上地方人民政府组织实施的成片开发建设需要用地的；

（六）法律规定为公共利益需要可以征收农民集体所有的土地的其他情形。

前款规定的建设活动，应当符合国民经济和社会发展规划、土地利用总体规划、城乡规划和专项规划；第（四）项、第（五）项规定的建设活动，还应当纳入国民经济和社会发展年度计划；第（五）项规定的成片开发并应当符合国务院自然资源主管部门规定的标准。

第十章

农村教育、医疗、社保、优抚

随着社会主义建设的深入发展，教育、医疗、社保、优抚等各项社会发展成果已逐步惠及农村，为广大农村居民带来了极大的益处。无论是教育、医疗，还是社保、优抚，都关系到农民的切身利益。然而，这些好的政策规定只有落实到村民身上，才能真正地发挥作用。但实际上，还有很多农民朋友不熟悉这些政策规定，在自己的合法权益被侵犯时也不知道如何维权，在遇到困难时，也不知道如何利用这些优惠政策，而是苦苦寻找方法。因此，农民朋友们多学习这方面的法律知识是非常必要的。

1. 教育救助针对哪些人？

案　情

今年刚满10岁的小丽家住在偏远的小山村，目前就读于村里的希望小学。小丽的母亲生下小丽后就去世了，在外打工的父亲今年工作时又伤了双腿，瘫痪在床。为了治疗父亲的双腿，小丽家几乎花光了所有积蓄。后来，在村主任的帮助下，小丽家申请了低保。但随着家庭状况日益窘迫，小丽和14岁的哥哥都面临辍学的境遇。就在这绝望之际，村主任来到了小丽家，向小丽和哥哥解释道，由于小丽和哥哥都是未成年人，小丽的爸爸作为抚养人又丧失了劳动能力，如今他们家又享受了低保，所以小丽和哥哥可以申请教育救助，这样就可以帮助小丽和哥哥继续完成国家规定的九年义务教育。于是，在村主任的帮助下，小丽和哥哥终于顺利地回到了学校。那么请问，教育救助的对象有哪些呢？

解　析

我国目前实行九年义务教育制度，这一制度是为了普遍提高我国公民的受教育程度，提升国民的知识水平。接受九年义务教育既是适龄儿童的权利，也是家长、学校和社会的义务。自从实行该制度后，我国就采取各项措施确保未成年人的受教育权，但在偏远的农村，往往很多家庭因为天灾人祸、疾病伤残等原因无法供养子女上学。国家为了政策的落实，根据《社会救助暂行办法》第三十三条的规定，对以下人员进行教育救助：一是在义务教育阶段就学的最低生活保障家庭成员和特困供养人员；二是在高中教育（含中等职业教育）、普通高等教育阶段就学的最低生活保障家庭成员、特困供养人员；三是不能入学接受义务教育的残疾儿童，根据实际情况给予适当教育救助。

在本案中，小丽和哥哥都处于接受义务教育的阶段，作为唯一抚养人的父亲又丧失了劳动能力，家里也因此享受低保待遇，所以，小丽和哥哥所在的家庭属于最低生活保障家庭，他们依法可以享受国家给予的教育救助。当然，当小丽和哥哥完成了义务教育，进入高中时，若家里的条件还是没能得到改善，还可以继续申请教育救助。

法 条

《社会救助暂行办法》

第三十三条 国家对在义务教育阶段就学的最低生活保障家庭成员、特困供养人员，给予教育救助。

对在高中教育（含中等职业教育）、普通高等教育阶段就学的最低生活保障家庭成员、特困供养人员，以及不能入学接受义务教育的残疾儿童，根据实际情况给予适当教育救助。

2. 学生如何申请教育救助?

案 情

瑶瑶的家住在海南省的某个小村庄，瑶瑶的妈妈由于有先天性心脏病，身体一直不好，一家三口人全靠瑶瑶的父亲捕鱼赚钱和低保补助为生，家庭生活非常拮据。瑶瑶从小天资聪颖，热爱学习，成绩一直名列前茅。2020 年，瑶瑶顺利考上了当地的重点高中，马上就要到县里去上学了，正当村里人都为瑶瑶感到高兴时，瑶瑶的父亲却在夜里回家的路上被疾驰而过的汽车撞上，因重伤抢救无效死亡。肇事者在事故发生后逃之夭夭，迄今为止也没有被抓获。巨大的不幸笼罩着这个贫困的家庭，这些年瑶瑶妈妈不间断的治疗已经致使家里债台高筑，现在连唯一能够挣钱支撑家庭的父亲也意外去世，瑶瑶感到非常绝望。因为交不起学费，同时也想早点儿工作照顾生病的妈妈，瑶瑶决定放弃读高中的机会外出打工。村里的干部知道了瑶瑶的想法后，鼓励瑶瑶不要轻言放弃，可以通过申请教育救助的方式来渡过难关。那么，瑶瑶应当如何申请教育救助呢？

解　析

教育救助是我国社会救助的一项重要内容，它深刻体现了党和政府“教育为本”的思想，争取让每一个适龄学生都能享受教育的机会。这也是我国构建和谐社会，维护社会教育公正、公平的重要方式和手段。在我国的受教育群体中，很多学生因家庭贫困交不起学费或者难以负担生活费而辍学，如果对这类问题放任不管，听之任之，那么不仅会影响到这部分孩子的受教育权和健康成长，还会引发一系列的社会问题，导致违法、犯罪等事件的增多，加剧社会矛盾，严重影响社会生活的正常秩序。所以，我国《社会救助暂行办法》对教育救助的对象、方法等作出了明确规定，力求消除贫困家庭子女上学的顾虑。根据该法第三十三条的规定，国家对在义务教育阶段就学的最低生活保障家庭成员、特困供养人员给予教育救助。对在高中教育（含中等职业教育）、普通高等教育阶段就学的最低生活保障家庭成员、特困供养人员，以及不能入学接受义务教育的残疾儿童，根据实际情况给予适当教育救助。同时该法第三十六条还规定，“申请教育救助，应当按照国家有关规定向就读学校提出，按规定程序审核、确认后，由学校按照国家有关规定实施。”本案中，瑶瑶家庭系低保家庭，且家中又发生重大变故，因此瑶瑶的条件符合申请教育救助的标准，可以向其即将就读的县高中提出教育救助申请，请求学校给予帮助，能够让自己顺利地入学，完成学业。

法 条

《社会救助暂行办法》

第三十三条 国家对在义务教育阶段就学的最低生活保障家庭成员、特困供养人员，给予教育救助。

对在高中教育（含中等职业教育）、普通高等教育阶段就学的最低生活保障家庭成员、特困供养人员，以及不能入学接受义务教育的残疾儿童，根据实际情况给予适当教育救助。

第三十六条 申请教育救助，应当按照国家有关规定向就读学校提出，按规定程序审核、确认后，由学校按照国家有关规定实施。

3. 乡村医生未取得相关执业证书能否从事医疗活动？

案 情

魏某今年38岁，出生于一个医药世家，其祖祖辈辈都是当地行医治病的郎中，在当地村民中有一定的威望。到了魏某这一代，由于深受西医治病疗效快的影响，魏某不听长辈的劝告，决心告别祖传的中医理论，改学西医来造福乡亲们。魏某购买了西医医药学理论的书籍，除了看书之外，他还订购了一批医疗器材进行练习。一段时间后，魏某觉得自己的技术已经逐渐成熟了，便开始设立诊所为村民们看病。出于对魏家世代行医的信任，有几位感冒发烧的村民就决定不绕远去村卫生所了，直接到魏某的诊所请魏某给自己看病。魏某依照自己所学，为几位症状轻的村民开了药，另有两位发烧的村民在魏某的诊所里输液。谁知，这几位村民在吃完药、输完液后病症非但没有减轻，反而加重了。一位村民因为极度不舒服，当晚去了镇上的医院。镇医院院长在了解了情况后，为病人治疗的同时将此情况上报给了镇卫生局。镇卫生局派专人前往进行调查，发现魏某根本未取得乡村医生执业证书，属于无证看病。那么，未取得乡村医生执业证书能否进行诊疗呢？

解　析

医生是一个需要具有精湛职业技术和高度责任感的职业，因为它关乎着老百姓的生命健康。所以我国法律规定只能由那些具备相应的医药卫生专业知识、了解疾病诊断方法的，同时取得我国的行医资质的专业人士正式行医，为此，我国制定了《执业医师法》《乡村医生从业管理条例》《医疗机构管理条例》等法律法规对医生群体的资格、诊疗活动、职业素质等方面进行规范，保护公民的生命健康权。我国《乡村医生从业管理条例》第十五条规定：“乡村医生经注册取得执业证书后，方可在聘用其执业的村医疗卫生机构从事预防、保健和一般医疗服务。未经注册取得乡村医生执业证书的，不得执业。”本案中的**魏某在未取得乡村医生执业证书的前提下，自行开设诊所为村民进行治病，且造成了比较严重的后果，其行为严重违反了该条例的禁止性规定，应当由卫生行政部门按照《乡村医生从业管理条例》第四十二条的规定进行处罚。**

法 条

《乡村医生从业管理条例》

第十五条 乡村医生经注册取得执业证书后，方可在聘用其执业的村医疗卫生机构从事预防、保健和一般医疗服务。

未经注册取得乡村医生执业证书的，不得执业。

第四十二条 未经注册在村医疗卫生机构从事医疗活动的，由县级以上地方人民政府卫生行政主管部门予以取缔，没收其违法所得以及药品、医疗器械，违法所得5000元以上的，并处违法所得1倍以上3倍以下的罚款；没有违法所得或者违法所得不足5000元的，并处1000元以上3000元以下的罚款；造成患者人身损害的，依法承担民事赔偿责任；构成犯罪的，依法追究刑事责任。

4 哪些人群有权申请医疗救助？

案 情

张某是一个农民工，随着工程队到湖北武汉打工，认识了现在的妻子王某，二人很快就结了婚，过上了幸福的小日子。然而就在2020年5月12日，张某在工地上做工时，突然晕倒，被工友送往医院进行抢救，经查实张某得的是癌症，几轮治疗下来就花光了家里所有的积蓄和从亲戚、朋友那里借来的钱，而且后续仍有几个疗程需要花钱，一家人都为剩余的医疗费用而深深发愁。为了给丈夫治病，王某一个人扛起了家庭的重担，留下年迈的公婆照顾卧病在床的张某，一个人独自在外打工赚钱，但是除去一家人的吃喝，所剩的钱远远不能支撑张某的后续治疗。这让王某感到非常痛苦，非常渴望有人能帮助自己。当地的社会工作志愿者在走访调查过程中，了解到了王某的遭遇，发现他们家符合最低生活保障家庭的标准，便决定帮助其先申报最低生活保障家庭，然后再申请医疗救助。那么，张某有权申请医疗救助吗？

解　析

对特定对象提供医疗救助是我国解决贫困群众就医难问题的一个重要举措，通过政府所采取的财政补助政策或者提供其他的医疗服务，来提高农村贫困人员的健康生活水平，有针对性地按照地区差别、救助对象贫困程度和救助项目的不同，来制定相应的救助标准，保障求助群众的生命健康权。那么，哪些人员有权申请医疗救助呢？我国《社会救助暂行办法》第二十八条规定：“下列人员可以申请相关医疗求助：（一）最低生活保障家庭成员；（二）特困供养人员；（三）县级以上人民政府规定的其他特殊困难人员。”本案中的张某在得病之后，家里失去了主要劳动力，全靠妻子王某打零工挣钱，全家只能在温饱线上挣扎，更别说拿钱治病，其家庭状况符合最低生活保障家庭的情形，可以进行申请。在最低生活保障家庭的申请获批后，其有权申请医疗救助，来减缓家庭的经济压力，同时也能更好地为张某治病。同时，根据《社会救助暂行办法》第二十九条的规定，若张某参加了新型农村合作医疗，则对其个人缴费部分，医疗救助将给予补贴；若张某在生病时经基本医疗保险、大病保险和其他补充医疗保险支付后，仍难以承担相关基本医疗自负费用，医疗救助也将给予补助。

法 条

《社会救助暂行办法》

第二十八条 下列人员可以申请相关医疗救助：

（一）最低生活保障家庭成员；

（二）特困供养人员；

（三）县级以上人民政府规定的其他特殊困难人员。

第二十九条 医疗救助采取下列方式：

（一）对救助对象参加城镇居民基本医疗保险或者新型农村合作医疗的个人缴费部分，给予补贴；

（二）对救助对象经基本医疗保险、大病保险和其他补充医疗保险支付后，个人及其家庭难以承担的符合规定的基本医疗自负费用，给予补助。

医疗救助标准，由县级以上人民政府按照经济社会发展水平和医疗救助资金情况确定、公布。

5. 农村五保供养的内容是什么？

案 情

小王今年 14 岁。2020 年 10 月，正是农民收获的季节，小王的父母开着自家三轮车将自家的稻子拉到镇上的粮站去卖，却因为突然而至的滂沱大雨，在崎岖狭窄的山路上不慎翻车，夫妻俩在事故中双双死亡。一夜之间，小王变成了孤儿，沉重的打击使这个才十几岁的小女孩终日以泪洗面，非常可怜。好心的亲友、邻居们心疼她小小年纪就承受了如此大的伤痛，为了解决小王今后的生活问题，便替她向村委会申请五保户待遇，很快该申请就被批准了。那么，作为农村五保户，小王享受到的供养内容是什么呢？

解 析

所谓农村五保户，是指《农村五保供养工作条例》中所规定的符合下列条件的老年人、残疾人和未成年人：第一，无法定扶养义务人，或者虽有法定扶养义务人，但是扶养义务人无扶养能力的。此处的法定扶养义务人，是指依照《民法典》规定负有扶养、抚养和赡养义务的人，主要是指父母及子女。第二，无劳动能力的。第三，无生活来源的。本案中的小王因为一场交通事故父母双亡，变成了一个孤儿，符合上述法律规定的成为五保户的条件。可以说，五保户是缺乏生存能力、非常需要帮助照顾的弱势群体，那么，对这类群体进行供养时，他们可以享有哪些供养内容呢？根据我国《农村五保供养工作条例》第九条的规定，农村五保供养包括下列供养内容：供给粮油、副食品和生活用燃料；供给服装、被褥等生活用品和零用钱；提供符合基本居住条件的住房；提供疾病治疗，对生活不能自理的给予照料；办理丧葬事宜。同时，若供养对象未满 16 周岁或者已满 16 周岁仍在接受义务教育的，应当保障他们依法接受义务教育所需费用，疾病治疗也应当与当地农村合作医疗和农村医疗救助制度相衔接。

法 条

《农村五保供养工作条例》

第九条 农村五保供养包括下列供养内容：

（一）供给粮油、副食品和生活用燃料；

（二）供给服装、被褥等生活用品和零用钱；

（三）提供符合基本居住条件的住房；

（四）提供疾病治疗，对生活不能自理的给予照料；

（五）办理丧葬事宜。

农村五保供养对象未满16周岁或者已满16周岁仍在接受义务教育的，应当保障他们依法接受义务教育所需费用。

农村五保供养对象的疾病治疗，应当与当地农村合作医疗和农村医疗救助制度相衔接。

6. 享受农村五保待遇需要经过哪些程序？

案 情

马大爷是河南省大龙乡的村民，今年73岁，和自己的大儿子生活在村西头的一个土坯房内。马大爷总共育有两个儿子，早些年马大爷的妻子因乳腺癌不幸去世，为了照顾两个孩子，马大爷一直未再娶。后来，大儿子长大后在镇里开办了一个养殖场，搞起了养殖业，但由于亏损，对外欠下了许多债务，有一次在逃债的过程中不慎从半山腰摔了下去，造成了终身残疾。后来为了还债，马大爷偷偷将给二儿子娶媳妇用的新盖的房子卖掉了，二儿子因不堪忍受家庭负担，于2017年离家出走，至今杳无音信。如今，马大爷和残疾的大儿子在一个破旧的老房子里居住，每天靠着马大爷捡废品为生。邻居见马大爷可怜，建议其申请五保户。那么，申请五保户需要走哪些程序呢？

解　析

保障农村五保人员的基本生活对稳定和促进农村社会的发展与进步具有极为重要的意义。虽然随着现代农村生活水平的普遍提高，农村五保户的数量越来越少，但是应认识到目前仍有许许多多的困难群众需要国家的五保制度来进行保障，帮助他们维持正常的生活。在本案中，马大爷若要申请五保户，根据《农村五保供养工作条例》第七条，应当经过下列程序：首先，应当由本人向村民委员会提出申请；经过村民委员会民主评议，对符合条件的，在本村范围内公告；无重大异议的，由村民委员会将评议意见和有关材料报送乡、民族乡、镇人民政府审核。而后，乡、民族乡、镇人民政府应当自收到评议意见之日起20日内提出审核意见，并将审核意见和有关材料报送县级人民政府民政部门审批。县级人民政府民政部门应当自收到审核意见和有关材料之日起20日内作出审批决定。鉴于马大爷家的实际生活情况，其应当首先向村委会进行申报，然后耐心等待各项手续流程的审批。

法　条

《农村五保供养工作条例》

第七条　享受农村五保供养待遇，应当由村民本人向村民委员会提出申请；因年幼或者智力残疾无法表达意愿的，由村民小组或者其他村民代为提出申请。经村民委员会民主评议，对符合本条例第六条规定条件的，在本村范围内公告；无重大异议的，由村民委员会将评议意见和有关材料报送乡、民族乡、镇人民政府审核。

乡、民族乡、镇人民政府应当自收到评议意见之日起20日内提出审核意见，并将审核意见和有关材料报送县级人民政府民政部门审批。县级人民政府民政部门应当自收到审核意见和有关材料之日起20日内作出审批决定。对批准给予农村五保供养待遇的，发给《农村五保供养证书》；对不符合条件不予批准的，应当书面说明理由。

乡、民族乡、镇人民政府应当对申请人的家庭状况和经济条件进行调查核实；必要时，县级人民政府民政部门可以进行复核。申请人、有关组织或者个人应当配合、接受调查，如实提供有关情况。

7. 我国对农村养老保险待遇是如何规定的？

案情

张老汉是一个农民工，为了养家糊口，年轻时就辗转于各个城市的工地。虽然很辛苦，但张老汉一想到过年时能带着厚厚一沓钞票回家就会有无限的动力。今年，张老汉的儿子和相恋多年的女友结了婚，张老汉最大的心愿已经实现，家里人都希望张老汉能辞工回家享受一家人在一起的天伦之乐。多次催促后，张老汉无奈地告别了工作多年的行业与工地。回家后，虽然张老汉每天都感到很幸福，但在外工作了半辈子，突然不能靠自己的劳动挣钱了，张老汉觉得很没有安全感，总担心以后的生活没有保障。听村里人说现在农村人也能买养老保险了，于是就想给自己和老伴儿买一份，但是又不了解将来如何享受养老保险待遇。那么，我国对养老保险待遇是如何规定的呢？

解　析

老有所依是所有老百姓都非常关注的问题，我国农村养老保险制度的建立对该问题的解决至关重要，它不仅是我国一项重大的惠农政策，更能有效促进社会的公平正义，提高农民群体的生活质量。本案中的张老汉考虑到自己老了以后的生活保障问题，想买新型农村社会养老保险，却又不清楚保险待遇，那么我国对养老保险待遇到底是如何规定的呢？根据《国务院关于建立统一的城乡居民基本养老保险制度的意见》第六条规定，我国的城乡居民养老保险待遇由基础养老金和个人账户养老金构成，支付终身。首先，由中央确定基础养老金的最低标准，并根据经济发展和物价变动等情况适时调整。而地方政府可以根据实际情况适当提高基础养老金标准；对长期缴费的，可适当加发基础养老金，提高和加发部分的资金由地方人民政府支出。其次，关于个人账户养老金按月计发标准，目前为个人账户全部储存额除以 139，若参保人死亡，个人账户资金余额可以依法继承。在了解到当地具体农村养老保险待遇后，张老汉可以根据自己的实际情况选择适合的档次进行缴纳，以实现对自己今后生活的保障。

法 条

《国务院关于建立统一的城乡居民基本养老保险制度的意见》

六、养老保险待遇及调整

城乡居民养老保险待遇由基础养老金和个人账户养老金构成，支付终身。

（一）基础养老金。中央确定基础养老金最低标准，建立基础养老金最低标准正常调整机制，根据经济发展和物价变动等情况，适时调整全国基础养老金最低标准。地方人民政府可以根据实际情况适当提高基础养老金标准；对长期缴费的，可适当加发基础养老金，提高和加发部分的资金由地方人民政府支出，具体办法由省（区、市）人民政府规定，并报人力资源社会保障部备案。

（二）个人账户养老金。个人账户养老金的月计发标准，目前为个人账户全部储存额除以139（与现行职工基本养老保险个人账户养老金计发系数相同）。参保人死亡，个人账户资金余额可以依法继承。

8. 现役军人乘车有哪些优待？

案 情

王某出生在四川省的一个农村，在他9岁的时候村子里曾发生过泥石流灾害，情况非常严峻。就在这危急关头，参加救灾的解放军及时赶到，并连夜进行救援，直至险情全部排除。这件事情给王某留下了非常深刻的印象，他立志长大以后也要做一名光荣的军人。中专毕业后，王某就义无反顾地报名参军。在部队里，他勤奋刻苦，认真学习各种军事技能，获得了许多荣誉，是连队里的标杆人物。2020年春节是王某转为士官后第一次休假回家探亲。这天，王某穿着一身军装背着行囊，到火车站买票，刚准备排队时，一旁的工作人员告诉他可以凭有效证件优先购买车票。那么，现役军人乘车有哪些优待呢？

解　析

现役军人指的是正在军队服役，具有现役军籍，尚未退伍、转业和复员的军人。为了激励军人保卫祖国、建设祖国的献身精神，进一步加强国防和军队建设，我国法律从制度上明确了要健全和完善军人抚恤优待制度，保障国家对军人的抚恤优待，体现国家和社会对军人的体恤和尊重。本案中涉及的是军人优待内容中的一项——乘车优待，根据我国《军人抚恤优待条例》第三十六条的规定，现役军人凭有效证件、残疾军人凭《中华人民共和国残疾军人证》优先购票乘坐境内运行的火车、轮船、长途公共汽车以及民航班机；残疾军人享受减收正常票价50%的优待。同时，现役军人凭有效证件乘坐市内公共汽车、电车和轨道交通工具也可以享受优待，具体办法由有关城市人民政府规定。所以本案中的王某除了可以在火车站优先购票之外，还可以凭有效证件根据乘车地市人民政府的规定，享受市内公共汽车、电车和轨道交通工具的优待。

法　条

《军人抚恤优待条例》

第三十六条　现役军人凭有效证件、残疾军人凭《中华人民共和国残疾军人证》优先购票乘坐境内运行的火车、轮船、长途公共汽车以及民航班机；残疾军人享受减收正常票价50%的优待。

现役军人凭有效证件乘坐市内公共汽车、电车和轨道交通工具享受优待，具体办法由有关城市人民政府规定。残疾军人凭《中华人民共和国残疾军人证》免费乘坐市内公共汽车、电车和轨道交通工具。

9. 现役军人死亡的，具有哪些情形算因公牺牲？

案 情

刘某是驻闽某部队的一名军人，2020年持续的暴雨使我国南方地区发生了洪涝灾害，刘某所在的队伍参加了当地抢险工作。7月23日，在前往受灾地区的路途中，部队遇到了一辆倾倒在泥浆之中的三轮车，司机被卡在了车内。由于前方防洪堤随时有垮塌的危险，刘某只带了班上两个水性好的战士留下来帮忙，让其他战士继续快速前往救灾地点。雨下得越来越大，刘某等三人依然在奋力推车，就在这时，岸上的过往人员突然大喊："小心，快跑！"三人回头一看，洪水夹杂着泥石冲破了一道口子横冲下来，三人拉着刚刚获救的司机迅速跑向岸边，在往回跑的过程中，眼看即将被洪水吞没，跑在最后的刘某将前面的战友奋力推向了岸边的一棵大树，而自己却因为没有任何东西可以抓靠而被洪水冲走了，直到一个星期后，其尸体才被找到。那么，在这种情形下，刘某能否被认定为因公牺牲呢？

解　析

灾难当前，当人们疯狂想要逃走时，军人们却为了挽救人民群众而勇敢地接近灾难的核心，直面死亡，甚至不惜牺牲自己，这份精神是值得深深敬佩的。为了无愧于他们的默默奉献，我国的《军人抚恤优待条例》第九条第一款规定，“现役军人死亡，符合下列情形之一的，确认为因公牺牲：（一）在执行任务中或者在上下班途中，由于意外事件死亡的；（二）被认定为因战、因公致残后因旧伤复发死亡的；（三）因患职业病死亡的；（四）在执行任务中或者在工作岗位上因病猝然死亡，或者因医疗事故死亡的；（五）其他因公死亡的。”本案中的刘某在洪涝灾害中为了抢救受困的人民群众以及挽救战友的生命，而被洪水淹没最终不幸牺牲，应当被认定为在执行任务中死亡，属于因公牺牲情形，其家人应当得到国家和政府机关的抚恤优待，而刘某也应当得到属于他的荣誉。

法　条

《军人抚恤优待条例》

第九条　现役军人死亡，符合下列情形之一的，确认为因公牺牲：

（一）在执行任务中或者在上下班途中，由于意外事件死亡的；

（二）被认定为因战、因公致残后因旧伤复发死亡的；

（三）因患职业病死亡的；

（四）在执行任务中或者在工作岗位上因病猝然死亡，或者因医疗事故死亡的；

（五）其他因公死亡的。

现役军人在执行对敌作战、边海防执勤或者抢险救灾以外的其他任务中失踪，经法定程序宣告死亡的，按照因公牺牲对待。

现役军人因公牺牲，由军队团级以上单位政治机关确认；属于本条第一款第五项规定情形的，由军队军级以上单位政治机关确认。

10. 退役军人报考公务员是否有优先政策？

案 情

卢某今年24岁，现已从某部队义务兵服役期满。卢某在上大学期间身体以及意志力都不是很好，他的父母为了让儿子能蜕变成一个真正的男子汉，执意让卢某参军。来到军队后，卢某一开始非常不习惯，军队里的各种规矩束缚了他的自由，每天高强度的训练让他感到非常痛苦和吃力。但经过一段时间后，在班长的教导和帮助下，卢某成长得非常快，摆脱了过去散漫的性格，变成了一个有模有样的军人。服役期满后，卢某返回学校继续自己大四未完成的学业，同时也对自己毕业后的发展进行了规划。听说退役军人报考国家公务员有一定的优先政策后，他决心利用这个优先政策报考公务员。那么，退役军人报考公务员有哪些优先政策呢？

解 析

国家为了退伍军人退役后能获得好的安置，为退役军人们就业找工作创造了一定的优待条件，出台了一些诸如退役军人创业优惠政策、各地复员安置条例等政策。具体到本案例中，卢某在军队两年义务兵服役期满之后，他选择退役继续学业，同时又想通过考取公务员来实现自己未来的人生价值，根据我国《军人抚恤优待条例》第三十九条第一款的规定，义务兵和初级士官退出现役后，报考国家公务员、高等学校和中等职业学校，在与其他考生同等条件下优先录取。国家对义务兵和初级士官退役后报考公务员的确有优待政策，但是为了保障社会公平，此优待政策也是建立在同等条件之下的。因此，本案例中的卢某在享受国家对于退役军人的优先条件下，也应当努力学习。

法　条

《军人抚恤优待条例》

第三十九条　义务兵和初级士官退出现役后，报考国家公务员、高等学校和中等职业学校，在与其他考生同等条件下优先录取。

残疾军人、因公牺牲军人子女、一级至四级残疾军人的子女，驻边疆国境的县（市）、沙漠区、国家确定的边远地区中的三类地区和军队确定的特、一、二类岛屿部队现役军人的子女报考普通高中、中等职业学校、高等学校，在录取时按照国家有关规定给予优待；接受学历教育的，在同等条件下优先享受国家规定的各项助学政策。现役军人子女的入学、入托，在同等条件下优先接收。具体办法由国务院退役军人事务部门会同国务院教育部门规定。

11. 灾害发生后居民如何向政府申请获得住房灾后重建支持?

案 情

某年9月15日，台风在我国福建省厦门市登陆，造成了区域内普降特大暴雨，据监测，台风登陆时中心最大风力达到了17级，给厦门市带来了巨大的损失，很多居民的房屋被风吹垮。风暴结束后，厦门市政府及各部门与各界的救援力量立即投入灾后重建的紧张工作中，力争以最快的速度安置好居民，恢复生产生活。在政府领导的组织下，厦门市各区的民政局马上安排好了救灾物资调配、应急资金启动等工作，迅速组织人员向受灾群众发放矿泉水、方便面、雨衣等生活必需品，建立应急居住区域，保障居民的住宿。同时，相关领导还亲自到受灾严重区进行走访调查，了解救灾物资的到位情况，采集受灾数据，根据实际情况及时调整灾后重建方案。那么，本案中的受灾居民若想获得政府的住房灾后重建支持，应当如何申请呢?

解 析

当灾难过后，老百姓最关注的就是住房恢复与生活保障等问题，根据我国《自然灾害救助条例》第十九条、第二十条的规定，受灾地区人民政府应当统筹研究制订居民住房恢复重建规划和优惠政策，组织重建或者修缮因灾损毁的居民住房，对恢复重建确有困难的家庭予以重点帮扶。那么，居民如何申请成为政府的住房恢复重建对象呢?首先，应当由受灾人员本人申请或者由村民小组、居民小组提名成为居民住房恢复重建补助对象。其次，经村民委员会、居民委员会民主评议，符合救助条件的，在自然村、社区范围内公示；无异议或者经村民委员会、居民委员会民主评议异议不成立的，由村民委员会、居民委员会将评议意见和有关材料提交乡镇人民政府、街道办事处审核。最后，报县级人民政府应急管理等部门审批。

法　条

《自然灾害救助条例》

第十九条　自然灾害危险消除后，受灾地区人民政府应当统筹研究制订居民住房恢复重建规划和优惠政策，组织重建或者修缮因灾损毁的居民住房，对恢复重建确有困难的家庭予以重点帮扶。

居民住房恢复重建应当因地制宜、经济实用，确保房屋建设质量符合防灾减灾要求。

受灾地区人民政府应急管理等部门应当向经审核确认的居民住房恢复重建补助对象发放补助资金和物资，住房城乡建设等部门应当为受灾人员重建或者修缮因灾损毁的居民住房提供必要的技术支持。

第二十条　居民住房恢复重建补助对象由受灾人员本人申请或者由村民小组、居民小组提名。经村民委员会、居民委员会民主评议，符合救助条件的，在自然村、社区范围内公示；无异议或者经村民委员会、居民委员会民主评议异议不成立的，由村民委员会、居民委员会将评议意见和有关材料提交乡镇人民政府、街道办事处审核，报县级人民政府应急管理等部门审批。

12. 自然灾害发生后，政府应如何向受灾人员提供基本生活救助？

案情

2020年8月13日，陕西省某县发生了泥石流灾害，此次泥石流的破坏性非常大，导致生活在山下的五个自然村的大半房屋与多数庄稼田地都被淹没覆盖了。所幸政府紧急疏散了群众，没有造成重大人员伤亡。同时政府领导与当地驻军紧急进行联络，于灾后第一时间向受灾地区派出救援力量，搜救被困、失踪群众。灾难过后，当地群众返回村里进行清理重建，但是由于庄稼田地今年的收成都被毁了，人民群众如何过冬以及度过明年的春荒便成了摆在政府领导面前的首要问题。那么，本案中，在自然灾害发生后，政府应如何向受灾人员提供基本生活救助呢？

解析

所谓自然灾害，是指在自然界力量的作用下所造成的人员伤亡、财产损失、资源破坏等一系列现象或者事件发生。我国《社会救助暂行办法》第二十六条规定："自然灾害发生后，受灾地区人民政府应当为因当年冬寒或者次年春荒遇到生活困难的受灾人员提供基本生活救助。"此条规定明确了受灾地区政府应当为生活困难的受灾群众提供生活救助的义务。那么，本案中的政府如何进行救助呢？根据《自然灾害救助条例》第二十一条的规定，该县的人民政府应急管理部门应当在每年10月底前统计、评估本行政区域受灾人员当年冬季、次年春季的基本生活困难和需求，核实救助对象，编制工作台账，制定救助工作方案，经本级人民政府批准后组织实施，并报上一级人民政府民政部门备案。

法　条

《社会救助暂行办法》

第二十六条　自然灾害发生后，受灾地区人民政府应当为因当年冬寒或者次年春荒遇到生活困难的受灾人员提供基本生活救助。

《自然灾害救助条例》

第二十一条　自然灾害发生后的当年冬季、次年春季，受灾地区人民政府应当为生活困难的受灾人员提供基本生活救助。

受灾地区县级人民政府应急管理部门应当在每年10月底前统计、评估本行政区域受灾人员当年冬季、次年春季的基本生活困难和需求，核实救助对象，编制工作台账，制定救助工作方案，经本级人民政府批准后组织实施，并报上一级人民政府应急管理部门备案。

第十一章

道路交通与运输

随着我国市场经济的发展，道路交通运输业发挥着越来越重要的作用，成为联系各地经济的大动脉，它的有序运行也成为市场经济有效运转的重要因素。道路交通运输业的发展也带动了农村经济的发展，农村对客运、货运车辆的需求增加，农用机动车日渐普及，而在此种情况下，农民对道路交通运输知识的了解就显得尤为重要。然而长期以来农民对于交通运输的知识不太了解，这既不利于交通运输的安全、交通秩序的维护，更不利于农民自身的生产发展和农村市场的开拓。因此，农民掌握道路交通与运输的知识是必需且必要的，这既是对自己生命健康负责的体现，也有利于社会的和谐、进步。

1. 农用三轮车需要缴纳车辆购置税吗?

案 情

刘老汉如今已经69岁了，但身体依然硬朗，自己还种着两亩农田。儿子刘某多次劝他把农田给自己种，每个月会给他吃用的花费，但刘老汉认为自己种田获得的收入才能花得心安理得，就一直没有同意儿子的意见。刘某眼看着父亲的年纪越来越大，担心他的身体吃不消。为了使父亲在农忙时不会太累，2021年，刘某给父亲买了一辆农用三轮车，刘老汉一看心里乐开了花，为儿子的贴心感到欣慰。邻居王某来看刘老汉的新车也赞不绝口，并且说："这样的车子一定很贵吧？但还好现在国家政策好，不用缴纳购置税了，让我们农民更方便了。"刘老汉很惊诧地说："我们购买三轮车又不是买汽车，这还需要缴纳购置税吗？"你能为刘老汉讲解一下有关车辆购置税的知识吗？

解 析

车辆购置税是指国家对单位和个人购买的特定的车辆，如汽车、摩托车等收取一定的费用，这是国家财政收入的一种稳定来源，具有强制性。因此，任何人购买车辆都要缴纳车辆购置税。但是，为了减轻农民负担，鼓励农民购买农用三轮车，2004年9月7日发布的《财政部、国家税务总局关于农用三轮车免征车辆购置税的通知》（财税〔2004〕66号）规定：为促进农业生产发展，切实减轻农民负担，经国务院批准，自2004年10月1日起对农用三轮车免征车辆购置税。此后，农用三轮车就被排除在征收车辆购置费的范畴之外。这是国家切实减轻农民负担、促进农业发展的一大举措。众所周知，征税的一个作用就是调节收入平衡，而农民种田的收入几乎处于社会收入的最底层，取消农用三轮车的车辆购置税，能够真正发挥税收的调节作用，保护农民的利益，提高农民的积极性，让农业生产更有效率。本案中，刘老汉的农用三轮车是在2021年购买的，不再需要缴纳车辆购置税。

法 条

《财政部、国家税务总局关于农用三轮车免征车辆购置税的通知》

……

为促进农业生产发展，切实减轻农民负担，经国务院批准，自2004年10月1日起对农用三轮车免征车辆购置税……

2. 满足哪些条件可以从事客运经营?

案 情

谷某自从参加了工作就一直在钢铁厂上班，虽然工作很累，但工资还算可以。可是近几年钢铁厂的效益不太好，不仅工资降低了，而且面临着裁员，谷某便试图寻找其他工作。在一次返乡的途中，他与汽车司机程师傅交谈得知在城乡之间搭载乘客比较挣钱，尤其是夜晚长途汽车不再运营的时候。谷某想自己会开车，对城乡的这段路程也比较熟悉，最重要的是程师傅愿意教他。于是，谷某辞了工作专门与程师傅学习。在学了一段时间之后，谷某便买了一辆车。由于资金比较紧张，谷某买了一辆翻新过的几乎要报废的二手车，就正式投入运营了。两年过去了，谷某确实赚了一些钱，他准备再多攒些钱后就换辆新车。一天夜里，谷某在拉运乘客时，前面一辆车突然变道，谷某急忙刹车，但刹车失灵，撞到了旁边的栏杆上。后交警赶到，了解情况后，发现谷某无证拉运乘客，对其进行了罚款，并告知其要办理道路运输许可证之后才能从事客运经营。那么，谷某现在能够申请到道路运输许可证吗？

解　析

谷某目前不能申请到道路运输许可证。根据《道路交通运输条例》的规定，只有符合从事客运经营条件才能申请道路交通运输许可证，而从事客运经营必须具备以下条件：（一）有与其经营业务相适应并经检测合格的车辆。（二）有符合下列条件的驾驶人员：(1) 取得相应的机动车驾驶证；(2) 年龄不超过60周岁；(3) 3年内无重大以上交通责任事故记录；(4) 经设区的市级道路运输管理机构对有关客运法律法规、机动车维修和旅客急救基本知识考试合格。（三）有健全的安全生产管理制度。另外，如果申请从事班线客运经营的，还应当有明确的线路和站点方案。由于从事客运经营关系到道路交通管理秩序，更为重要的是客运经营关系到不特定多数人的生命健康权，因此对客运经营规定一定的条件，能够有效预防交通事故的发生，是对乘客和驾驶人员安全负责的一种表现。本案中，谷某买的是快要报废的二手车，是不合格的车辆，不符合从事客运经营的条件，而且谷某也没有参加有关客运法律法规、机动车维修和旅客急救基本知识的考试，因此谷某目前不能申请到道路运输许可证。

法　条

《中华人民共和国道路运输条例》

第八条　申请从事客运经营的，应当具备下列条件：

（一）有与其经营业务相适应并经检测合格的车辆；

（二）有符合本条例第九条规定条件的驾驶人员；

（三）有健全的安全生产管理制度。

申请从事班线客运经营的，还应当有明确的线路和站点方案。

第九条　从事客运经营的驾驶人员，应当符合下列条件：

（一）取得相应的机动车驾驶证；

（二）年龄不超过60周岁；

（三）3年内无重大以上交通责任事故记录；

（四）经设区的市级道路运输管理机构对有关客运法律法规、机动车维修和旅客急救基本知识考试合格。

3. 具备哪些条件可以从事货运经营？

案　情

卢某61岁，以前在一家货运公司做押运工作，由于卢某做事稳重，经常得到公司领导的赞赏。去年，卢某因为已经到退休年龄，于是便办理了退休手续，赋闲在家。2021年3月，卢某的邻居刘某想要开一家货运公司，请卢某做押运工作，卢某便答应了。这天，公司接了一批货运订单，而雇主急需将这批货物运走，但由于公司刚刚成立，司机还没有招满，刘某便找到了卢某，想让卢某负责这次货运。卢某认为自己没有驾驶过货车，而且自己年纪也比较大了，便再三推辞，但刘某承诺会支付卢某平时工资的三倍，卢某有些动摇。请问，刘某的做法对吗？面对金钱的诱惑，卢某应该怎么做？

解　析

刘某的做法是不对的，根据《道路交通运输条例》第二十一条和第二十二条的规定，从事货运经营的，应当具备下列条件：（一）有与其经营业务相适应并经检测合格的车辆。（二）有符合下列条件的驾驶人员：（1）取得相应的机动车驾驶证；（2）年龄不超过60周岁；（3）经设区的市级道路运输管理机构对有关货运法律法规、机动车维修和货物装载保管基本知识考试合格。（三）有健全的安全生产管理制度。法律对从事货运经营进行规范，是为了更好地维护交通运输管理秩序，保障交通运输安全，从事货运经营的单位或者个人，应当遵照法律规定，具备相应条件并依法申请后再从事。本案中，刘某明知卢某年纪过大，且没有驾驶货车经验，不具备货运经营资格，其让卢某代替司机的做法是不对的。卢某要抵制诱惑，坚决不能去做货车司机，这是对自己、对他人负责的表现。金钱固然重要，但生命健康的价值高于一切。

法　条

《中华人民共和国道路运输条例》

第二十一条　申请从事货运经营的，应当具备下列条件：

（一）有与其经营业务相适应并经检测合格的车辆；

（二）有符合本条例第二十二条规定条件的驾驶人员；

（三）有健全的安全生产管理制度。

第二十二条 从事货运经营的驾驶人员，应当符合下列条件：

（一）取得相应的机动车驾驶证；

（二）年龄不超过60周岁；

（三）经设区的市级道路运输管理机构对有关货运法律法规、机动车维修和货物装载保管基本知识考试合格（使用总质量4500千克及以下普通货运车辆的驾驶人员除外）。

4. 农用车可以从事道路旅客运输吗？

案 情

李某夫妇在每年秋天花生成熟之际，都会用三轮汽车从外县购买花生，加工之后再售出。一日，李某夫妇在购买花生后返回家的途中看到同村的王某正在路边等车，就让他搭载自己的车子回家了，王某一面表示感谢，一面给了李某一些车费。通过此事，李某夫妇也看到了“商机”，认为在返途中搭载他人既能方便他人，也能让自己挣点儿钱，于是就在每次返回的途中搭载在路边等车的乘客，别人问及，他们就说是货主。就这样反复搭载乘客，一个秋天下来，李某夫妇挣了不少钱。后来这件事被人举报了，交警对李某夫妇进行了罚款，并禁止他们再搭载乘客。李某夫妇不解，难道用自己的车子挣点儿钱也违法吗？你能解答李某夫妇的疑惑吗？

解　析

根据《道路运输条例》的规定，只有与旅客经营业务相适应并经检测合格的车辆才能从事道路旅客运输活动。这是因为旅客运输关系到道路交通的管理秩序和旅客的生命财产安全，而合格的车辆是保障道路交通安全最基本的条件，因此对从事旅客运输的车辆的类型、设施设备要求也比较高，而农用车不具备旅客运输车辆的条件，极易发生道路交通事故，难以保障旅客的生命和财产安全，因此只能从事道路货物运输，不能从事道路旅客运输。本案中，李某夫妇驾驶的是农用车，不具备道路旅客运输的条件，其行为不仅扰乱了道路交通运输管理秩序，也是对他人、对自己生命健康的不负责任。虽然是自己的车子，但是侵犯他人和社会权益的行为也是不可为的，因此交警的做法是正确的，李某夫妇应当自觉停止用农用车搭载乘客。

法　条

《中华人民共和国道路运输条例》

第八条　申请从事客运经营的，应当具备下列条件：

（一）有与其经营业务相适应并经检测合格的车辆；

（二）有符合本条例第九条规定条件的驾驶人员；

（三）有健全的安全生产管理制度。

申请从事班线客运经营的，还应当有明确的线路和站点方案。

第三十四条　道路运输车辆运输旅客的，不得超过核定的人数，不得违反规定载货；运输货物的，不得运输旅客，运输的货物应当符合核定的载重量，严禁超载；载物的长、宽、高不得违反装载要求。

违反前款规定的，由公安机关交通管理部门依照《中华人民共和国道路交通安全法》的有关规定进行处罚。

5. 按照规定，从事农村道路运输应当投保哪些类型的保险？

案 情

张三和李四是一起长大的发小，二人感情一直很好。2021年，二人商量着一人买一辆车，张三的农田比较多，想着买辆车在农忙时使用；李四想买辆车给自己村的化工厂运输货物。于是二人一起去县城各自买了一辆车，并为机动车投保了第三者责任强制保险。这天，李四大汗淋漓地来到张三家，进门就问："你的车子投保其他保险了吗？"张三说："没有啊。"李四很疑惑："为什么县交通局要让我的车子投保承运人责任险呢？否则就要吊销我的运输经营许可证。"你能解答李四的疑惑吗？

解 析

按照《道路交通安全法》和《机动车交通事故责任强制保险条例》的规定，从事农村道路运输如果购买的是机动车的话，机动车的所有人或管理人应当投保机动车第三者责任强制保险。根据《道路运输条例》第三十五条的规定，从事农村客运经营和从事农村危险货物运输经营的，应当分别为旅客或者危险货物投保承运人责任险。如果没有按照规定投保的，由县级以上道路运输管理机构责令限期投保；拒不投保的，由原许可机关吊销道路运输经营许可证。这是考虑到第三者责任强制保险并没有将乘客和货物受损的赔偿包括在内，而旅客运输、危险货物运输一旦发生意外交通事故，货主或乘客往往得不到赔偿或者得不到及时的赔偿，如果完全由承运人承担，对承运人来说负担非常重，不利于社会的稳定与和谐，而如果有保险则会将风险和负担降到最低，因此，法律规定从事客运经营和危险货物运输经营的必须要投保承运人责任险。本案中，由于李四为化工厂运输的是危险货物，是必须要投保承运人责任险的，而张三只是运输农作物，并不强制必须投保承运人责任险。

法　条

《中华人民共和国道路运输条例》

第三十五条　客运经营者、危险货物运输经营者应当分别为旅客或者危险货物投保承运人责任险。

《中华人民共和国道路交通安全法》

第十七条　国家实行机动车第三者责任强制保险制度，设立道路交通事故社会救助基金。具体办法由国务院规定。

第九十八条　机动车所有人、管理人未按照国家规定投保机动车第三者责任强制保险的，由公安机关交通管理部门扣留车辆至依照规定投保后，并处依照规定投保最低责任限额应缴纳的保险费的二倍罚款。

依照前款缴纳的罚款全部纳入道路交通事故社会救助基金。具体办法由国务院规定。

《机动车交通事故责任强制保险条例》

第二条第一款　在中华人民共和国境内道路上行驶的机动车的所有人或者管理人，应当依照《中华人民共和国道路交通安全法》的规定投保机动车交通事故责任强制保险。

6. 农用三轮机动车可以上高速吗？

案　情

靳某用三轮汽车从林县批发了一车西瓜准备回老家出售，由于刚下过大雨，通往本县的普通道路比较泥泞，于是靳某决定走高速公路。因为刚下过雨地面湿滑，再加上靳某对这条路不是很熟悉，因此车速比较慢。此时，在该高速公路开车的刘某因有急事，所以车子开得比较快，在他变道超车的时候，没有看到靳某的三轮汽车，等他发现时才急忙刹车，导致汽车撞到了高速公路旁边的护栏上。交警进行调查后，发现刘某超速行驶，认定刘某对该事故的发生负主要责任。刘某不服，认为是靳某的车行驶过慢导致的事故，而且农用三轮车不能上高速公路，靳某违法驾驶应当负事故全部责任。那么，农用三轮机动车能否上高速呢？

解　析

对于农用三轮机动车能否上高速公路，法律并没有明文规定。《道路交通安全法》规定，行人、非机动车、拖拉机、轮式专用机械车，铰接式客车、全挂拖斗车以及其他设计最高时速低于70公里的机动车，不得进入高速公路。《道路交通安全法实施条例》规定，高速公路应当标明车道的行驶速度，最高车速不得超过每小时120公里，最低车速不得低于每小时60公里。据此，原则上农用三轮机动车是可以上高速公路的，只不过最高时速必须在70公里以上，而且在行使过程中的车速要保持在60公里以上。但是，在现实生活中，多数品牌的农用三轮机动车的行驶时速一般是在每小时40～60公里，如果超过每小时60公里，即使是空载，由于其只有三个轮子，也有倾覆的危险。因此，从实际生活出发，为了确保安全，农用三轮机动车还是应避免上高速。案例中，刘某在高速上驾驶汽车超速行驶，在发生事故后交警认定其负主要责任，也无可厚非。

法　条

《中华人民共和国道路交通安全法》

第六十七条　行人、非机动车、拖拉机、轮式专用机械车，铰接式客车、全挂拖斗车以及其他设计最高时速低于七十公里的机动车，不得进入高速公路。高速公路限速标志标明的最高时速不得超过一百二十公里。

《道路交通安全法实施条例》

第七十八条　高速公路应当标明车道的行驶速度，最高车速不得超过每小时120公里，最低车速不得低于每小时60公里。

在高速公路上行驶的小型载客汽车最高车速不得超过每小时120公里，其他机动车不得超过每小时100公里，摩托车不得超过每小时80公里。

同方向有2条车道的，左侧车道的最低车速为每小时100公里；同方向有3条以上车道的，最左侧车道的最低车速为每小时110公里，中间车道的最低车速为每小时90公里。道路限速标志标明的车速与上述车道行驶车速的规定不一致的，按照道路限速标志标明的车速行驶。

第十二章

农村经济建设与发展

农村经济的建设与发展对我国国民经济发展水平的进一步提高意义重大，它是我们党和政府高度重视农业、农村以及农民问题一贯战略思想的继承和细化。当前，我国农村人口众多、经济社会发展滞后依然是基本国情，只有通过推进社会主义农村经济的建设，推动农村经济的发展，才能使广大劳动人民过上幸福生活，才能更好地维护农民群众的合法权益，缓解农村的社会矛盾，减少农村不稳定因素，为构建社会主义和谐社会打下坚实基础。本章我们从法律的角度为广大农民读者分析了如何正确使用农药、种植转基因农作物、开办养殖场、销售动物产品与农民专业合作社经营等内容，希望为农民朋友们合法生产经营提供指引。

1. 农民能否为了防虫在蔬菜上喷洒剧毒农药?

案　情

王某是某村专门种植蔬菜的菜农。2020年年初，他听说现在的人们特别喜欢吃新鲜的蔬菜，种植反季白菜非常赚钱，于是扩大了现有的种植规模，在村子南边又承包了一片地，架起了大棚，准备大干一番。春耕时，王某播下了白菜种子，到了夏天开始丰收，但由于天气炎热，很多害虫开始泛滥，把白菜咬了很多洞，严重影响了销售。为了防止亏损，王某便开始往白菜上猛打农药，各种杀虫剂、抗菌类的剧毒药物每个星期都得喷上一次。在打农药时，由于深知农药的剧毒性，王某每次都异常小心，戴上手套、口罩，并选择在清晨或晚上的时间进行喷洒，以防自己中毒。而当蔬菜贩子进村来收菜时，不管这些白菜上是否有农药残留，只要价钱合适，王某都会尽快卖出，以防留有存货。那么，本案中王某的做法是否符合法律规定呢?

解　析

本案中王某的做法不符合法律规定。近年来，各种“毒蔬菜”现象频频发生，一些不法商贩在利益的驱使下，不断突破道德底线，在蔬菜上喷洒剧毒农药，通过市场买卖，这些“毒蔬菜”最终出现在老百姓的餐桌上，给我国的食品安全带来了很大冲击，严重影响了老百姓的生命健康和安全。根据《农药管理条例》的规定，必须合法、合理使用农药。该法第三十四条、第六十条明确规定：剧毒、高毒农药不得用于防治卫生害虫，不得用于蔬菜、瓜果、茶叶、菌类、中草药材的生产；将剧毒、高毒农药用于防治卫生害虫，用于蔬菜、瓜果等的病虫害防治，使用者为个人的，处1万元以下罚款；构成犯罪的，依法追究刑事责任。由于农药残留影响食品安全已成了社会共识，我国政府鼓励使用高效、低毒、低残留农药，禁用剧毒、高毒农药，违反法律规定的将要依法承担相应的法律责任。本案中的王某为了让其种植的反季白菜在夏天少遭虫害，每个星期都在白菜上喷洒剧毒农药，严重违反了上述法律规定，应当受到相应处罚。

法 条

《农药管理条例》

第三十四条 农药使用者应当严格按照农药的标签标注的使用范围、使用方法和剂量、使用技术要求和注意事项使用农药，不得扩大使用范围、加大用药剂量或者改变使用方法。

农药使用者不得使用禁用的农药。

标签标注安全间隔期的农药，在农产品收获前应当按照安全间隔期的要求停止使用。

剧毒、高毒农药不得用于防治卫生害虫，不得用于蔬菜、瓜果、茶叶、菌类、中草药材的生产，不得用于水生植物的病虫害防治。

第六十条 农药使用者有下列行为之一的，由县级人民政府农业主管部门责令改正，农药使用者为农产品生产企业、食品和食用农产品仓储企业、专业化病虫害防治服务组织和从事农产品生产的农民专业合作社等单位的，处5万元以上10万元以下罚款，农药使用者为个人的，处1万元以下罚款；构成犯罪的，依法追究刑事责任：

（一）不按照农药的标签标注的使用范围、使用方法和剂量、使用技术要求和注意事项、安全间隔期使用农药；

（二）使用禁用的农药；

（三）将剧毒、高毒农药用于防治卫生害虫，用于蔬菜、瓜果、茶叶、菌类、中草药材生产或者用于水生植物的病虫害防治；

（四）在饮用水水源保护区内使用农药；

（五）使用农药毒鱼、虾、鸟、兽等；

（六）在饮用水水源保护区、河道内丢弃农药、农药包装物或者清洗施药器械。

有前款第二项规定的行为的，县级人民政府农业主管部门还应当没收禁用的农药。

2. 若想生产转基因农作物，应当满足哪些条件？

案　情

王某是新疆阿勒泰地区的一个普通农民。2020 年，王某因为种植的辣椒、哈密瓜等农作物收成不好，于是想改种玉米。经过一番谈判，杨泰种子公司和王某签订了玉米杂交种委托繁育合同，双方约定由杨泰种子公司向王某提供转基因玉米种子。在签订合同后，王某听说种植转基因农作物得履行相关手续，便向杨泰公司咨询。杨泰公司向王某保证其种植行为不违法，在得到肯定答复后，王某便放心地投入生产了。然而 2021 年，当地农业局在对转基因安全检查过程中发现王某的 2000 亩制种玉米的父本均为转基因品种。于是农业局以王某私自种植转基因农作物涉嫌违法对王某作出了处罚1万元并销毁转基因玉米的处罚，王某很是疑惑。那么，本案中王某的行为是否违法？若其想生产转基因农作物，应当满足哪些条件呢？

解析

转基因食品在世界范围内都一直是各国老百姓普遍关注的话题，其因具有良好的抗寒、抗旱、抗虫等能力而为很多粮食、蔬菜比较稀缺的国家和地区所推崇。在我国，对于转基因食品的生产和流通，相关主管部门一直采取的是非常谨慎的态度，主要是因为在现有的科学技术水平之下，我们无法完全有效地评估转基因食品给我们带来的巨大风险。我国《农业转基因生物安全管理条例》第十九条明确规定：生产转基因植物种子、种畜禽、水产苗种，应当取得国务院农业行政主管部门颁发的种子、种畜禽、水产苗种生产许可证。生产单位和个人申请转基因植物种子、种畜禽、水产苗种生产许可证，除应当符合有关法律、行政法规规定的条件外，还应当符合取得农业转基因生物安全证书并通过品种审定，在指定的区域种植或者养殖，有相应的安全管理、防范措施以及国务院农业行政主管部门规定的其他条件。此外，生产转基因植物种子、种畜禽、水产苗种的单位和个人，还应当建立生产档案，载明生产地点、基因及其来源、转基因的方法以及种子、种畜禽、水产苗种流向等内容。由此可见，生产转基因农作物时，必须经有关行政主管部门审批，履行相应的手续。本案中的王某在和杨泰公司签订合作协议时，就知道自己将种植生产的是转基因玉米，此时就应当咨询政府相关部门是否有权进行生产，但是，王某只是简单咨询了杨泰公司就开始生产了，由此而造成的违法后果王某及杨泰公司都应当承担。

法　条

《农业转基因生物安全管理条例》

第十九条　生产转基因植物种子、种畜禽、水产苗种，应当取得国务院农业行政主管部门颁发的种子、种畜禽、水产苗种生产许可证。

生产单位和个人申请转基因植物种子、种畜禽、水产苗种生产许可证，除应当符合有关法律、行政法规规定的条件外，还应当符合下列条件：

（一）取得农业转基因生物安全证书并通过品种审定；

（二）在指定的区域种植或者养殖；

（三）有相应的安全管理、防范措施；

（四）国务院农业行政主管部门规定的其他条件。

第二十条　生产转基因植物种子、种畜禽、水产苗种的单位和个人，应当建立生产档案，载明生产地点、基因及其来源、转基因的方法以及种子、种畜禽、水产苗种流向等内容。

3. 哪些属于国家明令禁止销售的农产品？

案　情

兴田村是某县的一个富裕村，村里每家每户凭借种植大棚，贩卖农产品，都过上了幸福生活，兴田村和该村的农产品在当地都非常出名。然而去年发生的一件事却几乎让这个曾经风光一时的村庄变成了人人谴责的对象。事情还要从几个月前媒体曝光的一起食物中毒事件说起。去年7月，湖南省某小学的学生在吃了食堂煮的饺子后，发生了多起食物中毒的现象。家长们向媒体披露了该事件，某报社的记者经过走访调查，发现给学生供应食材的菜贩是从外省的兴田村集中收购蔬菜的。于是记者来到了兴田村进行调查，发现当地的田间到处散落有剧毒农药包装袋，村民们普遍用剧毒农药喷洒生姜，使其看起来颜色更加鲜嫩。经查证属实后，该报社向群众曝光了该村生产生姜的黑幕，并声称该村生产了国家禁止销售的农产品，已经属于犯罪行为。那么，本案中兴田村的村民们是否涉嫌销售国家禁止销售的农产品呢？

解 析

本案中兴田村村民们的行为已经属于违法销售国家禁止销售的农产品，将会面临法律的制裁。广大人民群众饭桌上的安全一直是我国政府关心的重点内容，国家采取各种措施确保食品安全。例如，我国《农产品质量安全法》第三十三条明确规定了五种严禁销售的农产品。这五种农产品分别是：含有国家禁止使用的农药、兽药或者其他化学物质的；农药、兽药等化学物质残留或者含有的重金属等有毒有害物质不符合农产品质量安全标准的；含有的致病性寄生虫、微生物或者生物毒素不符合农产品质量安全标准的；使用的保鲜剂、防腐剂、添加剂等材料不符合国家有关强制性的技术规范的；其他不符合农产品质量安全标准的。因此，凡是涉及上述情况的农产品，都是严禁在市场上流通销售的。具体到本案中，兴田村的村民们为了让生姜看起来颜色更加鲜嫩，卖得好价钱，直接用剧毒农药来浸泡、喷洒生姜，此类含毒生姜明显符合上述禁止销售的农产品范围，依法是不得销售的。但他们在利益的驱使下，竟然直接将含毒生姜卖给收货商，使其流入了百姓的餐桌，并致使某小学的学生们发生中毒现象。依据该法第五十四条的规定，生产、销售本法第三十三条所列农产品，给消费者造成损害的，依法承担赔偿责任。因此，兴田村村民们应当对消费者造成的损害进行赔偿；此外，还应当承担相应的行政责任；如果情节严重构成犯罪的，还应当承担刑事责任。

法　条

《中华人民共和国农产品质量安全法》

第三十三条　有下列情形之一的农产品，不得销售：

（一）含有国家禁止使用的农药、兽药或者其他化学物质的；

（二）农药、兽药等化学物质残留或者含有的重金属等有毒有害物质不符合农产品质量安全标准的；

（三）含有的致病性寄生虫、微生物或者生物毒素不符合农产品质量安全标准的；

（四）使用的保鲜剂、防腐剂、添加剂等材料不符合国家有关强制性的技术规范的；

（五）其他不符合农产品质量安全标准的。

第五十三条　违反本法规定，构成犯罪的，依法追究刑事责任。

第五十四条　生产、销售本法第三十三条所列农产品，给消费者造成损害的，依法承担赔偿责任。

农产品批发市场中销售的农产品有前款规定情形的，消费者可以向农产品批发市场要求赔偿；属于生产者、销售者责任的，农产品批发市场有权追偿。消费者也可以直接向农产品生产者、销售者要求赔偿。

4. 法律对兴办动物养殖场有哪些防疫方面的要求?

案 情

阮某是山东省某村的村民。2021 年，阮某响应当地政府大力发展养殖业的号召，在村里建了一个养鸭场，进行鸭肉、鸭蛋等多种鸭类商品的经营。由于阮某的父亲年轻时曾经养过鸭子，对养鸭之道颇为熟悉，于是阮某在建好了厂房后，就把日常的养鸭事宜交给了父亲，自己主要负责出去拉生意。一次，阮某和某知名食品公司进行了接洽，该食品公司对阮某关于鸭类商品的介绍非常感兴趣，但由于该食品公司对商品的要求非常严格，为了保险起见，该食品公司决定对阮某的养鸭场进行一番考察。阮某将鸭舍仔细清理了一遍之后，就准备迎接贵宾了。然而没想到，该食品公司还邀请了动物卫生监督部门的工作人员一同参观。参观过程中，工作人员发现阮某的养殖场有很多不达标的地方，根本不满足兴办动物养殖场的防疫条件，商品质量安全存在极大隐患。那么，法律对兴办养殖场作出了哪些防疫方面的要求呢?

解 析

近几年来，随着我国农村经济的快速发展，很多农民开始通过发展养殖业来发家致富，并且取得了不错的成绩，一些规模化的养殖场也慢慢建立了起来。但值得注意的是，很多养殖户依然保留着传统的经营管理方法，因为自身防疫意识淡薄、饲养管理不善等，养殖场的动物疫病发生率较高，这不仅给他们带来了严重的经济损失，也给老百姓的健康造成了很大的危害。因此，国家严厉查处和治理不符合防疫条件的养殖场，推进养殖业防疫条件的建设。根据我国《动物防疫法》第二十四条的规定，要兴办动物饲养场应当符合下列动物防疫条件：(一) 场所的位置与居民生活区、生活饮用水源地、学校、医院等公共场所的距离符合国务院农业农村主管部门的规定；(二) 生产经营区封闭隔离，工程设计和有关流程符合动物防疫要求；(三) 有与其规模相适应的污水、污物处理设施。病死动物、病害动物产品无害化处理设施设备或者冷藏冷冻设施设备，以及清洗消毒设施设备；(四) 有与其规模相适应的执业兽医或者动物防疫技术人员；(五) 有完善的隔离消毒、购销台账、日常巡查等动物防疫制度；(六) 具备国务院农业农村主管部门规定的其他动物防疫条件。由此可见，兴办养殖场并非自己建设厂房、购买种苗就可以了，还必须达到上述法律规定的防疫条件。本案中，阮某响应国家号召的行为是值得提倡的，自己为养殖场的发展壮大到处找客户的做法也是值得表扬的，但是，正如该食品公司到阮某的养鸭场考察时，陪同的卫生部门工作人员所说的那样，阮某的养鸭场因为不符合卫生防疫条件，存在很多隐患必须进行整改。养鸭场只有严格对照上述防疫条件进行养殖，才能真正为阮某一家创收。

法　条

《中华人民共和国动物防疫法》

第二十四条　动物饲养场和隔离场所、动物屠宰加工场所以及动物和动物产品无害化处理场所，应当符合下列动物防疫条件：

（一）场所的位置与居民生活区、生活饮用水水源地、学校、医院等公共场所的距离符合国务院农业农村主管部门的规定；

（二）生产经营区域封闭隔离，工程设计和有关流程符合动物防疫要求；

（三）有与其规模相适应的污水、污物处理设施，病死动物、病害动物产品无害化处理设施设备或者冷藏冷冻设施设备，以及清洗消毒设施设备；

（四）有与其规模相适应的执业兽医或者动物防疫技术人员；

（五）有完善的隔离消毒、购销台账、日常巡查等动物防疫制度；

（六）具备国务院农业农村主管部门规定的其他动物防疫条件。

动物和动物产品无害化处理场所除应当符合前款规定的条件外，还应当具有病原检测设备、检测能力和符合动物防疫要求的专用运输车辆。

5. 占用耕地需要进行审批吗？

案 情

复兴村是福建省某县的一个小村庄，该村由于交通不便、信息闭塞，村民们的生活水平一直非常低，时任复兴村村委会主任的刘某非常忧心，暗暗下定决心一定要在自己的任期内带领全村人民干一番大事。不久，在县政府的招商引资会议上，刘某结识了某民营企业家邓某，刚好邓某准备新建一个混凝土公司，正在找合适的厂址。于是刘某极力向邓某推荐复兴村，最终促成了双方的合作。但在建设厂房的过程中，原来审批的土地不够，还差6亩多土地。为了加快工程进度，刘某便自作主张将毗邻厂址旁边的一块农田划给了邓某。后来，一些村民向县国土资源局举报了刘某的所作所为。县国土资源局经过调查，发现混凝土公司的在建厂址已经违规占用了基本农田6亩多。那么，占用耕地需要进行审批吗？

解　析

在我国，国家对非农业建设用地实行严格管制，其根本目的就在于保护耕地，维护基本农田。根据我国国土资源部的要求，我们必须坚守基本农田“五不准”的要求：一是不准非农建设占用永久基本农田（法律规定的除外）；二是不准以退耕还林为名违反土地利用总体规划减少基本农田面积；三是不准占用基本农田进行植树造林，发展林果业；四是不准在基本农田内挖塘养鱼和进行畜禽养殖，以及其他严重破坏耕作层的生产经营活动；五是不准占用基本农田进行绿色通道和绿化隔离带建设。此外，我国《土地管理法》第四十四条也明确规定，农用地转为建设用地的，应当经过农用地转用审批手续，永久基本农田转为建设用地的，应经国务院批准；其他农用地转为建设用地的，应根据具体情况经有关机关批准。本案中的邓某为了建设厂房而需要占用耕地，应当依法申请审批。村主任刘某无权私自划分土地，未经审批占用农田进行建设是非法建设行为，即使村主任刘某是为了本村的经济发展，但仍旧改变不了违法的事实。

法 条

《中华人民共和国土地管理法》

第二条第三款 任何单位和个人不得侵占、买卖或者以其他形式非法转让土地。土地使用权可以依法转让。

第四十四条 建设占用土地，涉及农用地转为建设用地的，应当办理农用地转用审批手续。

永久基本农田转为建设用地的，由国务院批准。

在土地利用总体规划确定的城市和村庄、集镇建设用地规模范围内，为实施该规划而将永久基本农田以外的农用地转为建设用地的，按土地利用年度计划分批次按照国务院规定由原批准土地利用总体规划的机关或者其授权的机关批准。在已批准的农用地转用范围内，具体建设项目用地可以由市、县人民政府批准。

在土地利用总体规划确定的城市和村庄、集镇建设用地规模范围外，将永久基本农田以外的农用地转为建设用地的，由国务院或者国务院授权的省、自治区、直辖市人民政府批准。

6. 养殖场能否不建立污染防治设施？

案 情

王某是四川省某县的村民，他在16岁时就辍学到外地去打工，凭借自己的努力攒下了不少钱。去年，王某厌倦了在城市里每天看人眼色的生活，决定带着自己的积蓄回乡创业。在经过一段时间的考察后，王某发现养猪是一个非常赚钱的行业，于是他准备建一个养殖场。王某千挑万选，在村子的小河边建好了厂房。然而，在正式营业后不久，王某的行为就遭到了所有村民的抗议。原来王某为了方便，经常将猪的粪便直接倒入河流中，严重污染了水源，而这条河是村里的饮用水河流，导致村民只能到山上取水。村民们在多次和王某沟通未果后，一怒之下将王某告到了农业部门，农业部门的工作人员在检查中发现王某的养殖场根本未建立任何污染防治设施。那么，王某的行为合法吗？

解　析

本案中王某的行为不合法，他必须在养殖场建立相关的污染防治设施。近几年来，各地政府为了丰富城镇副食品的供应，先后出台了一些“菜篮子”工程，鼓励个人兴办大型的禽类养殖基地。这不但丰富了老百姓的餐桌饮食，也促使我国的畜禽养殖业走上了规模化、集约化的发展道路。但值得注意的是，很多养殖场为了追求交通成本小、经济成本低，经常在一些人群集中地建立，与之相伴的是，大量的家禽粪便排出设施也因成本问题而不完善，因而导致了一系列的环境污染问题。就如本案例中的王某一样，养殖场靠近交通便利的地方，却根本未建立污染防治设施，而是直接将猪的粪便排入村民的饮用水河流中，给群众的生活带来了一定的不利影响。事实上，我国《畜禽规模养殖污染防治条例》一直在强调污染防治的重要性，要求养殖场必须建立污染防治设施，并依法接受有关主管部门的监督检查。同时，国家还鼓励和支持畜禽养殖污染防治以及畜禽养殖废弃物综合利用和无害化处理的科学技术研究和装备研发，要求各级人民政府应当支持先进适用技术的推广，促进畜禽养殖污染防治水平的提高。所以，现代化养殖场必须建立污染防治措施，以求获得可持续的健康长远发展。本案中，王某的做法肯定是不合法的，他应当立即采取相应的措施建立健全养殖场的污染防治措施，否则，不仅会引起村民的抗议，可能还会面临养殖场被卫生部门取缔的后果。

法 条

《畜禽规模养殖污染防治条例》

第三条 畜禽养殖污染防治，应当统筹考虑保护环境与促进畜牧业发展的需要，坚持预防为主、防治结合的原则，实行统筹规划、合理布局、综合利用、激励引导。

第六条 从事畜禽养殖以及畜禽养殖废弃物综合利用和无害化处理活动，应当符合国家有关畜禽养殖污染防治的要求，并依法接受有关主管部门的监督检查。

第七条 国家鼓励和支持畜禽养殖污染防治以及畜禽养殖废弃物综合利用和无害化处理的科学技术研究和装备研发。各级人民政府应当支持先进适用技术的推广，促进畜禽养殖污染防治水平的提高。

7. 农民能否将含有农药成分的牛肉销售到市场上？

案 情

王某是一个农民，家里有一头牛，平常主要用于耕地、犁地。这天，王某在耕完地之后，便将牛牵到某草地上吃草，自己到家里歇了一会儿。后来，王某来牵牛回家时，发现自己的牛已经倒在了地上，没过几个小时就口吐白沫死了。在询问了村民之后才得知，原来一旁麦地的主人奇某为了防止野兽到自家麦地吃粮食，将剧毒农药喷在了田埂上，王某的牛不小心吃到了田埂上的草而毒发身亡。奇某在了解了事情始末后，也表示将赔偿王某的损失。王某觉得就这样把牛给埋了太可惜，便偷偷请了一个杀牛匠帮忙，准备把牛肉带到市场上卖。但是，他正好遇上了农产品抽检，食监局的工作人员见王某神情慌张，便重点对其牛肉进行检查，发现王某出售的牛肉含有剧毒农药成分。那么，王某的行为违反了哪些法律规定？

解　析

目前我国的农药品种众多，使用方法简单，不少农民为了减少虫害、增加收成，大肆在种植的农产品上喷洒农药，导致出售的农产品农药残留过高。而将含有化学农药残留的农产品在市场上进行销售，不仅给我国的农业和经济发展造成了不利影响，还使得我国老百姓的生活质量大打折扣，以至于很多人闻农药色变，进而又对我国的市场监测和交易信赖产生了严重怀疑，影响了市场交易以及政府和人民之间的和谐关系。对此，我国《农产品质量安全法》第三十三条明确规定，含有国家禁止使用的农药、兽药或者其他化学物质的，农药、兽药等化学物质残留或者含有的重金属等有毒有害物质不符合农产品质量安全标准的农产品不得销售。本案例中的王某在牛因中毒死亡的情况下，觉得就地埋葬太可惜，便将牛肉放到市场上销售，违反了上述法律规定，对消费者造成损失的应予赔偿。同时，销售肉制品还应当向卫生部门申请行政许可证书。因此，王某直接将宰杀后的有毒牛肉运到市场上销售，属于无证经营，应受到相应的行政处罚。

法 条

《中华人民共和国农产品质量安全法》

第三十三条 有下列情形之一的农产品，不得销售：

（一）含有国家禁止使用的农药、兽药或者其他化学物质的；

（二）农药、兽药等化学物质残留或者含有的重金属等有毒有害物质不符合农产品质量安全标准的；

（三）含有的致病性寄生虫、微生物或者生物毒素不符合农产品质量安全标准的；

（四）使用的保鲜剂、防腐剂、添加剂等材料不符合国家有关强制性的技术规范的；

（五）其他不符合农产品质量安全标准的。

第五十三条 违反本法规定，构成犯罪的，依法追究刑事责任。

第五十四条 生产、销售本法第三十三条所列农产品，给消费者造成损害的，依法承担赔偿责任。

农产品批发市场中销售的农产品有前款规定情形的，消费者可以向农产品批发市场要求赔偿；属于生产者、销售者责任的，农产品批发市场有权追偿。消费者也可以直接向农产品生产者、销售者要求赔偿。

8. 卖假种子违法吗？

案 情

魏大海是西大屯村的村民，因为他脑筋比较活络，靠做小生意为生，所以被当地村民奉为“能人”。有一次，魏大海去云南旅游的时候发现了一种花生种子，和自己老家“三月花”品牌的花生种子看起来差不多，但价格却只有“三月花”的四分之一。于是，在种子没有标签，也没有向农业部门、工商部门备案的情况下，魏大海从云南买了25万斤花生种子，冒充“三月花”品牌销售给西大屯村的村民赵小文和任大苗。赵小文和任大苗发现这个种子的品牌并不是自己熟悉的“三月花”，但考虑到外观上无明显差别，价格又很合适，于是将这些种子购买后又全部转卖给了本村和附近村子的村民，种植面积达到了1600公顷。由于该种子抗虫害能力比较差，导致种植户均遭受了不同程度的减产，造成经济损失1560万元。请问魏大海、赵小文和任大苗的行为违法吗？

解　析

优质的种子是粮食丰收的前提和基础。销售假冒伪劣种子的行为不仅损害了农民的合法权益，还严重破坏了崇尚诚实守信的市场秩序。值得关注的是，我国作为人口大国，粮食安全是国家安全的重要前提，销售假冒伪劣种子显然对粮食安全构成了威胁。所以，《刑法》中设置了销售伪劣种子罪，即明知是假的或者失去使用效能的种子而销售造成较大及以上损失的，要受到严厉处罚。这条规定体现了国家对农民权益的关注和重视，同时也说明粮食问题无小事，法律绝对不会姑息在粮食生产领域偷工减料、以次充好的人。

在本案例中，魏大海、赵小文和任大苗明明知道自己销售的花生种子无标签，未经过备案，仍然选择向村民销售牟取暴利。他们的行为造成了1560万元的经济损失，已经构成《刑法》中规定的重大损失，此三人的行为触犯《刑法》，构成销售伪劣种子罪。

法 条

《中华人民共和国刑法》

第一百四十七条 生产假农药、假兽药、假化肥，销售明知是假的或者失去使用效能的农药、兽药、化肥、种子，或者生产者、销售者以不合格的农药、兽药、化肥、种子冒充合格的农药、兽药、化肥、种子，使生产遭受较大损失的，处三年以下有期徒刑或者拘役，并处或者单处销售金额百分之五十以上二倍以下罚金；使生产遭受重大损失的，处三年以上七年以下有期徒刑，并处销售金额百分之五十以上二倍以下罚金；使生产遭受特别重大损失的，处七年以上有期徒刑或者无期徒刑，并处销售金额百分之五十以上二倍以下罚金或者没收财产。

9. 农家乐可以经营野味吗?

案 情

今年6月，小王回家帮父母一起经营农家乐。小王看到，父母这个农家乐的生意不是很好，顾客寥寥无几。他认为，农家乐要有自己的特色，才能做到脱颖而出，吸引顾客的注意力。小王正好有朋友经常去野外，打一些野味，小王觉得这是一个很好的点子，就在农家乐的菜单上新加了猴面鹰、毛鸡等野味。两周后，小王父母的农家乐遭到顾客举报经营野味。小王很是疑惑，难道农家乐不能经营这些野味吗?

解　析

动物是人类的朋友，是自然生态系统的重要组成部分，尤其是野生动物具有珍贵的研究价值。但是，野生动物身上携带着多种病毒，是细菌的温床，食用野味对于人类并不安全。因此，我国《野生动物保护法》在第三十条中明确禁止生产、经营、食用野生动物。《全国人民代表大会常务委员会关于全面禁止非法野生动物交易、革除滥食野生动物陋习、切实保障人民群众生命健康安全的决定》中也有类似的规定。而违反上述规定，违规经营野味的，根据《野生动物保护法》第四十九条之规定，可能不仅会受到行政处罚，情节严重的，还可能被追究刑事责任。

具体到本案例中，小王想要让农家乐更具特色，这个初衷是好的。但是，小王选错了方法，食用野生动物属于违法行为，经营野生动物并不可取。小王可以在接受行政机关的处罚后，再想合适的办法增加农家乐的人气。

法　条

《中华人民共和国野生动物保护法》

第三十条　禁止生产、经营使用国家重点保护野生动物及其制品制作的食品，或者使用没有合法来源证明的非国家重点保护野生动物及其制品制作的食品。

禁止为食用非法购买国家重点保护的野生动物及其制品。

第四十九条　违反本法第三十条规定，生产、经营使用国家重点保护野生动物及其制品或者没有合法来源证明的非国家重点保护野生动物及其制品制作食品，或者为食用非法购买国家重点保护的野生动物及其制品的，由县级以上人民政府野生动物保护主管部门或者市场监督管理部门按照职责分工责令停止违法行为，没收野生动物及其制品和违法所得，并处野生动物及其制品价值二倍以上十倍以下的罚款；构成犯罪的，依法追究刑事责任。

《全国人民代表大会常务委员会关于全面禁止非法野生动物交易、革除滥食野生动物陋习、切实保障人民群众生命健康安全的决定》

二、全面禁止食用国家保护的“有重要生态、科学、社会价值的陆生野生动物”以及其他陆生野生动物，包括人工繁育、人工饲养的陆生野生动物。

全面禁止以食用为目的猎捕、交易、运输在野外环境自然生长繁殖的陆生野生动物。

对违反前两款规定的行为，参照适用现行法律有关规定处罚。

10. 出售动物需要哪些手续？

案 情

丁某是某村的养牛户，随着多年养殖经验的积累，丁某的生意越做越大，成了村里首屈一指的富贵户。然而，熟悉丁某的村民都知道，丁某做的都是些昧良心的生意，他凭借自己在当地的人脉，不仅能将自家的死牛、病牛成功卖到市场上，还私下里大量收购死牛肉，从中牟取暴利。在一次全省打击贪腐活动中，丁某的主要靠山——当地动物检疫站站长常某，被查出不仅收受贿赂后将查封的问题肉解封，而且与商贩勾结，明目张胆地买卖检疫证明、检疫标志，致使大量过期、不明死因、未经检疫和违规加工的肉食品流入市场，给当地的食品安全带来了极大的危害。随着常某贪腐问题的揭露，丁某也因为行贿及销售有毒有害食品而受到了当地检察机关的调查。那么，在动物及动物产品被出售之前，按照法律规定到底应当办理哪些手续呢？

解 析

动物出售环节是维护农产品市场安全交易秩序的一个重要环节，必须履行相应的出售前手续。根据我国《动物防疫法》第四十九条的规定："屠宰、出售或者运输动物以及出售或者运输动物产品前，货主应当按照国务院农业农村主管部门的规定向所在地动物卫生监督机构申报检疫。动物卫生监督机构接到检疫申报后，应当及时指派官方兽医对动物、动物产品实施检疫；检疫合格的，出具检疫证明、加施检疫标志。实施检疫的官方兽医应当在检疫证明、检疫标志上签字或者盖章，并对检疫结论负责。动物饲养场、屠宰企业的执业兽医或者动物防疫技术人员，应当协助官方兽医实施检疫。"从上述法条中我们可以看出，出售前最核心的内容就是进行检疫工作，保障动物及动物产品的安全质量。要做到这点，要求相关部门必须及时检查，依法作出检疫结论，杜绝病害肉流入市场，确保畜产品流通安全。本案中的丁某以动物检疫站站长常某为靠山，二人相互勾结，牟取暴利，无视动物产品出售前的检疫程序，使大量过期、不明死因、未经检疫和违规加工的肉食品流入市场，应当受到惩罚。

法 条

《中华人民共和国动物防疫法》

第四十九条 屠宰、出售或者运输动物以及出售或者运输动物产品前，货主应当按照国务院农业农村主管部门的规定向所在地动物卫生监督机构申报检疫。

动物卫生监督机构接到检疫申报后，应当及时指派官方兽医对动物、动物产品实施检疫；检疫合格的，出具检疫证明、加施检疫标志。实施检疫的官方兽医应当在检疫证明、检疫标志上签字或者盖章，并对检疫结论负责。

动物饲养场、屠宰企业的执业兽医或者动物防疫技术人员，应当协助官方兽医实施检疫。

11. 农民专业合作社可以开展业务的范围是什么？

案 情

冯某原来一直在村里经营工厂，后来，由于进行环境治理，冯某的工厂污染严重，被责令停业整顿。工厂停业后，因更新设备成本较高，冯某准备关闭工厂，从事其他行业。在经过深思熟虑后，冯某准备在村子里承包40亩果园。冯某的朋友听说他要承包果园后，建议冯某加入农民专业合作社。然而，冯某对农民专业合作社并不是非常了解，因此，他便四处打听农民专业合作社的业务范围。那么，请问农民专业合作社可以开展的业务有哪些呢？

解　析

农民专业合作社，是指以农村家庭承包经营为基础，由农产品的生产经营者或者农业生产经营服务的提供者、利用者进行自愿联合、民主管理而形成的一种互助性经济组织。

根据我国《农民专业合作社法》第三条的规定，农民专业合作社的成员是其主要服务对象，合作社可以开展的业务包括：(1) 购买、使用农业生产资料；(2) 生产、销售、加工、运输、贮藏农产品及其他相关服务；(3) 对于农村民间工艺及制品、休闲农业和乡村旅游资源等进行开发和经营；(4) 开展建设运营与农业生产经营有关的技术、信息、设施等服务。另外，合作社在开展业务时应遵循下列原则：(1) 以农民为主体成员；(2) 宗旨是服务成员，为全体成员谋求共同利益；(3) 保证成员入社、退社自愿、自由；(4) 成员地位平等，实行民主管理；(5) 按照成员与农民专业合作社的交易量（额）比例返还合作社的盈余。

法　条

《中华人民共和国农民专业合作社法》

第二条　本法所称农民专业合作社，是指在农村家庭承包经营基础上，农产品的生产经营者或者农业生产经营服务的提供者、利用者，自愿联合、民主管理的互助性经济组织。

第三条　农民专业合作社以其成员为主要服务对象，开展以下一种或者多种业务：

（一）农业生产资料的购买、使用；

（二）农产品的生产、销售、加工、运输、贮藏及其他相关服务；

（三）农村民间工艺及制品、休闲农业和乡村旅游资源的开发经营等；

（四）与农业生产经营有关的技术、信息、设施建设运营等服务。

第四条 农民专业合作社应当遵循下列原则：

（一）成员以农民为主体；

（二）以服务成员为宗旨，谋求全体成员的共同利益；

（三）入社自愿、退社自由；

（四）成员地位平等，实行民主管理；

（五）盈余主要按照成员与农民专业合作社的交易量（额）比例返还。

12. 对于农民专业合作社所欠的债务，合作社成员承担何种责任？

案 情

谢某夫妇是某村村民，两人一直以在村子里承包土地为生。因两人承包土地的规模越来越大，谢某的朋友吴某建议谢某加入农民专业合作社，他告诉谢某，这样有利于谢某经营土地。在吴某的劝说下，谢某加入了本村的农民专业合作社。然而，在加入合作社一年后，谢某听说合作社对外欠了一笔数额非常大的债务。谢某非常担心，害怕如果合作社的财产不足以清偿债务，可能还得用自己的财产偿还合作社所欠的债务。那么请问，合作社成员对合作社所欠的债务，是否需要用自己的财产偿还？

解　析

我国《农民专业合作社法》第五条规定，在农民专业合作社中，该组织的财产由成员出资、公积金、国家财政直接补助、他人捐赠以及合法取得的其他资产组成，合作社对这些财产享有占有、使用和处分的权利。同时，合作社以上述财产为限对所欠的债务承担清偿责任。另外，根据该法第六条、第四十三条的规定，合作社会为每个成员设立成员账户，账户中包括成员的出资额、量化为该成员的公积金份额、该成员与本社的交易量（额）等内容。作为农民专业合作社的成员，以在账户中记载的出资额和公积金份额为限对农民专业合作社承担责任。据此可知，在本案中，谢某对于合作社的债务只在合作社资产的范围内承担有限清偿责任，无须以自己的财产对债务承担无限清偿责任。

法　条

《中华人民共和国农民专业合作社法》

第五条　农民专业合作社依照本法登记，取得法人资格。

农民专业合作社对由成员出资、公积金、国家财政直接补助、他人捐赠以及合法取得的其他资产所形成的财产，享有占有、使用和处分的权利，并以上述财产对债务承担责任。

第六条　农民专业合作社成员以其账户内记载的出资额和公积金份额为限对农民专业合作社承担责任。

第四十三条　农民专业合作社应当为每个成员设立成员账户，主要记载下列内容：

（一）该成员的出资额；

（二）量化为该成员的公积金份额；

（三）该成员与本社的交易量（额）。

13. 农民以对农民专业合作社的债权作为股份可以吗？

案　情

徐某是某村村民，原来一直和妻子在县城里开小吃店。后来，由于小吃店经营日益困难，徐某夫妇便回到农村承包土地。在承包土地后，徐某准备加入农民专业合作社。然而，合作社告诉徐某，加入农民专业合作社必须要拿出一定的财产出资。此时，徐某想到农民专业合作社欠自己家 3 万元钱，就想以这 3 万元的债权作为自己在合作社的股份。那么，徐某是否可以以自己对合作社享有的债权作为出资股份？

解　析

根据我国《农民专业合作社法》第十三条规定，除法律、行政法规规定不得作为出资的财产外，农民专业合作社成员可以下列资产作为出资份额：（1）用货币出资；（2）用货币估价并可以依法转让的非货币财产，如实物、知识产权、土地经营权、林权等；（3）章程规定的其他方式作价出资。但是，农民对合作社或者合作社其他成员享有的债权，不能作为出资份额进行抵充，也不得以缴纳的出资，抵销对该社或者其他成员的债务。据此可知，在本案中，徐某不能以自己对合作社的债权作为出资股份。

法　条

《中华人民共和国农民专业合作社法》

第十三条　农民专业合作社成员可以用货币出资，也可以用实物、知识产权、土地经营权、林权等可以用货币估价并可以依法转让的非货币财产，以及章程规定的其他方式作价出资；但是，法律、行政法规规定不得作为出资的财产除外。

农民专业合作社成员不得以对该社或者其他成员的债权，充抵出资；不得以缴纳的出资，抵销对该社或者其他成员的债务。

第十三章

信访与国家赔偿

在社会生活中，部分公民处于弱势地位，尤其是在农村，有时会出现农民的合法权利受到损害的现象，有的可能是因为所在的村委会侵害了其合法权利，有的可能是相关的行政机关在行使职权时出现了错误导致其权利受到损害。但是，在农民的相关权利受到损害之后，有的农民选择向有关机关进行信访，有的农民在受到行政机关的职权行为损害时，要求国家赔偿。但是，农民在进行信访和要求国家赔偿时，也应遵守相关的法律规定。此时，广大农民朋友就需要对相关的法律有所了解，否则，就可能会导致其在进行权利救济时因方式不正确而违反法律的规定。

1. 农民有权对村民委员会侵犯其合法权益的行为提出信访吗?

案　情

小彭家住某县农村，从小学习就很优秀，并顺利地考入了北京的一所重点大学。但是，小彭家一直很困难，他的母亲身体不是很好，家里就只靠着父亲一个人种地来维持生计。在他收到大学录取通知书之后，别人都很高兴，只有小彭在为自己的学费发愁。后来，他的老师知道了小彭家里的情况，老师建议小彭可以让村委会开一个贫困证明，在大学里就可以申请助学金以及助学贷款。于是，小彭的父亲便在小彭开学之前到村委会去开证明，但是，村委会主任杨某却不给小彭的父亲出具证明，说他们每天都很忙，没有时间也没有义务处理这些事。小彭的父亲再三请求，但是都无济于事。请问，针对村委会相关人员的这种行为，小彭的父亲可以向有关部门提出信访吗?

解　析

小彭的父亲可以向有关行政机关提出信访。根据我国《信访条例》第十四条的规定，信访人可以对村民委员会、居民委员会及其成员的职务行为向有关行政机关提出信访事项。在本案中，村委会作为村民进行自我管理、自我教育、自我服务的基层群众自治组织，应该依法办事，廉洁奉公，热心为村民服务。为村民开具贫困证明是村委会的职责，其应该在了解相关情况之后为小彭开具相关证明，而不能以自己没有义务为由拒绝，这是不负责任的表现。所以，在本案中，对于村委会的这种行为，小彭的父亲可以向信访部门进行反映。

法 条

《信访条例》

第十四条 信访人对下列组织、人员的职务行为反映情况，提出建议、意见，或者不服下列组织、人员的职务行为，可以向有关行政机关提出信访事项：

（一）行政机关及其工作人员；

（二）法律、法规授权的具有管理公共事务职能的组织及其工作人员；

（三）提供公共服务的企业、事业单位及其工作人员；

（四）社会团体或者其他企业、事业单位中由国家行政机关任命、派出的人员；

（五）村民委员会、居民委员会及其成员。

对依法应当通过诉讼、仲裁、行政复议等法定途径解决的投诉请求，信访人应当依照有关法律、行政法规规定的程序向有关机关提出。

2. 农民可以通过哪几种途径提出信访?

案 情

肖某是某村的村民，他一直承包本村的果园，该果园的面积大概有40亩，承包的期限是二十年，原来村委会一直是让他每年交5000元的承包费，每次都是在年终时交。可是，去年年底，村委会在向肖某收取承包费时，却告诉肖某由于他今年的收成比较好，有很多人想要承包果园，所以要提高承包费，不仅如此，而且要让他一次性将剩余十年的费用在今年一次性交清，否则，他们明年就把果园承包给别人。肖某说当时他们是签了合同的，不能无缘无故地增加费用，而且自己一时也拿不出这么多钱来交承包费。但是，不论肖某怎么说都没有用，村委会成员坚持要求肖某在十天之内一次性交清费用，否则，就别怪他们不讲情面。肖某对此感到非常气愤，觉得村委会这样做太过分了，于是，他想通过提出信访来维护自己的权利。但是，他并不知道自己可以通过何种途径来进行。那么请问，肖某可以通过哪些途径来进行信访呢？

解　析

在现实生活中，有些群众的合法权益受到损害后，为了讨回公道，通常会采取信访的方式维权。对于群众信访的渠道，我国《信访条例》第九条、第十条和第十一条有明确的规定，政府应该通过以下几种方式为公民信访提供服务：（1）各级人民政府、县级以上人民政府工作部门向社会公布信访工作机构的通信地址、电子信箱、投诉电话、信访接待的时间和地点、查询信访事项处理进展及结果的方式等相关事项；（2）政府在信访接待场所或者网站公布与信访工作有关的法律、法规、规章，信访事项的处理程序；（3）相关的行政部门应当建立信访接待日制度，由行政机关的负责人协调处理信访事项；（4）国家建立全国信访信息系统，信访人也可以在网上提出信访事项。所以，在本案中，肖某可以通过打投诉电话、写信、发送电子邮件及在接待日时到信访机构当场提出信访事项等多种方式来反映问题，从而维护自己的合法权利。

法 条

《信访条例》

第九条 各级人民政府、县级以上人民政府工作部门应当向社会公布信访工作机构的通信地址、电子信箱、投诉电话、信访接待的时间和地点、查询信访事项处理进展及结果的方式等相关事项。

各级人民政府、县级以上人民政府工作部门应当在其信访接待场所或者网站公布与信访工作有关的法律、法规、规章，信访事项的处理程序，以及其他为信访人提供便利的相关事项。

第十条 设区的市级、县级人民政府及其工作部门，乡、镇人民政府应当建立行政机关负责人信访接待日制度，由行政机关负责人协调处理信访事项。信访人可以在公布的接待日和接待地点向有关行政机关负责人当面反映信访事项。

县级以上人民政府及其工作部门负责人或者其指定的人员，可以就信访人反映突出的问题到信访人居住地与信访人面谈沟通。

第十一条 国家信访工作机构充分利用现有政务信息网络资源，建立全国信访信息系统，为信访人在当地提出信访事项、查询信访事项办理情况提供便利。

县级以上地方人民政府应当充分利用现有政务信息网络资源，建立或者确定本行政区域的信访信息系统，并与上级人民政府、政府有关部门、下级人民政府的信访信息系统实现互联互通。

3. 村民在进行集体信访时应该遵守哪些规定?

案　情

某村位于某城市的边缘，该村的环境一直很好。今年2月，该村的村委会为了促进本村经济的发展，引进了一个化工厂，并对村民说，该化工厂可以解决很多人的就业问题。确实，该厂给工人的工资很高，但是工作环境非常恶劣。不仅如此，自从该化工厂进行生产之后，该村每天傍晚都会散发出一股刺鼻的味道，而且化工厂排出的污水污染了村里的河流，该厂附近的土地也因为污染严重都已经不长植物了。后来，该村的村民经过打听才知道，原来该化工厂位于某市，因为污染严重被责令停产，后来就搬到这里来了。村民们在知道事实之后，都非常愤怒，因为如果让该厂继续经营下去，不仅村里的环境被破坏了，而且村民的健康也面临着严重的威胁。村民们向村委会提了几次意见，要求该工厂搬出去，但是，村委会一直找各种理由推脱。于是，村民们集体商量，决定到相关部门进行反映。可是，他们觉得这么多人去不合适，又不太懂相关的规定。那么请问，村民进行集体信访应该遵守哪些规定呢?

解　析

村民集体信访的，应当推选代表进行，并且要严格遵守信访相关法律法规，依法上访。根据我国《信访条例》第十八条、第二十条的规定，集体信访采用走访形式的，应当推选代表，代表人数不得超过5人；同时应当遵守法律、法规，不得损害国家、社会、集体的利益和其他公民的合法权利，自觉维护社会公共秩序和信访秩序，不得在国家机关办公场所周围、公共场所非法聚集，围堵、冲击国家机关，拦截公务车辆，或者堵塞、阻断交通；不得携带危险物品、管制器具；不得侮辱、殴打、威胁国家机关工作人员，或者非法限制他人人身自由；不得在信访接待场所滞留、滋事，或者将生活不能自理的人弃留在信访接待场所；不得煽动、串联、胁迫、以财物诱使、幕后操纵他人信访或者以信访为名借机敛财；不得有扰乱公共秩序、妨害国家和公共安全的其他行为。因此，在本案中，村民在进行集体信访时，要推选出少于5名的代表，而且在到相关部门信访时要注意遵守法律规定，不能够扰乱社会秩序，不能损害国家利益、社会公共利益及其他人的合法权益，不能以牺牲他人的利益为代价，要依照法律的规定进行信访。

法　条

《信访条例》

第十八条　信访人采用走访形式提出信访事项的，应当到有关机关设立或者指定的接待场所提出。

多人采用走访形式提出共同的信访事项的，应当推选代表，代表人数不得超过5人。

第二十条　信访人在信访过程中应当遵守法律、法规，不得损害国家、社会、集体的利益和其他公民的合法权利，自觉维护社会公共秩序和信访秩序，不得有下列行为：

（一）在国家机关办公场所周围、公共场所非法聚集，围堵、冲击国家机关，拦截公务车辆，或者堵塞、阻断交通的；

（二）携带危险物品、管制器具的；

（三）侮辱、殴打、威胁国家机关工作人员，或者非法限制他人人身自由的；

（四）在信访接待场所滞留、滋事，或者将生活不能自理的人弃留在信访接待场所的；

（五）煽动、串联、胁迫、以财物诱使、幕后操纵他人信访或者以信访为名借机敛财的；

（六）扰乱公共秩序、妨害国家和公共安全的其他行为。

4. 违反规定进行信访的公民，要承担何种法律责任？

案　情

某村原来经济发展一直很好，人们生活安居乐业。可是，最近几年由于该村的路越来越难走，在下雨天之后根本无法出门。即便在晴天也是黄土漫天飞，路上全是一个一个的大坑。因为交通的不便利，阻碍了经济的发展。因此，该村的村民便向村委会反映，希望村委会把村里的交通情况反映给上级政府，争取把村里的路重新修一下，以方便人们出行。每次村民进行反映时，村委会都答应得很好，但是，已经过了一年了，还是没有任何消息。后来，该村的一个村民说，他听说上级政府早就把修路的钱批下来了，但是村委会一直占着钱，不给村里修。于是，该村村民非常生气，便到信访部门进行反映。为了表达自己的愤怒，很多人在信访机关的办公场所聚集，而且有的还把自己年迈的父母带过去，严重扰乱了社会秩序。信访机关的工作人员在对他们进行劝阻和教育之后，他们仍然继续闹事。请问，违反规定进行信访的公民，要承担何种法律责任？

解析

信访是公民的权利，但是权利的行使并不是没有界限的，公民必须在法律规定的范围内行使权利，否则也会因触犯法律而承担相应的法律责任。我国《信访条例》第四十七条明确规定："违反本条例第十八条、第二十条规定的，有关国家机关工作人员应当对信访人进行劝阻、批评或者教育。经劝阻、批评和教育无效的，由公安机关予以警告、训诫或者制止；违反集会游行示威的法律、行政法规，或者构成违反治安管理行为的，由公安机关依法采取必要的现场处置措施、给予治安管理处罚；构成犯罪的，依法追究刑事责任。"据此可知，如果信访人员在信访时扰乱社会秩序，不按照法律的规定提出信访，在信访机关的工作人员进行教育、劝阻之后仍然不停止的，则会由公安机关给予警告或者训诫；如果情节严重，构成犯罪的，将会受到刑事制裁。所以，信访人员在进行信访时要依法行使自己的权利。

法条

《信访条例》

第四十七条 违反本条例第十八条、第二十条规定的，有关国家机关工作人员应当对信访人进行劝阻、批评或者教育。

经劝阻、批评和教育无效的，由公安机关予以警告、训诫或者制止；违反集会游行示威的法律、行政法规，或者构成违反治安管理行为的，由公安机关依法采取必要的现场处置措施、给予治安管理处罚；构成犯罪的，依法追究刑事责任。

5. 信访机关应该在多长时间内将信访事项处理完毕？

案　情

吴某和季某都是某村的村民，两家是前后相邻的邻居。2020年4月，吴某准备重新修建自己的房子，但是，如果其修建楼房将会遮挡季某家的采光，很可能导致季某家长期见不到阳光。因此，在季某得知吴某要修建楼房之后，便找到吴某，说让吴某考虑一下他们家的情况。但是，吴某却说，他自己有钱想怎么修就怎么修，季某管不着。于是，季某找到村委会的成员，希望他们可以从中调解，可是因为吴某家很有钱，常年给村里资助，所以，村委会明显偏向吴某，说让季某忍一忍。无奈之下，季某便到县里去信访。但是，三个多月都已经过去了，还是没有任何消息，吴某家的房子马上就要动工了。请问，信访机关应该在多长时间内将信访事项处理完毕？

解　析

我国《信访条例》第三十三条对信访期限作出了明确规定："信访事项应当自受理之日起60日内办结；情况复杂的，经本行政机关负责人批准，可以适当延长办理期限，但延长期限不得超过30日，并告知信访人延期理由。法律、行政法规另有规定的，从其规定。"由此可见，一般情况下，信访机关应该在受理信访事项之日起的60日内将相关事项处理完毕，从而给信访人员一个结果。特殊情况下，如果案件复杂，在告知信访人员理由的前提下，可以最多延长30日。也就是说，信访机关处理信访事项的时间最长是90天。所以，在本案中，信访机关应该最多在90天之内将信访事项办结，而且应该将延长的理由通知季某。而本案中，都已经过了三个多月，季某还未收到任何消息，信访机关未在法定期限内处理信访事项的行为是违法的。

法 条

《信访条例》

第三十三条 信访事项应当自受理之日起60日内办结；情况复杂的，经本行政机关负责人批准，可以适当延长办理期限，但延长期限不得超过30日，并告知信访人延期理由。法律、行政法规另有规定的，从其规定。

6. 在信访机关受理信访事项之后，信访人还可以再向上级部门进行信访吗？

案 情

某村位于某城市的边缘，2020年5月，政府决定修建一条高速公路，该公路要通过这个村子，所以必须要对附近村民的房屋进行征收。为了促进本村经济的发展，村委会成员劝说附近的村民同意征收，并说在征收之后，会给他们一定的补偿，肯定不会让村民吃亏的。可是，在房屋被征收之后，村委会只给了村民很少的补偿金，而且态度也转变了。于是，这些村民便到县城去信访，请县政府给他们一个公平的结果。可是，在县政府受理之后，这些村民等了几天，认为县政府会偏向村委会，于是，他们便准备到上一级政府去反映问题。那么请问，在信访机关受理信访事项之后，信访人又可以再向上级部门进行信访吗？

解　析

在信访机关受理信访事项之后，信访人不可以再向上级部门进行信访。根据《信访条例》第十六条的规定，信访人采用走访形式提出信访事项，应当向依法有权处理的本级或者上一级机关提出；信访事项已经受理的，信访人在规定期限内向上级机关再提出同一信访事项的，该上级机关不予受理。由此可见，虽然法律赋予了信访人员向上级机关进行信访的权利，但是，如果信访人在信访时，信访机关在法定的期限内已经受理了其提出的事项，那么信访人就不可以再向上级机关进行信访，而应该等待信访机关的处理结果。因为如果在相关部门依法受理信访事项的情况下，信访人又向其他机关提出信访，会影响行政机关的办事效率。所以，在本案中，县里的信访机关已经在法定的期限内受理了村民提出的事项，他们就不可以再向上级机关进行信访，其应该继续等待县里信访机关办结案件的结果。

法　条

《信访条例》

第十六条　信访人采用走访形式提出信访事项，应当向依法有权处理的本级或者上一级机关提出；信访事项已经受理或者正在办理的，信访人在规定期限内向受理、办理机关的上级机关再提出同一信访事项的，该上级机关不予受理。

7. 信访人对信访事项的处理意见不服，可以采取哪些救济方式？

案　情

某村村民经常因为田地的边界闹矛盾，为了减少村民之间的纠纷，2021 年 2 月，该村村委会决定重新丈量土地，划定田地的边界。谢某与张某的土地是挨着的，经过重新测量之后发现，原来一直是张某占得比较多，张某应该将多占的土地还给谢某。但是张某不服，说村委会偏袒谢某，村委会解释根据原来文件中的记录就应该是这样的。张某仍然感到很委屈，觉得这样做对自己不公平。于是，他便向县政府提出信访，请求县政府给他一个公正的结果。后来，县政府在经过处理之后，认为村委会的做法是正确的，没有不妥之处。而张某仍然对该结果不服，那么请问，张某对信访结果不服，可以采取哪些途径进行救济呢？

解　析

根据我国《信访条例》第三十四条的规定，信访人对行政机关作出的信访事项处理意见不服的，可以自收到书面答复之日起 30 日内请求原办理行政机关的上一级行政机关复查。收到复查请求的行政机关应当自收到复查请求之日起 30 日内提出复查意见，并予以书面答复。此外，该法第三十五条又规定，信访人对复查意见不服的，可以自收到书面答复之日起 30 日内向复查机关的上一级行政机关请求复核。收到复核请求的行政机关应当自收到复核请求之日起 30 日内提出复核意见……信访人对复核意见不服，仍然以同一事实和理由提出投诉请求的，各级人民政府信访工作机构和其他行政机关不再受理。据此可知，信访人在对信访机关作出的处理结果不服时，可以向其上一级机关提出复查申请，如果仍然对复查意见不满意，还可以继续向复查机关的上一级机关请求复核。因此，信访人对于原信访机关的处理结果有两次进行复查的权利，但如果经过复查和复核之后，信访人员还是不满意的，不能再次申请复核。在本案中，张某对县政府的信访结果不服，其可以依法向县政府的上级机关申请复查，如果对复查机关的复查结果不服的，还可以向复查机关的上级申请复核。

法　条

《信访条例》

第三十四条　信访人对行政机关作出的信访事项处理意见不服的，可以自收到书面答复之日起30日内请求原办理行政机关的上一级行政机关复查。收到复查请求的行政机关应当自收到复查请求之日起30日内提出复查意见，并予以书面答复。

第三十五条　信访人对复查意见不服的，可以自收到书面答复之日起30日内向复查机关的上一级行政机关请求复核。收到复核请求的行政机关应当自收到复核请求之日起30日内提出复核意见。

复核机关可以按照本条例第三十一条第二款的规定举行听证，经过听证的复核意见可以依法向社会公示。听证所需时间不计算在前款规定的期限内。

信访人对复核意见不服，仍然以同一事实和理由提出投诉请求的，各级人民政府信访工作机构和其他行政机关不再受理。

8. 信访人捏造歪曲事实、诬告陷害他人，应该承担什么样的法律责任？

案 情

周某是某村的村民，一次，他与同村的村民赵某因为在秋收卖水果时发生了矛盾，周某认为赵某抢走了自己的客户，导致自己的水果一直没有卖出去。其实，是因为周某在出售水果时很不守信用，买水果的客户才到赵某家的。为此，周某找到了赵某，对赵某不仅态度恶劣，而且满嘴脏话，甚至要动手打赵某。村委会主任李某对两人的事进行调解，认为是周某做得不对。因此，周某一直对李某怀恨在心，觉得李某故意偏袒赵某。后来，周某想方设法要报复李某，于是，他给县里的信访机关写信举报李某，称李某滥用职权、以权谋私，而且将村里的很多钱贪污。后来，相关部门在经过调查之后，发现周某的举报根本不属实，完全是歪曲事实的行为。那么请问，周某应该对自己的行为承担何种责任？

解 析

我国《信访条例》第四十八条规定："信访人捏造歪曲事实、诬告陷害他人，构成犯罪的，依法追究刑事责任；尚不构成犯罪的，由公安机关依法给予治安管理处罚。"据此可知，信访虽然是公民的权利，但是，其要在合法的范围内行使，不能滥用自己享有的权利。如果信访人捏造他人违法的事实，向国家机关和有关单位告发，企图诬告陷害他人，则应根据情况承担相应的法律责任。在本案中，周某因对村主任李某怀恨在心，便利用自己的信访权利捏造事实，对李某进行诬告陷害，这种行为是违法的，会受到治安管理的处罚；如果情节严重，其很可能会触犯《刑法》，从而受到《刑法》的制裁。

法 条

《信访条例》

第四十八条 信访人捏造歪曲事实、诬告陷害他人，构成犯罪的，依法追究刑事责任；尚不构成犯罪的，由公安机关依法给予治安管理处罚。

9. 检察院对公民进行错误逮捕的，公民有权请求国家赔偿吗？

案 情

王某是某村的村民，一个多月前，当地的公安机关将王某带走，称王某涉嫌交通肇事罪。王某辩解称自己虽然有车，但是根本没有发生过交通事故。公安机关在对王某进行讯问之后，经过检察院的批准，对王某进行了逮捕。后公安机关经过调查取证，发现交通事故是由其他人所为，而这个人在不久之前因为突发脑溢血，已经死亡，于是，公安机关准备撤销案件，并立即将王某释放。王某在被释放之后，回到家里，觉得自己被无缘无故地关了一个月很不公平，但是，他不知道自己被错误逮捕的行为是否可以请求国家赔偿。那么请问，在检察院对公民进行错误逮捕的情况下，公民可以请求国家赔偿吗？

解 析

根据《国家赔偿法》第二十一条的规定，行使侦查、检察、审判职权的机关以及看守所、监狱管理机关及其工作人员在行使职权时侵犯公民、法人和其他组织的合法权益造成损害的，该机关为赔偿义务机关……对公民采取逮捕措施后决定撤销案件、不起诉或者判决宣告无罪的，作出逮捕决定的机关为赔偿义务机关。由此可知，如果公安机关采取逮捕措施后，对案件进行了撤销，那么作出逮捕决定的机关应该根据法律对公民进行赔偿。在本案中，由于检察院作出了批准逮捕的决定，因此，王某可以请求检察院对错误逮捕的行为进行赔偿。

法 条

《中华人民共和国国家赔偿法》

第二十一条　行使侦查、检察、审判职权的机关以及看守所、监狱管理机关及其工作人员在行使职权时侵犯公民、法人和其他组织的合法权益造成损害的，该机关为赔偿义务机关。

对公民采取拘留措施，依照本法的规定应当给予国家赔偿的，作出拘留决定的机关为赔偿义务机关。

对公民采取逮捕措施后决定撤销案件、不起诉或者判决宣告无罪的，作出逮捕决定的机关为赔偿义务机关。

再审改判无罪的，作出原生效判决的人民法院为赔偿义务机关。二审改判无罪，以及二审发回重审后作无罪处理的，作出一审有罪判决的人民法院为赔偿义务机关。

10. 公民可以对因国家机关的违法行为造成的财产损失要求国家赔偿吗?

案　情

孙某是某村的村民，其在该村的马路旁开了一家饭店，饭店生意非常红火。一天，县市场监管局的工作人员来到孙某家，说有人举报孙某的饭店不符合卫生条件，所提供的食品存在安全问题，因此，要对孙某的饭店进行查封。然而，工作人员在进行查封时损坏了饭店的很多设施，包括部分餐具、饭店摆放的一些设施等。后来经过详细调查，市场监管局发现举报的信息不属实，但是，并没有马上解除对饭店的查封。为此，孙某向法院提起行政诉讼，要求法院判决市场监管部门赔偿因错误查封而给自己造成的财产损失，以及在查封期间因为停业而损失的利润及支付的经常性费用等日常开支。那么请问，法院会支持孙某所提出的财产损失的赔偿请求吗?

解　析

根据《国家赔偿法》第三十六条第二项至第四项的规定，国家机关查封、扣押、冻结财产的，解除对财产的查封、扣押、冻结，造成财产损坏或者灭失的，应当返还的财产损坏的，能够恢复原状的恢复原状，不能恢复原状的，按照损害程度给付相应的赔偿金；应当返还的财产灭失的，给付相应的赔偿金。此外，该条第八项也明确规定，因国家机关的违法行为造成公民、法人或者其他组织财产损坏的，应该按照直接损失给予赔偿。由此可知，如果国家机关的违法行为给公民造成财产损失，公民只能就其所遭受的直接损失请求国家赔偿。所谓直接损失，是指由于国家机关的违法行为直接造成的损失。在本案中，由于市场监管局的错误查封导致孙某饭店的部分餐具、摆放的物件损坏，这部分损失是可以请求国家赔偿的。另外，在被查封期间，饭店所支出的必要性开支，如水电费等也是包括在直接损失的范围之内的。但是，因查封所造成的利润损失则无法得到赔偿。

法条

《中华人民共和国国家赔偿法》

第三十六条 侵犯公民、法人和其他组织的财产权造成损害的，按照下列规定处理：

（一）处罚款、罚金、追缴、没收财产或者违法征收、征用财产的，返还财产；

（二）查封、扣押、冻结财产的，解除对财产的查封、扣押、冻结，造成财产损坏或者灭失的，依照本条第三项、第四项的规定赔偿；

（三）应当返还的财产损坏的，能够恢复原状的恢复原状，不能恢复原状的，按照损害程度给付相应的赔偿金；

（四）应当返还的财产灭失的，给付相应的赔偿金；

（五）财产已经拍卖或者变卖的，给付拍卖或者变卖所得的价款；变卖的价款明显低于财产价值的，应当支付相应的赔偿金；

（六）吊销许可证和执照、责令停产停业的，赔偿停产停业期间必要的经常性费用开支；

（七）返还执行的罚款或者罚金、追缴或者没收的金钱，解除冻结的存款或者汇款的，应当支付银行同期存款利息；

（八）对财产权造成其他损害的，按照直接损失给予赔偿。

11. 公民请求国家赔偿的时效是多长时间?

案　情

某天，某乡派出所接到村民唐某的报案，称他们村里有人在打架。乡派出所的工作人员赶到之后，经过了解才知道原来是该村的村民董某与徐某因为自家的宅基地发生了争吵。工作人员上前制止了两人的行为，但是，在经过劝说之后，二人仍然争吵不休，于是，工作人员便强令他们停止，并将两人带回派出所。到派出所后，因为派出所的一名民警说话语气不好，徐某认为派出所偏袒董某，便和该名民警发生了争执。争执中，该民警将徐某打伤。在被送往医院之后，经过鉴定，徐某所受的伤害为轻伤。徐某在出院之后，准备向法院提起诉讼，要求派出所对其进行赔偿。徐某的表弟告诉他，如果要求赔偿就要马上起诉，否则超过三个月的诉讼时效法院就不受理了。那么请问，当事人提起国家赔偿的时效应该是多长时间?

解　析

我国《国家赔偿法》第三十九条第一款规定："赔偿请求人请求国家赔偿的时效为两年，自其知道或者应当知道国家机关及其工作人员行使职权时的行为侵犯其人身权、财产权之日起计算，但被羁押等限制人身自由期间不计算在内。在申请行政复议或者提起行政诉讼时一并提出赔偿请求的，适用行政复议法、行政诉讼法有关时效的规定。”由此可见，因国家机关及其工作人员行使职权的行为给公民造成人身或者财产损害的，提起诉讼的时效为自其知道或者应当知道权利受到侵害之日起两年。因此，在本案中，徐某如果要申请国家赔偿，其提起诉讼的时效是两年，而不是其表弟所说的三个月。另外，如果提出国家赔偿，可以先向赔偿义务机关提出，与赔偿义务机关进行协商处理。

法 条

《中华人民共和国国家赔偿法》

第十三条 赔偿义务机关应当自收到申请之日起两个月内，作出是否赔偿的决定。赔偿义务机关作出赔偿决定，应当充分听取赔偿请求人的意见，并可以与赔偿请求人就赔偿方式、赔偿项目和赔偿数额依照本法第四章的规定进行协商。

赔偿义务机关决定赔偿的，应当制作赔偿决定书，并自作出决定之日起十日内送达赔偿请求人。

赔偿义务机关决定不予赔偿的，应当自作出决定之日起十日内书面通知赔偿请求人，并说明不予赔偿的理由。

第三十九条 赔偿请求人请求国家赔偿的时效为两年，自其知道或者应当知道国家机关及其工作人员行使职权时的行为侵犯其人身权、财产权之日起计算，但被羁押等限制人身自由期间不计算在内。在申请行政复议或者提起行政诉讼时一并提出赔偿请求的，适用行政复议法、行政诉讼法有关时效的规定。

赔偿请求人在赔偿请求时效的最后六个月内，因不可抗力或者其他障碍不能行使请求权的，时效中止。从中止时效的原因消除之日起，赔偿请求时效期间继续计算。

12. 国家不予赔偿的情形有哪些?

案　情

贺某家住在某县的一个村子里。贺某的弟弟从小就调皮、贪玩，学习不认真，经常在外面惹事。去年，该县的公安机关以涉嫌盗窃罪对贺某进行拘传。在讯问贺某时，贺某意识到盗窃的人是自己的弟弟，为了不让自己的弟弟坐牢，他承认东西是自己偷的。不久之后，检察院便将案件移送到法院提起公诉，后该县法院对案件进行审理，对贺某判处有期徒刑三年。在执行了一年的刑罚之后，公安机关在调查另一个案件时，该案件的犯罪嫌疑人称自己在一年前和贺某的弟弟偷了某家的一万元钱。后来，法院对该案进行了再审，判处贺某无罪，并予以释放。贺某在出狱之后，他的朋友说因为是法院的错判，他可以请求国家赔偿。那么请问，贺某能够请求国家赔偿吗?

解　析

根据《国家赔偿法》的规定，并不是任何错拘、错捕的行为国家机关都要承担赔偿责任。《国家赔偿法》第十九条明确规定了国家不承担赔偿责任的情形，这其中包括了因行为人故意进行虚假陈述、未达到法定年龄不负刑事责任、自伤自残及因有关机关的工作人员的个人行为等情形。据此可知，国家只对符合法定条件的错误拘留、逮捕行为承担赔偿责任。在本案中，检察院对贺某进行拘传后，贺某为了不让自己的弟弟坐牢，故意向公安机关作出了虚假的陈述，才导致了法院的错判。根据上述法律的规定，对于贺某的错误判决，国家是不应该承担赔偿责任的。

法 条

《中华人民共和国国家赔偿法》

第十九条 属于下列情形之一的，国家不承担赔偿责任：

（一）因公民自己故意作虚伪供述，或者伪造其他有罪证据被羁押或者被判处刑罚的；

（二）依照刑法第十七条、第十八条规定不负刑事责任的人被羁押的；

（三）依照刑事诉讼法第十五条、第一百七十三条第二款、第二百七十三条第二款、第二百七十九条规定不追究刑事责任的人被羁押的；

（四）行使侦查、检察、审判职权的机关以及看守所、监狱管理机关的工作人员与行使职权无关的个人行为；

（五）因公民自伤、自残等故意行为致使损害发生的；

（六）法律规定的其他情形。

《中华人民共和国刑法》

第十七条 已满十六周岁的人犯罪，应当负刑事责任。

已满十四周岁不满十六周岁的人，犯故意杀人、故意伤害致人重伤或者死亡、强奸、抢劫、贩卖毒品、放火、爆炸、投放危险物质罪的，应当负刑事责任。

已满十二周岁不满十四周岁的人，犯故意杀人、故意伤害罪，致人死亡或者以特别残忍手段致人重伤造成严重残疾，情节恶劣，经最高人民检察院核准追诉的，应当负刑事责任。

……

图书在版编目（CIP）数据

农民应知应会法律知识学习手册：以案普法版／中国法制出版社编．—北京：中国法制出版社，2021.6（2022.12 重印）
（公民法治素养提升丛书）
ISBN 978－7－5216－1924－9

Ⅰ.①农… Ⅱ.①中… Ⅲ.①法律－中国－通俗读物 Ⅳ.①D920.5

中国版本图书馆 CIP 数据核字（2021）第 106797 号

责任编辑 程 思　　封面设计 李 宁

农民应知应会法律知识学习手册：以案普法版
NONGMIN YINGZHI YINGHUI FALÜ ZHISHI XUEXI SHOUCE：YIAN PUFABAN

经销/新华书店
印刷/北京虎彩文化传播有限公司
开本/880 毫米×1230 毫米 32 开　　印张/11.5 字数/198 千
版次/2021 年 6 月第 1 版　　2022 年 12 月第 3 次印刷

中国法制出版社出版
书号 ISBN 978－7－5216－1924－9　　定价：36.00 元

北京西单横二条 2 号
邮政编码 100031　　传真：010－66031119
网址：http：//www.zgfzs.com　　**编辑部电话：010－66066620**
市场营销部电话：010－66033393　　**邮购部电话：010－66033288**

（如有印装质量问题，请与本社印务部联系调换。电话：010－66032926）